사회적 영성

사회적 영성

초판 1쇄 발행 | 2014년 11월 30일

지은이 | 김진호·엄기호·백소영·김응교·황진미·자우녕·정경일
　　　　정용택·박정은·조민아·최형묵·김신식·이택광·신윤동욱
펴낸이 | 조미현

편집주간 | 김수한
디자인 | 장원석

펴낸곳 | (주)현암사
등록 | 1951년 12월 24일 제10-126호
주소 | 121-839 서울시 마포구 동교로12안길 35
전화 | 365-5051 · 팩스 | 313-2729
전자우편 | editor@hyeonamsa.com
홈페이지 | www.hyeonamsa.com

ISBN 978-89-323-1717-5 03300

이 도서의 국립중앙도서관 출판시도서목록(CIP)은
e-CIP 홈페이지(http://www.nl.go.kr/ecip)에서 이용하실 수 있습니다.
(CIP제어번호: CIP2014032519)

사회적 영성

세월호 이후에도 '삶'은 가능한가

김진호·엄기호·백소영·김응교·황진미·자우녕·정경일·정용택·박정은·조민아·최형묵·김신식·이택광·신윤동욱 지음

ㅎ현암사

"교회를 넘어서, 기독교를 넘어서,
세상 속에서 타자 되기를 향한 감성과 그 실천에
'사회적 영성'이라는 이름을 돌려주고자 한다."

일러두기

1. 본문에서 언급하거나 인용한 성서 표기와 구절은 새번역성서를 따랐다. 다만 「사회적 영성의 정의와 방법론」 (박정은)과 「무덤에서 사라지다, 그리고 함께 돌아오다」(조민아)는 가톨릭 성서 표기를 따랐음을 밝혀둔다.
2. 본문에서 '기독교(그리스도교)'는 대체로 '개신교'와 '가톨릭'을 포괄하는 개념으로 쓰였다.

차례

"한국개신교 내에서 일어난 최근의 성령운동의 제3의 물결은 신자유주의적 지구화의 엄습으로 인한 시대적 감수성의 변동과 연관이 있다. 세계의 구석구석, 심지어 내면까지 파고들어 휘젓고 다니는 자본의 파괴적 행보로 파산의 위기에 빠진 존재를 지켜내려 안간힘 쓰는 이들에게 제시된, 일종의 감성 프로젝트가 바로 이 성령 현상으로 나타났다는 얘기다."

사회적 영성 시론 ●━━━━━━━━━━━━━━━●

김진호(제3시대그리스도교연구소 연구실장)

구원파와 '구원파'―'이성적 기획'의 침공
●

1960년 미국인 선교사 딕 욕^{Dick York}은 대구에서 선교학교를 열었다. 1940,50년대의 저 살벌한 반공투사 신자들의 파괴적 신앙 운동이 바야흐로 새로운 기조의 신앙 운동으로 자리를 내어주기 시작할 무렵이다. 새로운 기조의 신앙 운동이란 조용기로 상징되는 이른바 한국판 은사주의 운동이다. 곧 성령의 은사로 영혼이 구원받는 일은 동시에 전쟁으로, 전후의 파행적 도시화로, 그리고 이후의 무분별한 산업화로 피폐해진 정신과 몸이 건강해지는 것과, 저 지긋지긋한 굶주림에서 벗어나 풍요를 누리게 되는 축복까지 패키지로 포함하는 구원이다. 이른바 '원+투'(영혼의 구원+건강과 풍요)의 구원론이다. 일견 당시 대중의 생존에 대한 열망에 가장 적합한 맞춤형 복음의 메시지처럼 보인다. 그런 이유로

식민지 말기와 해방 이후 오랜 동안 정체停滯 혹은 위축되고 있던 교세가 급격하게 상승했고, 이러한 추세는 1990년 어간까지 계속되었다. 그런 가파른 성장의 과정에서 대형교회mega church가 탄생하여 한국교회의 성장지상주의적 신앙을 주도했다.

그런데 이러한 성장지상주의를 가능하게 했던 것은 '증오'였다. 해방 이후 남한의 개신교는 공산주의에 대한 광적인 증오에 지나치게 경도되었는데, 이러한 정서는 1960년대 이후에도 계속되었다. 하나 더 첨부하자면, 1950년대 중반 이후에는 '이단'에 대한 증오심이 크게 불타올랐다. 아무튼 1960년 이전에는 적에 대한 '파괴의 기조(에토스)', 적들을 멸절시키고야 말겠다는 신앙적 의지가 주된 요소였다면, 그 이후에는 적을 압도하는 성공에 대한 열망, 그러한 생산적 기조가 신앙의 중심 요소로 부상하였다.

흥미롭게도 같은 시기 한국사회도 이와 비슷한 과정을 거쳤다. 1960년을 전후로 하여, 적을 색출하여 철저히 파괴해버리고야 말겠다는 지난 시대의 이데올로기적 기조가 여전히 작동하였지만, 새로운 요소가 크게 부상했다. 적을 압도하는 성공을 이룩하겠다는 것, 그러기 위해 사회를 더 생산적으로 만들어야 한다는, 경쟁심에 기반을 둔 감성적 의지가 강력하게 작동하게 된 것이다. 요컨대 이 시기 한국사회와 교회를 특징짓는 성장지상주의의 배후에는 과잉 감성적 요소가 자리잡고 있었다.

바로 그런 사회가 막 잉태하고 있던 무렵이다. 미국의 독립선교사 딕 욕이 세운 비인가非認可 선교학교는 서서히 분위기를 타고 있던 당시의 이러한 시대적 기조에 정면으로 거슬렀다. 은사에 대한 열정에 불타 온통 감정을 쏟아 붓는 '성령파적' 종교성과는 달리, 성경 읽기와 전도로 구성되는 고강도의 제자훈련은 지적이고 논리적 종교성을 요구했던 것이다.

이러한 미국발 이성주의적 복음주의는 1960년대 중후반 당시 사회와 교회의 감성 과잉의 반지성주의에 싫증내기 시작한 일단의 청년들에게 강한 영향력을 미쳤다. 당시 개신교의 성장을 주도하던 교회들(과 기도원)에선 부흥회 같은 열광적 집회가 연일 벌어졌고, 이때 성경 읽기는 리듬을 타고 흥얼대는 소리의 효과로서 사람들의 은사주의적 신앙을 북돋았다. 그리고 이러한 소리의 효과는 방언에서 극대화된다. 반면 이들 이성주의적 복음주의 청년들은 침묵 속에서 성경을 읽으면서 의미를 되새겼고, 교회는 은사가 베풀어지는 장소가 아니라 그 의미가 주는 복음화에 대한 사명감을 서로 확인하는 결단의 장소였다.

그리고 이들은 거리로 나가 전도에 혼신을 다했다. '원+투의 은사'가 아니라 '궁극적 구원'의 원리를 전파하는 것, 그것이 그들의 전도의 핵심이었다. 그들에게 은사는 믿음이 부족한 이에게 주는 징표에 불과했다. 그런 점에서 그들의 전도는 주류 교회를 향한 강력한 비판을 동반했다. 이에 주류 교회는 그들의 활동에 민감한 반응을 보이며 그이들의 전도 방식을 빗댄 구원파라는 이름으로 비아냥댔다.

1980년대까지 이른바 구원파는 교회와 불편한 관계 속에서도 꽤 성공적으로 확산되었고 특히 대학가에서의 성공은 눈부실 정도였다. 하지만 그 사이 이들은 한국의 주류 교회들 못지않게 수없이 분열되었다.

이 분열들을 단순화하여 분류하면, 한편에는 구원파의 낙인을 벗어버리는 데 성공한 이들이 있고,[1] 다른 한편에는 고유명사로 굳어버린 그 용어로 지목된 부류들이 있다.[2] 그럼에도 양자는 이성주의적 분리주의와 복음주의를 결합시킨 이들이라는 점에서는 큰 차이가 없다.[3]

알다시피 후자에 속한 집단들, 곧 고유명사로서 '구원파'의 계보에 속한 단체들의 하나(기독교복음침례회)와 진도 앞바다에서 침몰한 세월호는 직접적인 연관이 있다. 이 종파적 집단의 종교적 비전이 일그러진 모습으로 구현된 오늘의 유병언 류의 '구원파'의 역사는, 무능과 부패, 그 반인간적인 괴물의 형상을 한 한국 자본주의 가운데 가장 추잡한 궤적과 닮았고, 세월호 사건은 '구원파'와 한국 자본주의 체제, 이 양자의 이념적 허구를 단적으로 보여준다.

이성적 신앙을 강조했지만 결국 비논리와 반합리로 가득한 권위주의적 종파 집단으로 귀결했고, 성경적인 평등주의적 생산공동체(「사도행

---

1. 네비게이토선교회의 한국지부를 설립한 유강식과 하진승이 대표적이다. 1970년대 말 한국네비게이토선교회는 분열되었는데 딕 욕의 선교학교 수료자인 유강식은 제자선교회를 만들었고, 그 밖에 여러 분파들이 새로 만들어졌다.
2. 이들 고유명사화된 구원파를 여기서는 작은따옴표를 붙여서 표기할 것이다. 이 '구원파'에는 딕 욕의 선교학교를 수료한 또 다른 인물들인 박옥수가 이끄는 부류와 권신찬–유병언이 이끄는 부류, 그리고 이들로부터 갈라져나온 다른 몇몇 집단이 포함된다.
3. 양자의 중대한 차이는 미국 복음주의의 인준 여부에 있었다. 전자는 미국 복음주의 단체들과 보다 직접적으로 연계됨으로써 인준을 받아내는 데 성공했다. 가령 유강식은 1973년 빌리 그레이엄 전도대회 때 결신자決信者들을 인도, 교육하는 스텝들의 훈련위원장을 맡게 됨으로써 구원파라는 낙인을 벗었다. 반면 후자는 독자적인 공동체로 발전하면서 미국 선교단체의 영향보다는 그들 모임을 이끄는 리더의 영향에 더 많이 경도되었다. 그러나 정치적으로 양자는 별반 차이가 없다. 유강식은 전두환 대통령 당시 국가조찬위원회 위원으로 참여했고, 유병언은 전두환 대통령 때에는 민정당 재정후원회원, 노태우 대통령 때에는 월계수회 회원이었다.

전」이 보여준 성령공동체 같은)를 꿈꾸었던 일종의 '협동조합식 기업'[4]은 이윤을 종파 공동체 구성원들에게 평등하게 배분하지 않았고 오히려 1인의 권위주의적 지도자와 그 가족의 사치스런 생활을 위해 과도하게 투여되었다. 이렇게 고유명사화된 구원파의 궤적이 애초의 기획과는 달리 파행적으로 전개된 가장 결정적인 요인은 모든 자원을 독점한 1인의 권위주의적 지배가 안착되고 그것이 너무 오랫동안 유지, 재생산되었기 때문일 것이다.

한편 구원파의 낙인을 벗는 데 성공한 이들의 운동은 어떠했을까? 1970년대 중반을 전후로 하여 이 운동은 한편에선 여전히 주류 교회와 갈등 관계에 있었지만 다른 한편에선 교회 내부로 유입되기 시작했다. 하여 성령파적 은사주의 물결과는 다른 흐름, 즉 교회의 이성주의적 신앙 개혁 운동이 전개되었고, 그것을 표상하는 이름이, 최근 많은 복음주의자들 사이에서 대대적으로 유행하는, '제자훈련'이었다.

성령체험이 단박에 신앙의 비급秘笈을 거머쥐는 일종의 기독교식 '돈오'頓悟의 차원이라면, '제자훈련'은 하나하나 쌓아감으로써 진리에 도달하는 기독교식 '점수漸修'의 신앙이다.[5] 여기서 후자, 곧 지적이고 열성적

---

4. 흥미로운 사실의 하나는 신자들의 협동조합적 기업의 이상이 (고유명사화된 '구원파'든 아니든) '제자훈련'을 강조하는 딕 욕 계열의 종파적 집단들 사이에서 특징적으로 발견된다는 점이다. 이런 신앙 양식은 개신교 내의 다른 부류들에선 잘 나타나지 않는다. 아마도 이들 제자훈련 집단들이 「사도행전」에 나오는 초대교회 공동체를 강조한 나머지 생활공동체를 넘어서 생산공동체를 지향한 결과일 것이다. 이런 신자들의 협동조합식 기업들은 처음에는 기업 이윤을 똑같이 나누는 평등 공동체를 꿈꾸었으나 대개는 실패하여 사라졌고, 생존한 기업들은 기업가 정신이 투철한 1인의 카리스마적 리더의 기업이 되었다. 하여 이런 기업들은 초기의 이상이 변형된 데 대한 재해석을 필요로 하게 되었다.

인 수행을 강조하는 제자훈련 프로젝트는 1990년을 전후로 하는 시기에 한국개신교를 추동하는 대표적인 경향의 하나로 부상하게 된다. 비교적 학력이 높고 신앙적 수행에 열정적인 이들 사이에서 크게 확산된 것이다.

그런데 이 대목에서 집고 넘어가야 할 것은, 이 기독교식 '점수' 신앙은 이성적 성찰과 행동을 강조했지만, 그것이 도덕의 강조와 깊게 연관되어 있지는 않았다는 점이다. 이들에게서 이성적이고 행동주의적 수행은 단박에 신의 구원의 수혜자가 된다는 은사주의적 성령파 신앙에 대한 반제이지, 비도덕에 대한 반제가 아니었던 것이다. '구원파'의 상징적 존재인 유병언이 권력과 유착을 서슴지 않았던 것, 개신교 제자훈련의 상징이 된 사랑의교회가 최근 보이는 몰도덕적 행보 등도 이성주의와 도덕이 필연적인 연관이 있는 것이 아니라 선택적인 문제였음을 시사한다.[6]

아무튼 한국사회에서 1960년대 초 나타나기 시작한 이른바 넓은 의미의 구원파 현상은 1970년대 중반 경부터 감정 과잉 상태에 있는 한국개신교의 내부로 침공해 들어와 이성주의적 개혁의 바람을 일으켰고,

---

5. 철저한 기독교적 수행을 강조했던 유강식이 네비게이토선교회에서 이탈하여 만든 제자선교회는 1980년대 초에 재분열하게 되는데, 이때 중요한 논점은 신앙적 수행 대 은혜의 문제였다. 개신교 신학자로서 뛰어난 불교학 연구자인 정경일 박사가 기독교의 은혜론을 불교의 돈오 사상과 유사성이 있다고 말한 것과 가장 유사한 주장이 흥미롭게도 한국개신교의 이성주의적 분리주의 그룹 일부에서 제기된 것이다. 그리고 그 상대편의 주장은 불교의 점수 사상의 개신교 버전을 보여준다.

6. 사랑의교회의 초대형교회당 건축 사업이나 담임목사인 오정현 목사의 논문 표절, 그리고 그로 인한 교회 내부 분쟁에서 드러난 숱한 문제들은 복음주의 내의 제자훈련 진영에 커다란 타격이 되었다.

1980년대에는 특히 대학생층을 중심으로 크게 확산되었으며, 1990년대 전후에는 시대의 새로운 기조로까지 부상하게 되었다. 즉 '제자훈련'을 특별히 강조하는 일련의 교회들이 급성장하고, 특히 젊은 지식인 기독교신자 층에 상당한 호감을 불러일으킴으로써, 많은 교회들이 벤치마킹하는 새로운 교회의 모델로 자리잡게 된 것이다.

'이성의 기획'호 좌초 시나리오

●

구원파 현상이 교회 내부로 스며들어 제자훈련 프로그램 붐이 한창 일기 시작하던 1990년 어간은, 한국개신교회의 지배적 기조인 감성 과잉의 은사주의적 신앙이 한국사회에서 더 이상 '약발'을 받지 못하게 된 시점과 비슷하다. 민주적 제도화의 엔진이 가동되면서 빠르게 확장, 발전하고 있던 자율적 시민사회는 사회 각 영역에서 낡은 시대의 유제에 대한 청산을 시작했고 교회는 그러한 청산의 주요 대상의 하나로 낙인찍혔다. 이때 가장 먼저 비판 항목에 올라온 개신교 신앙의 요소는 바로 은사주의였다. 기복주의 신앙[7]과 광신적 종교 행태가 결합된 신앙 양식이 첫 번째 문제점으로 제기된 것이다.

개신교 내부에서도 이와 비슷하게 신앙적 개혁의 흐름이 엿보인다.

---

7. 여기서 기복성과 기복주의는 구분할 필요가 있다. 즉 신적 존재를 향하여 현실의 결핍을 채워주길 바라는 태도는 모든 종교에서 예외 없이 나타난다. 하지만 각 종교들은 그러한 기복신앙이 자기중심주의에 매몰되지 않도록 하는 자기 초월의 성찰적 신앙과 연결시키는 담론을 갖고 있다. 그런데 은사주의는 기복신앙에 모든 것을 집중함으로써 신앙에서 타자성이 결핍된 기복주의에 빠져버렸다.

이 무렵 한국 은사주의 운동의 상징이던 여의도순복음교회의 청년 교인들이 제자훈련의 상징인 사랑의교회로 속속 옮겨가고 있다는 소문이 파다했다. 2000년대에 오면 과거 은사주의 신앙의 중심 공간이었던 기도원이 속속 사라졌다. '산상기도회' 같은 은사주의적 부흥회의 참석률이 현저히 줄었고, 이에 무수한 기도원들이 폐쇄된 것이다.

이제 한국교회가 세계 개신교 역사에 남긴 가장 뚜렷한 족적인 전대미문의 맹렬한 성장, 그리고 그 성장의 가속 엔진 역할을 하던 은사주의적 성령운동은 사라져가는 듯이 보였다. 그리고 앞서 보았듯이 많은 교회들은 그러한 감성 과잉의 신앙 대신 보다 이성주의적 기획인 제자훈련 프로그램을 앞 다투어 도입했고, 전체적으로 교세 정체의 시대에 눈부신 성장을 이룩한 교회들 가운데 제자훈련 프로그램을 활용한 교회들이 상당히 많았다.

그러나 감성 과잉의 성령파 신앙을 대체한 제자훈련 유형의 신앙, 그 영향력이 2010년대에 이르러 쇠퇴하는 추세다. 그 직접적인 이유는 '제자훈련의 맏이' 역할을 해온 사랑의교회가 보인 비도덕적 스캔들 때문으로 알려져 있다. 그 단적인 예가, 사랑의교회 사태 이후 이 교회가 속한 대한예수교장로회 합동파의 교단 신학교인 총신대학교에서 대안적 교회 프로젝트로 매년 개설해온 '교회와 제자훈련' 과목 수강생의 급감 현상이다. 미래의 교회 사역자들에게 이 과목은 더 이상 대안으로 해석되지 않았던 것이다.

그러나 그것은 표면적인 이유에 불과하다. 사랑의교회와 무관하게 제자훈련 프로그램을 도입한 교회들의 실패 사례가 점점 늘면서, 제자훈련 열풍이 거품 빠지듯 사라지고 있는 것이다. 이는 좀 더 뿌리 깊은 요인에 대한 분석이 필요함을 의미한다. 나는 그것이 신자유주의적 지구화 시대의 감수성의 구조 변동이라고 할 만한 사회적 변화와 관련이 있다고 판단한다.

신자유주의는 사회의 거의 모든 계층을 노동 배제의 불안 상황으로 내몰았다. 실제로 많은 이들이 노동시장에서 퇴출되었다. 퇴출 경로는 다음과 같다: 정규직 노동자→비정규직 노동자→불완전 노동자→무능력자. 이러한 추락의 경로가 역진逆進되는 경우는 매우 드물다. 각 단계마다 역진을 막는 장벽이 한결 높아진 탓이다. 더욱이 추락한 노동자는 그러한 위치에 부합하게 의식과 능력도 함께 쇠락해간다.

이러한 신자유주의의 저주는 사람들로 하여금 강도 높은 '자기 관리'에 매진하지 않을 수 없게 했다. 사람들은 더 많은 성과를 이룩하기 위해 뼈 빠지게 일하고, 쉬는 시간에도 자기계발을 위해 투자한다. 한데 자기계발의 안내서들은 한결같이 '나는 할 수 있다'는 '긍정의 이데올로기'를 주입한다.

그러나 어느 누구도 이 이데올로기가 심어놓은 욕망의 기준에 도달할 수 없다. 더구나 그 이데올로기는 자족을 허용하지 않는다. 멈추면 도태하고 만다는 두려움이 모든 이들을 옥죈다. 하여 많은 이들은 노동 중독증에 빠지고 그로 인해, 중증이든 경증이든, 몸과 정신의 소진성 질환에 시달리게 된다.

문제는 이렇게 몸과 정신을 병들게 하면서까지 질주하게 하는 '무한 긍정주의'에도 불구하고 절대다수의 사람들에게 허용된 현실의 경로는 현상 유지이거나 실패로의 길뿐이라는 점이다. 욕망을 멈추게 하는 계산 가능한 미래는 없다. 사람들은 민주주의도 선진국 진입도 행복은커녕 불안과 고통만 가중시켰다는 생각에 사로잡힌다. 이때 사회에는 이성적 기획보다는 감성 현상이 분출하게 된다. 실제로 최근의 몇몇 연구들에 따르면 오늘 한국의 대중이 드러내는 지배적인 감성의 형태들은 불안, 공포, 허무, 혐오, 수치심 등이다.

인터넷과 종이매체에서 사용된 단어들의 사용 빈도로 추정해보면, 2010년을 전후로 해서 사회적 담론 지형은 '자기계발'에서 '힐링'으로 옮겨갔다. 흥미롭게도 제자훈련 현상의 쇠퇴를 언급하는 글들이 간간이 등장한 것도 바로 그해 즈음이었다. 이는 이 무렵에 일어난 사회적 담론 지형의 변화와 유사하게 개신교 내의 신앙 지형도 변화하고 있는 징후로 해석될 수 있을 것이다.

'제3의 물결'—새로운 감성 과잉의 시대로 귀환한 교회적 영

●

이러한 신앙 지형의 변화에서 주목되는 것이 바로 성령운동이다. "아프지도 말고 죽지도 말자"라는 결기어린 구호와 함께 시작하는 제자훈련 프로그램은 견딜 수 없을 만큼 힘겹다는 생각에 휘말려 있는 이들에게 다가가기에 너무 차가웠다. 아무튼 제자훈련 유형의 신앙, 그 이성의 기획이 실패했다고 단언할 수는 없어도, 대안적 신앙으로 주목받았던 위세는 꺾였고, 여전히 활기를 띠고 있는 다른 차원의 신앙 유형, 곧 '새로운' 감성의 프로젝트에 주목하게 된다.

최근 개신교 성령운동 지도자의 한 사람이자 연구자인 피터 와그너 Peter Wagner가 '제3의 물결the third waves'이라고 부른, 새로운 성령운동이 그 현상을 대표한다. 이 새로운 성령운동은 신자유주의의 거센 파고가 휘몰아치기 시작하던 시기인 1980년대 초, 그 진원지의 하나인 미국에서 등장했고, 1980년대 말에는 한국에 상륙했다.

이때 한국에서 이 '신상품 성령'의 대리점 역할을 한 것이 온누리교회다. 이 교회에서 1987년 처음 도입된 형식 파괴, 장르 파괴, 경계 파괴의 파격을 구현한 새로운 예배 포맷이라 할 수 있는 '경배와 찬양'은 1990년대 말 이후 한국개신교회를 뒤흔들 만큼 대대적으로 유행했다.[8] 알다시피 이 시기 한국도 신자유주의의 광풍에 절체절명의 좌초 위기에 있었다. 한데 이 예배 포맷은 단순히 다른 양식의 예배에 그치는 것이 아니다. 여기에는 열렬한 엑스터시 종교 체험과 치유 현상이 병행되었다.

이러한 '제3의 물결'은 성령운동사에서 대단히 흥미로운 현상이다. 미국과 영국에서 19세기 초에 처음 등장했던 '첫 번째 성령운동의 물결'은 산업화와 도시화 과정에서 주변화된 사람들 사이에서 크게 반향을 일으켰고, 그 지도자 또한 대개 정규적인 신학 교육을 받지 못한 이들이었다. '두 번째 물결'은 1960년대 미국에서 소비사회화가 한창일 때 이 새로운 문화 현상에서 배제된 대중 사이에서 크게 확산되었고,

---

8. 앞에서 말했듯이 이 무렵 사랑의교회를 필두로 하는 제자훈련 붐도 강렬했다. 해서 당시 개신교 일각에서는 제자훈련과 성령운동, 이를 양 날개로 하는 한국교회의 회생 시나리오를 이야기하곤 했다.

그 지도자들도 비슷한 체험을 공유한 존재였다. 특히 이 두 번째 물결은 한국 등 제3세계에서 폭발적으로 분출하였는데, 여기서도 주변화된 계층 사이에서 이 운동이 대대적으로 확산되었고 지도자들 역시 주변적 존재라는 점에서 미국의 현상과 별반 다르지 않다.

한데 흥미롭게도 제3의 물결에는 중상위 계층 대중이 다수 참여하고 있고, 그 지도자들도 대학교수, 법률가, 과학자, 엘리트 성직자 같은 정규 교육체계의 중심에서 확고한 위치에 있는 이들이 유난히 많다는 특징이 있다. 요컨대 여기에는 '계층 이동'이 뚜렷이 감지된다.

내가 보기엔 이 점이 중요한데, 이 현상의 시대사적 배경이 신자유주의적 지구화 시대와 맞물려 있다는 점은 바로 이 현상을 해석하는 중요한 실마리다. 앞에서 말한 것처럼 신자유주의는 거의 모든 사람들을 공포와 두려움, 절망, 수치심 등의 감정에 휘말리게 했고, 또 많은 사람들을 소진성 질환에 시달리게 했다. 이러한 사회적 변화는 중상위 계층에 속하는 무수한 대중들을 성령집회로 부르는 사회 구조적 요인이라고 할 수 있다.

그렇다면 제3의 물결이라고 불리는, 21세기화한, 혹은 신자유주의 시대의 새 옷을 입은 성령은 어떤 모습으로 대중에게 다가간 것일까? 사람들은 이 신상품 성령으로 인해 신과 접선하는 다양한 체험들을 접하였다. '성령의 은사'라고 해석된 이런 체험들로는 방언, 동물 소리,[9] 영춤spiritual dance, 영적 박장대소(토론토 블레싱),[10] 환상 등이 있는데, 이 체험을 통해 사람들은 치유에 대한 집단적 확신에 이르고 이는 실제로 치유를 일으키는 동력이 되었다.

하지만 이런 현상은 지난 두 차례의 성령운동의 물결과 별반 차이가 없다. 가장 눈에 띄는 차이는 '경배와 찬양'이라는 파격적 예배 포맷이 이 집회를 둘러싸고 있다는 점일 것이다. 워십 디자이너$^{worship\ designer}$가 기획한 일종의 공연 형식의 이 예배에는 무대와 객석, 대중과 설교자로 양분되던 중심-주변의 이분법이 해체되고, 설교자의 강론에 집중되었던 메시지가 예배 도처에서 불쑥불쑥 튀어나온다.[11] 그러면서도 설교자는 확고한 중심의 위치에 있고 그의 이끌림에 의해 여러 은사들이 예배에 끼어들어 즉흥성을 불러일으키며, 이 대목에서 대중의 흥분이 고조되고 그 절정에서 치유의 사역이 발생한다. 이때 주지할 것은 음악의 성격이나 악기의 구성, 공간의 배치, 공연자의 복장 등, 집회를 구성하는 모든 인적 물적 요소들은 그 시대의 중산층의 기호와 친화적인 성격을 지닌다는 점이다. 그런 점에서 제3의 물결의 계층성이 그 집회의 구석구석에 짙게 드러나 있다.

실제로 한국에서 제3의 물결의 진원지인 온누리교회는 대표적 중산층 교회이고, 현재까지도 매주 수천 명이 모이는 치유집회를 이끌고 있는 손기철 장로는 그 교회의 장로로서 대학교수이며 과학자다. 그가 이끄는 집회는 은사체험과 치유^{healing}가 중심에 있지만, 성경에 대한 강론

---

9. 은사체험에서 방언이 인간의 발성 현상으로 언어적 질서의 외부를 드러내는 소리라면, 동물 소리는 비인간의 발성현상으로 언어 외부의 소리를 체현한다.
10. '거룩한 웃음$^{holy\ laughter}$' 현상은, 성령운동의 제3의 물결의 선두주자인 존 윔버$^{John\ Wimber}$가 캐나다의 토론토에서 처음 시작하였다고 하여 '토론토 블레싱$^{Tronto\ blessing}$'이라고도 부른다.
11. 그런 점에서 예배음악이나 공간적 장치 등은 설교자의 강론에 부가되는 도구적 역할로 격하되지 않는다. 그것은 또 다른 메시지의 발설자 위치에 놓인다.

의 비중이 매우 클뿐더러 그 내용 중에 도덕적 책임에 대한 강조가 상당히 많다. 또 치유라는 마술적 행위를 일방적으로 강조하던 과거의 은사주의적 퇴마사exorcist와는 달리 병원에서의 치료therapy에 대해서도 부정적이지 않다. 요컨대 그가 이끄는 집회는 미국의 대표적인 성령운동 반대론자인 존 맥아더John MacArthur가 예배를 무질서한 감정주의로 오염시켰고 믿음을 속된 욕망을 이루는 긍정의 힘으로 변질시켰다고 비판한 것과는 사뭇 다른 양상을 보여준다. 그의 집회는 절정의 순간에도 무질서하지 않고, 집단적 열광 속에서도 개개인의 내적 성찰이 강조된다. 하여 그의 집회는 광적인 분위기에서 욕망을 부추기는 무조건의 축복이 아니라 사회질서에서 일탈하지 않는 윤리적인 삶에 대한 요청이 동반된 축복이 강조된다. 요컨대 제3의 물결은 물적이든 상징적이든 자신의 자산을 다 걸지 않아도 되는 이들의 신앙 형식과 내용을 담고 있다.

'도구적 힐링'―계급화된 영의 정치
●

이와 같이 한국개신교 내에서 일어난 최근의 성령운동의 제3의 물결은 신자유주의적 지구화의 엄습으로 인한 시대적 감수성의 변동과 연관이 있다. 세계의 구석구석, 심지어 내면까지 파고들어 휘젓고 다니는 자본의 파괴적 행보로 파산의 위기에 빠진 존재를 지켜내려 안간힘 쓰는 이들에게 제시된, 일종의 감성 프로젝트가 바로 이 성령 현상으로 나타났다는 이야기다.

이러한 감수성의 사회적 변동은 한국사회에서 두 단계로 나누어 전개되었다고 할 수 있다. 첫 번째는 소비사회로의 이행이 시작되던 1990 년 어간부터이고 두 번째는 1997년과 2008년 우리사회로 거세게 침공해 들어온 신자유주의적 지구화 이후다. 첫째로, 소비사회로의 이행은 감성의 상품화가 본격화되고 사적 친밀성의 공간이 자본주의적 거래가 이뤄지는 새로운 시장으로 개척되기 시작하면서 나타난다. 한데 흥미롭게도 한국사회는 이 시기에 민주주의적 제도화가 빠르게 전개되었다. 이는 1990년 어간부터 두 가지 상반된 기조의 사회적 흐름이 나타났다는 것을 의미한다. 한편에선 보다 이성적이고 합리적이며 사회적인 기조를 띠고 있었고, 다른 한편에선 보다 감성적이고 개인 내면에 집중하는 양상이 한층 강화되었다.

전자는 이전 시대를 청산하는 대안적 사회 설계에 대한 왕성한 지적 탐구와 함께 나타났다. 가령, 1980년대 말부터 알튀세르, 푸코, 들뢰즈로 이어지는 탈근대적 철학자들에 대한 탐구 열풍, 그리고 각종 민주주의론이나 시민사회론들에 대한 활발한 모색들이 있었다. 또 같은 시기에 개신교 내의 보수주의적 복음주의자들 사이에서 은사주의를 비판적으로 넘어서고자 하는, 보다 지적이고 합리적인 대안적 신앙에 대한 탐색이 두드러지게 확산되었고, 특히 그중의 하나로 앞에서 언급한 것처럼 제자훈련 프로그램이 교회들 사이에서 붐을 일으켰다.

하지만 이렇게 이성의 프로젝트가 활발히 모색되는 가운데 이와는 다른 기조의 현상들이 나타났는데, 그것은 일종의 개인과 사생활의 등장이라고 할 수 있는 '사적 영역의 활성화 현상'이다. 그리고 이 사적 영역에서 중요한 요소는 친밀성 같은 '감정'이다.[12] 한데 이 시기에 이와 같은 사적이고 감성적인 영역이 중요해진 것은 그것이 곧 하나의 상품으로 소비되는 무대가 되었기 때문이다. 일종의 감성 자본주의가 이 시기 한국사회에서 맹렬히 작동하게 되었다고 할 수 있다.

흥미로운 것은 이 시기에 (억압이 아닌) 승화를 통한 감성 관리의 담론도 크게 부상했는데, 이 현상을 선도한 것이 한국의 도교 전통에서 유래한 신종교들이었다는 점이다. 특히 1990년을 전후로 하여 '기수련 열풍'이 불어닥쳤는데, 이는 명상과 수련을 통해 내면의 관리를 추구하는 것으로, 소비사회가 만들어 놓은 개인의 영역을 내면의 깊이의 세계로 확장시킨 것이다. 이런 현상을 이끈 종교적 집단은 단학선원인데, 이 단체는 승화된 감정을 위한 프로그램의 상품화에 성공함으로써 탈근대적 종교로서 적지 않은 주목을 받게 된다.

이후 도처에서 감정은 사회의 중요한 작동 요인으로 부상했다. 아동과 청소년 교육에서 감성 요소가 부상했고, 친밀성을 매개로 하는 지역적 관계망이 속속 구축되었다. 대표적인 것이 1990년대 중반부터 시작된 공동육아모임이었고, 이는 대안학교로, 지역의 생활공동체 운동으로 이어졌다. 또 개신교와 불교 등 주요 종교들도 감정을 활용하는 종교 상품들을 속속 내놓았고 상당한 성과를 이룩했다. 특히 개신교 교회들 사이에서 크게 성행한 이른바 '목회 상담' 프로그램은 일종의 친밀성에 기초한 영적 공동체의 회복을 추구했는데, 이때 지향하는 바는 영적 공동체성의 회복이었지만, 그것을 위한 수행 방식은 개개인의 내면적 감

---

12. 특히 정신보다는 육체에 대한 탐닉을 추구하는 낭만적 사랑, 이 감성 중심의 사랑론이 1990년대 친밀성 담론을 주도했다.

성의 관리에 초점이 맞추어져 있었다. 이 내면적 감성을 교회는 '영성'이라고 불렀다.

한데 이러한 친밀성을 중심으로 하는 감성 현상은 두 번째 감수성의 구조 변동 단계로 오면서 급격히 변화했다. 1997년 외환위기와 2008년 금융대란을 거치면서 사회적 감성의 중심 기조가 친밀성에서 불안, 공포, 수치심, 증오로 빠르게 전환되었다. 하여 감성 자본주의의 중심적 작동 요소로 '치유'가 부상했다.

봇물처럼 전시된 각종 치유 상품들의 특징은 소비사회의 신종교적 감정 문법을 계승한다. 즉 개인의 내면의 관점에서 고통을 해석하며, 따라서 고통에서 벗어날 방법도 내면의 관리에서 시작한다는 것이다. 이것은 신자유주의 시대의 치유 담론의 특징으로 자리잡는다. 즉 고통 받는 개인은 내면과 직면하여 자신을 해석하고 수행법을 실행에 옮기는 자가 될 때 존재가 치유되는 기회를 누릴 수 있다는 것이다. 이렇게 내면적 치유를 중심으로 자신을 이해하는 것을 '치유적 자아'라고 부른다.

이러한 치유적 자아가 자신을 해석하는 방식은 위에서 말했듯이, 모든 것을 개인의 내면의 문제로 환원시키는 것이다. 그리고 그러한 해석의 스토리라인을 '치유적 서사'라고 부른다. 이러한 치유적 서사가 효력이 있음을 입증하는 가장 효과적인 방식은 입소문이다. 특히 사회적으로 성공한 이들이 퍼뜨리는 입소문의 효력은 대단히 크다. 하여 매스미디어나 잡지 등은 그런 명사들의 강연이나 대담 같은 것을 기획하곤 하는데, 그런 이들은 자신의 성공을 서사화하는 일정한 문법을 따른다. 자신은 모든 사람이 겪고 있는 불안, 공포, 수치심 등의 감정을 더 격렬하게 겪었고 그 존재의 고통을 이겨낸 결과 놀라운 사회적 성공에 이르게 되었다는 것이다. 이때 존재의 고통을 이겨내는 방식을 치유라고 해석하며 진술하게 되는데, 이러한 명사들의 성공적인 치유적 서사를 '치유적 전기'라고 부른다.

성령운동의 제3의 물결도 바로 이러한 방식으로 치유를 실현하고자 한다. 우선 치유술사는 앞에서 말했듯이 제1, 제2 물결의 퇴마사들과는 달리 사회적으로 상당한 성공을 이룬 이들이다. 그들은 한결같이 치유적 전기를 통해 사람들에게 다가갔다. 이때 사람들이 요구하는 전기의 내용은 단순히 병에서 낳았다거나 내면의 악령을 몰아냈다는 것이 아니라 사회적으로 성공했다는 데에 초점이 있다.

그리고 그이의 주도 아래 치유된 이들도 자신의 치유적 서사를 이야기하게 되는데, 여기서도 역시 질병의 치유만이 아니라 사회적 성공담으로 이어지는 내용을 담고 있다. 즉 그들은 질병 또는 악령 들림으로 인해 사회적 퇴출의 위기에 놓이거나 혹은 실제로 퇴출되어야 했지만 치유술사의 안내에 따라 내면의 악령을 극복하게 됨으로써 질병의 치유뿐 아니라 사회적 성공까지 얻게 되었거나 성공 가능성이 높아진 삶을 살게 되었다는 것이다.

교회는 이러한 치유적 서사의 증언을 '간증'이라고 부르는데, 종래의 간증이 질병의 치유 혹은 악령의 추방에 초점이 있었다면, 여기서의 간증은 사회적 성공을 중심으로 한다. 더구나 그 성공이라는 것도 궁핍으로부터의 탈출 차원이 아니라 '풍요를 넘어서는 풍요'의 차원이다.

그렇다면 제3의 물결이 내포하는 간증의 정치는 신자유주의적 계급의 정치라고 할 수 있다. 여기서 중요한 것은 간증이 사실 관계를 전도시킨다는 데 있다. 간증은 신자유주의 시대의 성공이 질병 혹은 악령에 매인 자가 자기를 극복함으로써 성공에 이르게 된 것처럼 이야기하지만, 실제로는 앞서 말했듯이 계층적으로 유리한 위치에 있는 이들이 지도자이고 간증 행위자다. 이는 거꾸로 사회적 실패자는 자기 관리에 실패한 자이고, 고로 그들은 간증할 수 없는 자라는 논리가 암암리에 전제되어 있다.

결국 최근 개신교의 성령운동은 신자유주의 시대의 계급화된 힐링을 위해 동원된 영의 도구화에 다름 아니다. 그리고 그것은 최근의 힐링 담론 일반의 현상을 좀더 극화시킨 것이다. 고통의 비대칭성은 힐링 담론에 의해 더 은폐되었고, 사람들은 자신의 내면에 집착하며 고통을 대면한다.

'사회적 영성'―대안적 감성의 정치를 찾아

●

서기 1세기 중후반 지중해 지역의 이스라엘 교포 사회, 특히 그 일파인 그리스도파 내부에서 비상한 감성 현상이 속출했다. 가령 방언이나 예언, 그것의 신비한 해석, 병 고침과 악령 추방 등의 현상이다. 그리스도파는 이런 비상한 감성 현상들을 '은사'(카리스마)로 해석했다.

이 현상은 한편으로는 공동체의 신앙적 역동성을 한결 강화시켰다. 하지만 다른 한편으로는 문제를 야기하기도 했다. 은사가 권력의 도구가 되었고 그것을 독점하기 위한 갈등이 첨예화되었다. 이때 바울은 권력의 도구가 된 은사가 아닌 사랑으로 귀결하는 은사를 말하고, 그러한 성찰적 은사를 '영'이라고 불렀다.

여기서 바울은 '은사적 서사'와 '영적 서사'를 대립시킨다. '은사적 서사'란 앞서 말한 '치유적 서사'와 마찬가지로, 은사 받은 이가 자신이 신에게 선택되어 신령한 힘에 의해 치유되었고 그 결과 성공도 거머쥐게 되었다는, 즉 공동체의 권위자로서 부상하게 되었다는 이야기다. 반면 '영적 서사'란 은사로 말미암아 타인을 배려하고 그이를 위해 자신을 기꺼이 희생하는 자가 되었다는 이야기다. 그래서 그는 사랑으로 완성되는 은사를 주장하는 것이다. 바울에게 영은 이런 것이다.

앞 절에서 우리는 신자유주의 시대에 치유적 서사가 계급화된 불평등의 질서를 정당화는 도구가 되었다는 것에 대해 말하였다. 이것은 바울 시대의 그리스도파 내에서 일어난 은사적 서사와 그 양상이 유사하다. 이것이 우리가 '영'이라는 용어를 주목하는 이유다.

우리는 이러한 영을 '사회적 영성'이라고 이름 지었다. 그것은 지난 두 세기에 걸쳐 세 차례나 대대적인 부흥운동을 일으켰던 성령운동 이후 영이 바울의 영과는 달리 왜곡되고 권력화된 개념으로 오용되었기 때문이다. 이때 '사회적'이라는 수식어는 한편에서는 '관계적'이라는 함의를 지니고 다른 한편에서는 '구조적'이라는 의미를 내포한다.

신자유주의 시대에 넘쳐나는 상처 입은 사람들, 그들 가운데 다수는 어느새 이성의 프로젝트가 이 숨 막히는 체제에서 해방을 선사해줄 것이라는 믿음을 버렸다. 하여 많은 사람들은 치유를 갈망하게 되었다. 그런 맥락에서 '영들'이 소환된 것이다.

한데, 말했듯이, 그 영들이 권력화되었다. 구체적으로 말하면 신자유주의적 계급 정치의 도구가 되었다. 이에 우리는 이 책에서 사회적 영성 작업을 크게 두 가지 차원에서 이야기하고 있다. 하나는 신자유주의적 계급 정치의 도구가 된 영들을 비판적으로 검토하는 작업이고, 다른 하나는 대안적인 영성, 곧 사회적 영성을 발견하는 작업이다. 이미 우리 주위에는 치유하고 배려하며 희생하는 성찰적 감성 현상들이 도처에 있다. 하지만 왜곡된 영에 대한 선입견으로 인해 간과하고 망각해온 사회적 영성을 찾아내고 그 효과를 읽어내고자 하는 것, 그것이 이 책이 말하고자 하는 사회적 영성의 두 번째 측면인 것이다. 요컨대 '영성'의 이름을 아직 부여받지 못한, 하지만 어떤 영들의 활갯짓보다 더 영적인 사건들, 가령 세월호 사건이나 송전탑 사건 등에서 '사회적 영성'의 흔적들을 찾아내고 '영의 서사'로 재구성하여 증언하며 그것에 이름을 부여하는 작업, 그것이 우리가 이 책에서 시도하고자 하는 주요 과제의 하나인 것이다.

생각을 시작할 때부터 책이 완성되기까지 거의 3년이 지났다. 하지만 우리는 아직도 사회적 영성을 찾아 떠나는 입구에 들어섰을 뿐이다. 더 많은 고민과 연구와 실험들이 필요하다. 그러한 후속 논의와 실행을 위해 이 책이 한 징검돌이 되었으면 좋겠다.

2014년 초겨울

골방에서

"세월호 사건에서도 많은 사람들이 '잊지 않겠습니다, 기억 하겠습니다'라고 말하였다. TV에 나오는 많은 사람들도 그렇게 이야기했다. 공인이건 공인이 아니건 대부분의 사람이 그렇게 이야기했다. 기억하는 것이야말로 이 사건의 희생자들에게 살아남은 사람들이 할 수 있는 유일한 일인 것처럼 되뇌었다. 그러나 이때 근본적인 문제가 떠오른다. 고통이 말할 수 없는 것이라고 한다면 말할 수 없는 것을 우리는 어떻게 들을 수 있다는 것일까? 들을 수 없는 것에 대해 우리는 어떻게 기억할 수 있을까? 말할 수 없는 것을 듣고 기억하는 것, 그것은 어떻게 가능한 것인가?"

고통, 말할 수 없는 것을 기억하기 ●━━━━━━━●

고통은 말할 수 있는가? 국제연대운동을 하는 동안 인권의 현장은 늘 아우성과 신음소리로 가득 차 있었다. 도시빈민의 예를 들어보자. 하루아침에 '농노'에서 '자유민'으로 선포되어 그동안 자신이 살던 땅에서 쫓겨났다. 주인에게 자비를 호소하거나 저항하던 그들은 두들겨 맞거나 심할 경우 살해당하기도 했다. 그렇게 쫓겨난 그들이 정착할 곳은 큰비가 오면 물이 넘쳐흐르거나 쓰레기더미가 무너지는 곳이었다. '웅크리고 앉아 다음 재난을 기다리는 곳'이었다. 그 곳에서 먹고 살 길이 없는 그들은 문자 그대로 '딸'을 팔았다. 내가 가본 곳 중의 한 곳은 열몇 살이 넘기만 하면 '의례히' 가족을 위해 소녀들이 길거리로 나섰다.

그들의 편이 되기 위해서는 먼저 그들의 곁에 서서 그들의 이야기를 들어야만 했다. 그런 때마다 나에게 인권을 가르쳐 준 인도의 늙은 활동가는 묻곤 했었다. 고통을 말할 수 있다고 생각하느냐고? 그들의 곁에서 그들의 이야기를 듣는 것은 쉽지 않았다. 아니 불가능했다. 그들은 자신의 이야기를 하라고 하면 때로는 그냥 웃기만 했었다. 또 때로는 걷잡을 수 없는 분노를 터트리고 울부짖었다. 그들을 만날 때마다 그들 '곁'에는 늘 누군가가 있었다. 그 지역의 활동가들이었다. 그들의 웃음에 대해, 그들의 울부짖음에 대해 설명하는 것은 그 '활동가'들의 몫이었다. 단지 영어와 현지어의 차이만은 아니었다. 그들이 왜 그런 일을 당했고, 어떤 일인지에 대해 파악하고 분석하고 설명하는 것은 그들이 아니라 그들 옆에 있는 활동가들이었다. 그때마다 나는 그가 말한 것을 상기하곤 했었다. 고통은 말할 수 있는가?

단지 그들이 '교육받지 못한 사람들'이기 때문만은 아니었다. 배웠다는 '지식인'조차 자신이 당한 고통을 말할 수 있는지에 대해 질문하게 한 것은 버마의 학생 활동가들이었다. 그들은 20여 년 전에 군부독재에 반대하여 봉기하였다가 정치범수용소에 감금되었다 탈출한 사람들이었다. 그들 역시 나와 이야기를 나눌 때 피식피식 웃었다. 그들이 당한 일을 나에게 말해 달라고 하자 며칠이나 자신들과 머물 수 있냐고 물어봤다. 내 대답에 대해 그들은 다시 피식 웃으며 자신들이 겪은 일을 말하기 위해서는 그 정도 시간으로는 부족하다고 말하고 입을 닫았다. 그들을 나에게 소개한 친구는 이렇게 말했다. 저들은 언제나 저렇게 말한다고 말이다. 시간이 부족해서 일수도 있겠지만 많은 날이 주어진다고 해도 그들은 자신의 고통에 대해서 말할 수 없을 것이다. 그렇게 말할 수 있다면 고통이 아니기 때문이다.

고통은 말할 수 있는가?

●

이런 경험은 나에게 원초적인 질문을 던지게 하였다. 고통이 말할 수 없는 것이라면 어떻게 그것을 듣고 기록하고 기억할 수 있는가? 인권을 옹호하기 위해 가장 먼저 해야 하는 것은 인권을 유린당한 사람의 이야기를 듣는 것이다. 그들이 무슨 일을 겪었고, 그 경험은 그들의 존엄에 어떤 끔찍한 손상을 가했으며, 그 일은 왜 일어났는지에 대해 그들로부터 듣는 것이 인권을 옹호하기 위해 해야 하는 첫걸음이다. 그런데 그들이 당한 일을 그들 스스로가 말할 수 없다면 그 말을 듣는 것은 어떻게 가능한가? 듣는 것조차 가능하지 않은데 그 사건을 기록하고 기억하는 것은 또 어떻게 가능한 일인가?

물론 '우리'는 알고 있다. 그들이 말하지 않더라도 그들이 왜 그런 일을 당했는지에 대해서 말이다. 그것은 빈곤 때문이고 전쟁 때문이고 자본주의 때문이고 부정부패 때문이고 독재 때문이고 남성우월주의와 가부장주의 그리고 이성애중심주의 때문이다. 그들이 말하지 않더라도 그들의 출신과 국가를 보면 그들의 고통에 대해 설명할 수 있다. 또한 그들의 고통을 방지하기 위해서는 어떤 법적이고 사회적인 조치가 필요한지에 대해서도 말할 수 있다. 이미 수많은 법적 장치들이 국제적으로 제안되었으며 그런 법적 장치를 실현시킬 수 있는 정치적 의지가 필요하다는 것도 안다. 이처럼 듣지 않고서도 '우리'는 문제를 해결할 수 있다.

그래서 그들의 고통에 대해 듣는 것은 조직하는 사람이 아무리 신경을 써도 '요식행위'에 불과할 때가 많다. 당장 국제회의의 경우를 생각해보자. 대부분의 국제회의는 세 세션으로 나뉜다. 첫 번째 세션은 증언대회testimony다. 인권을 유린당한 당사자들이 나와서 말을 한다. 이들은 때로는 울부짖고 눈물 흘리고 호소한다. 그 다음 세션은 전문가들이 나와서 그들의 고통에 대해 분석하고 설명한다. 그리고 마지막으로 이들 모두가 모여 성명서statement를 발표하고 막을 내린다. 당사자들의 목소리는 즉자적인 것이고 이에 대한 대자적인 언어는 전문가들로부터 나오며 정치는 그 둘의 총합이다. 전문가들의 말이 '연대'의 말이 아니라 '분석'의 말이 되는 순간 당사자들의 말은 '재료'가 되면서 소외되곤 한다. 이것이 인권운동을 하는 사람들이 부딪치는 가장 근본적인 딜레마 중 하나였다.

들지 않고서도 알 수 있는 것, 이런 태도가 오랫동안 고통의 당사자들을 소외시켰다고 반성하는 사람들이 있었다. 그들은 인간이 느낄 수 있는 고통 중에서 가장 큰 고통은 '고통을 넘어 자신이 당한 그 고통에 대해 말할 수 없다는 고통'이라는 것을 발견했다. 인간이 말하는 것을 통해 비로소 인간이 될 수 있다고 한다면, 말하지 못하는 순간 그가 느끼는 고통은 인간이 되지 못하는 고통이다. 말할 수 없음으로 하여 그는 인간들 사이에 설 수 없으며, 그것은 곧 인간의 조건인 세계의 파괴이며 절대적인 외로움의 나락에 떨어지는 고통이다.

아우슈비츠의 생존자들이 자살로 생을 마감하는 이유 중 하나가 바로 자신들이 아우슈비츠에서 당한 일을 스스로 인간의 언어로 설명할 수 없기 때문이라고 말하는 것을 들은 적이 있다. 고통을 말할 수 없음으로 그들은 언제나 절대적 외로움 속에 갇혀 있을 수밖에 없다. 또한 이런 이야기를 좀 더 확장시켜보면, 자신들의 죽음과 동시에 그 기억은 영원히 사라질 것이다. 말할 수 없다는 고통은 그 고통을 담고 있는 얼굴이 사라질 때 같이 잊힐 것이라는 두려움과 연결된다. 말할 수 없음으로 기억될 수 없다는 것, 그것이야말로 인간으로서는 세계를 박탈당하는 가장 끔찍한 고통이 아닐까.

그렇기에 고통의 문제에서는 '해결'만큼이나 '듣기'와 '기억'이 중요하다. '해결'은 때로는 고통을 배가시킨다. 고통의 원인과 내용을 듣지 않고서도 재빨리 문제를 '해결'하는 사람들이 있다. 문제가 해결되는 과정에서도 당사자의 말은 '요식행위'로 배치되면서 소외되고, 문제가 해결되고 나면 다시 그에 대해 말할 필요가 없어진다. 반복해서 언급되는 종군위안부와 식민통치, 그리고 나치 전범이나 광주항쟁과 같은 역사적 사건들에 대해 사람들이 '지겹다'고 말하는 이유도 여기에 있다. 문제가 해결되었는데 왜 그걸 또 들어야 하고 기억해야 하는가, 하고 짜증을 낸다. 해결되었기에 그들의 고통은 들을/들릴 필요가 없는 것이 되었다고 생각한다. 그러나 '해결'되었다고 하더라도 가장 큰 고통은 남아 있다. 아직 충분히 들리지 않았고 기억되지 않았다는 고통 말이다.

고통을 기억한다는 것

●

그래서 우리는 해결만큼이나 기억을 강조한다. 세월호 사건에서도 많은 사람들이 '잊지 않겠습니다, 기억 하겠습니다'라고 말하였다. TV에 나오는 많은 사람들도 그렇게 이야기했다. 공인이건 공인이 아니건 대부분의 사람이 그렇게 이야기했다. 기억하는 것이야말로 이 사건의 희생자들에게 살아남은 사람들이 할 수 있는 유일한 일인 것처럼 되뇌었다. 그러나 이때 근본적인 문제가 떠오른다. 고통이 말할 수 없는 것이라고 한다면 말할 수 없는 것을 우리는 어떻게 들을 수 있다는 것일까? 들을 수 없는 것에 대해 우리는 어떻게 기억할 수 있을까? 말할 수 없는 것을 듣고 기억하는 것, 그것은 어떻게 가능한 것인가?

기억한다는 것은 무엇을 의미하는가? 누가, 무엇을 기억해야 하는가? 이를 알아보기 위해 우리가 먼저 생각해야 하는 것은 기억과 추억의 차이다. 세월호 사건의 기억을 위해 가장 활발한 활동을 펼치고 있는 분 중 한 분인 정혜신 선생은 희생자들을 추억하는 것이야말로 유가족들에게 가장 큰 힘이 될 것이라고 말한다.《내일신문》의 보도에 따르면 정혜신 선생은 희생된 학생들의 "친구나 이웃들이 내 자식과 나눴던 말, 경험이나 추억을 편지로 남겨준다면 내 아이가 친구의 기억 속에 남아 있고 살아 있다는 실체를 확인할 수 있다"고 말했다. 이처럼 추억은 기억의 한 방법이다. 누군가의 '기억' 속에 살아 있음을 확인하는 것이야말로 내 자식이 잊히지 않았다는 것을 확인할 수 있는 가장 좋은 방법 중의 하나다.

물론 이 추억은 사회적인 것은 '아직' 아니다. 추억은 희생된 사람들과 개인적 친분이 있던 사람 혹은 같은 공동체에 속해 있던 사람들이 할 수 있는 것이다. 얼굴과 얼굴을 마주 대한 경험이 있는 사람들이 떠나버린 사람을 잊지 않기 위해, 그와 관련된 자신의 기억을 떠올리고 나누는 것이 추억이다. 그렇기에 추억은 개인적인 관계, 넓게는 공동체communitas의 범위를 벗어나지 않는다. 이런 공동체적인 기억은 사회학자 지그문트 바우만이 말한 것을 빌려 말한다면, 사회적인 것의 안감은 될 수 있지만 아직 사회적인 것은 아니다. 다른 말로 한다면 추억은 그들과 마주 대한 경험이 없는 사람들은 기억의 주체로도, 기억의 내용에서도 배제한다.

  그렇다면 희생자들과 얼굴을 마주 대해 본 적도 없고 공동체를 이뤄 본 적도 없는 사람들은 대체 무엇을 기억하겠다는 것이고, 그 기억의 의미는 무엇일까? 추억이 아니라고 한다면 그 기억은 명백히 '사건'으로서의 기억이다. '사고'가 아니라 '사건'으로 세월호를 기억한다는 것은 이 사건을 그 배에 탄 개인들의 불운이 아니라 한국사회가 처한 현실의 보편성을 드러낸 커다란 사건으로 받아들인다는 것을 의미한다. 만약 그것이 '사고'에 불과한 것이라면 그런 사건은 우리 삶에서 비일비재하게 일어난다. 그러나 그 사고가 사건이 되었다는 것은 사람들로 하여금 우리 모두가 그 사고에 연루된 공통의 운명이라는 것을 자각하게 하였기 때문이다. 그렇기 때문에 기억이란 추억과는 달리 개인과 공동체의 범위를 넘어선다. 그것은 한 순간에 나와 무관하던 사람들의 죽음을 나와 관계있는 사람들의 죽음으로 인식하게 한다. 그저 남에 불과하던 사람들의 죽음을 나와 연관된 '너'의 죽음으로 받아들이는 것이다.

  이처럼 기억한다는 것은 애초부터 '너'였던 사람의 죽음을 기억하는

'추억'과 달리 지금까지는 '남'에 불과하던 사람의 죽음이 갑자기 나의 세계 안에 엄습해 들어와 '너'가 되는 사건이다. 인간이 죽음을 경험하는 유일한 길인 '너'의 죽음이기에 우리는 그것을 기억해야 하고 기억하게 되는 것이다. 나는 그의 죽음으로부터 무엇을 상실했는가. 이처럼 '상실'이 존재하고, 그 상실에 대해 절절해질 때에만 '그'의 죽음은 '너'의 죽음이 될 수 있는 것이다. 바로 그렇기 때문에 "잊지 않겠습니다, 기억하겠습니다"라는 말은 이 사건을 통해 불현듯 깨달은, 상실한 것이 무엇인지에 대한 자각이 있을 때에만 가능해지는 말이 된다. 주문처럼 외울 것이 아니라면 말이다.

이번 세월호 사건의 특이함 중의 하나가 바로 이런 기억의 자각이 다른 재난 때와는 달리 사회 곳곳에서 일어나고 있다는 점이다. 가령 박재동 화백은《한겨레》1면에 수십일 째 하루 한 명씩 세월호 사건에서 희생된 단원고 학생의 얼굴 그림과 이야기를 풀어내고 있다. 지금까지 한국에서는 재난을 오로지 '사고'로서만 기억했다. 우리는 많은 '사고'를 기억하지만 그 '사고'에 누가 희생되었고 그들이 어떻게 살아왔으며 우리가 어떤 삶을 잃어버렸는지에 대해 기억해본 적은 거의 없다. 이번 세월호 사건에서 사람들은 우리가 어떤 삶을 잃어버렸는지를 기억하는 방식을 택했다. 이는 한 생명이 사라지면 한 세계가 사라지며, 세월호 사건은 그러한 수백 개의 세계가 한꺼번에 사라진 사건임을 드러내는 값진 작업이다.

다른 한편으로 이런 기억하기는 말할 수 없는 고통을 듣고 기억하는 것이 어떻게 가능한지에 대해 말해준다. 우리가 놓쳐버린, 영원히 잃어버린 삶이 어떤 삶이었는지를 읽고 들으면서 우리는 고통을 느낀다. 고통을 대면하는 고통을 느끼며, 그들의 고통에 영원히 다가설 수 없다는 고통을 느낀다. 죽음과 죽음이 만나는 것이다. 한 생명의 소실이라는 죽음과 그 삶을 영원히 잃어버렸다는 상실로서의 죽음. '사고의 희생자'들이 아니라 '너의 상실'로 만들어 우리 역시 죽음을 경험하게 되는 것이다. 지금 학생 한 명 한 명의 이름과 얼굴을 그리는 작업은 그렇듯 두 죽음의 고통과 고통을 만나게 하는 것과도 같다. 이처럼 고통과 고통이 만났을 때 우리는 그 고통을 통해 저 고통을 듣게 되고 기억하게 된다.

기억의 국가화에 저항하기

●

반대로 저 망발을 일삼는 사람들은 이렇게 고통을 기억하는 것을 집요하게 방해하고 반대한다. 어떤 이는 교통사고의 숫자와 세월호의 희생을 비교했다. 저들에게 이 희생은 숫자 이상의 의미가 없기 때문이다. 숫자로 환원된 희생, 그것은 '너'의 희생이 아니라 '남'의 희생일 수밖에 없다. 나와 무관한 존재이기에 쉽게 숫자로 치환하고 숫자인 한에서 다른 존재로 쉽게 대체될 수 있다. 우리 반에서 한 명이 희생되었으며, 그것은 전체 인원에서 −1을 의미할 뿐이며, 누군가 다시 들어와 +1이 되면 다시 원상복구 된다. 저들에게 죽음은 대체 가능한 숫자의 사건일 뿐이기 때문이다.

대신 저들이 원하는 것은 고통과 고통이 만나는 것이 아니라 '국가의 위기'로 이 사건을 바꿔치기하는 것이다. 세계가 사라졌음을, 우리가

300개의 세계를 잃어버렸음을 삭제한 체 그 죽음을 '단일화'된 국가적 불운이자 국가의 위기로 기억하겠다고 나서는 것이다. 이것이 지금 박근혜 정권이 이야기하는 '국가개조론'의 핵심이다. 그 결과 이 나라에서 살아가던 사람들의 불안과 위기는 갑자기 국가의 위기로 전환된다. 그래서 더욱 튼튼히 해야 하고 보호되어야 하는 것은 이 국가 안에서 살아가는 사람들이 아니라 국가 그 자체가 된다.

희생당한 것은 국가가 아닌 사람인데 이렇게 국가가 기억의 주체가 됨으로써 마치 국가가 희생되고 위기에 처한 것처럼, 그래서 강화되고 보호되어야 하는 것이 국가인 것처럼 호도하는 것이 '기억의 국가화'다. 이런 기억의 국가화를 통해 그들의 죽음이 국가를 구원하기 위한 숭고한 희생으로 포장된다. 사실 그들의 죽음은 국가로 인해 벌어진 것임에도 말이다! 이렇게 기억을 국가화한 대표적인 사례가 9·11이라고 할 수 있을 것이다. 수천 명의 시민들의 죽음으로 말미암아 안이함에 젖어 있던 미국이라는 국가를 일깨운 숭고한 희생으로써 9·11이 호명되듯이 말이다.

기억의 국가화는 전도된 기억이다. 그들의 죽음은 국가의 위기를 드러내기 위한 희생이 아니라 국가에 의한 희생이다. 그렇기에 국가가 이 죽음을 어떻게 기억하려 하는지 면밀하게 추적하고 검토해야 한다. 그 가장 좋은 선례가 《한겨레》에 보도되기도 한, 대구지하철 참사 이후 그 고통과 희생을 기억하기 위한 추모공원과 희생자들의 묘역을 만드는 과정, 그리고 참사 현장을 어떻게 다루었는가에 대한 사례다[1]. 이때에도 명백히 알 수 있는 것은 한국에서 기억의 국가화는 미국의 9·11 경우와 반대로 체계적으로 사건을 사고로 축소하고 망각하게 하는 과정이었다는 점이다. 기억의 이름으로 망각을 강요하는 것, 그것이 기억의 국가화의 또 다른 축임을 명심해야 한다. 주문처럼 '기억 하겠습니다'를 외치는 것이 기억의 개인화라면 그 반대편 짝패는 명백히 기억의 국가화다.

우리는 기억의 국가화에 저항해야 한다. 그 첫 번째 길은 박재동 화백처럼 이 죽음을 숫자로 환원하지 않겠다고 단호히 표현하는 것이다. 그들의 삶 하나하나가 누군가에게는 대체될 수 없는 죽음이며, 나아가 공동체의 바깥인 사회에서도 그들의 죽음을 대체되지 않는 죽음으로 기억하겠다는 단호한 의지를 표출해야 한다. 그런데 여기에는 커다란 난점이 있다. 공동체 안에서야 아는/알았던 이의 죽음이기에 대체될 수 없다고 말할 수 있지만, 그를 만나보지 못한 사람들의 무리라 할 사회에서는 어떻게 그의 죽음을 대체 불가능하다 느낄 수 있을까? 사회가 그의 죽음이 대체 불가능하다는 것을 인식하고 새김으로써 그의 죽음을 숫자의 변화가 아니라 '기억'으로 만드는 것은 대체 어떻게 가능할까?

기억, 사회 안으로 새겨 넣기

●

세월호 이전과 이후가 세월호에 의해 달라졌을 때 우리는 세월호를

---

1. 「유가족은 그렇게 암매장꾼으로 몰렸다」, 「고개를 돌려봐도 소용없어… 영령은 나무 밑에 숨어 있지」, 《한겨레》 2014년 5월 10일.

'사건'으로 기억했다고 말할 수 있다. 그들의 죽음을 사회적인 사건으로 기억한다는 것은 사회가 그 사건을 통해 단절을 경험하고 나아간다는 것을 뜻한다. 기억이란 한편에서는 위에서 말한 것처럼 죽은 이 한 사람 사람의 고유성을 기록하고 추억하는 것이지만 다른 한편에서는 단절을 통해 지금까지와는 다른 사회-정치공동체를, 즉 지금까지와는 다른 삶을 탄생시키는 것이다. 그럴 때 우리는 시간이 지나더라도 들려줄 말이 있게 된다. 기억한다는 것은 그들에 대한 이야기를 나누는 것일 뿐만 아니라 그들과 이야기를 나눈다는 말이기도 하다.

대부분의 사회-정치공동체는 죽음 위에 선 애도의 공동체다. 죽음에 대한 기억이 살아남은 이들을 새롭게 묶어낸다. 죽은 이에 대한 기억이 살아남은 이들의 유대감과 유대 방식을 갱신한다. 페리클레스의 저 유명한 연설도 전사자들에 대한 추도 연설이었다. 그 전사자들을 호명하고 기억하는 애도의 반석 위에 아테네는 서 있다. 프랑스대혁명 시기 사람들의 희생과 죽음은 그 사회를 군주제에서 공화제로 바꾼 전환을 통해 기억되고, 독재에 항거하던 사람들의 죽음은 민주주의로의 전환을 통해 기억된다. 이처럼 크게는 체제와 제도의 전환을 통해, 비록 그 낱낱의 이름들은 기억되지 못하는 경우가 있다고 하더라도 그들의 존재와 희생은 사회 속에 새겨 넣어져 기억되는 것이다.

이러한 새로운 사회-정치공동체를 만드는 시작점이자 도착점은 '지금처럼 사는 삶'과의 단절이다. 지금 세월호 '이후'에 대한 대부분의 담론은 '안전'에 초점이 맞춰져 있다. 저들은 우리가 도달해야 하는 최종적인 목적이 '안전'이라고 말한다. 단도직입적으로 물어보자. 정말 우리가 바라는 것이 지금처럼 살면서 그저 안전한 삶인가? 지금처럼 목구멍까지 차오르도록 숨 가쁘게 성장을 향해 소진해가며 살며 지금보다 조금 더 안전해지는 것을 과연 '이후'라 부를 수 있을 것인가? 그럴 경우 우리는 희생자들에게 무슨 이야기를 들려줄 수 있을 것인가?

바로 이 지점에서 지금까지의 삶과 단절하고 새로운 사회-정치공동체를 도모할 수 있는 질문과 만나게 된다. 그것은 바로 '좋은 삶이란 무엇인가'라는 질문이다. 세월호는 한편에서는 한국의 국가 시스템이 형편없다는 것을 드러냈지만 다른 한편에서는 삶의 허무함과 마주치게 하였다. 그 허무함은 실존적 허무함이기도 하지만, 무엇보다 위에서 이야기한 '지금처럼 사는 삶'에 대한 허무감이다. 제법 많은 사람들이 이대로 살아도 되는지 묻기 시작했다. 마치 아무 일도 없었던 것처럼, 살던 대로 사는 것이 망각이라며 이 질문을 시작하는 것이야말로 기억의 출발점인 것이다. 이 질문은 개인적인 삶의 전환에 그치는 것이 아니라 정치에 대한 질문으로 이어진다. 정치공동체란 좋은 삶을 살아가기 위해 필요한 것이다. 따라서 새로운 정치공동체를 만들기 위해서는 '어떻게 사는 것이 좋은 삶인가'에 대한 토론이 반드시 필요하다.

이런 변화가 있을 때 비로소 우리는 희생된 낱낱의 이름을 기억하는 것과 아울러 그 희생자들에게 그 사회가 들려줄 이야기가 있다고 말할 수 있다. 기억이란 희생자를 기억의 대상으로 삼는 것을 넘어서는 일이 된다. 희생자는 기억의 목적어이자 대상에서 기억의 대화 상대, 대화의 한 주체가 된다. 너로 인해 나의 삶이, '우리'의 삶이 이렇게 돌이킬 수 없게 바뀌었다고 말할 수 있게 되지 않는 한, 그것은 아직 기억이 아닌 것이다. 지금 우리는 1년이 지나고 2년이 지나고 또 긴 시간이 지난 후 그들'에게' 들려줄 어떤 이야기를 만들고 있는가? 우리는 그들을 잃은 상실을 어떻게 우리 삶과 사회에 새겨 넣고 있는가?

● 이 글을 쓴 **엄기호**는 1971년에 태어나 울산 귀퉁이에 있는 시골에서 쭉 자랐다. 2000년부터 국제 연대운동을 하면서 낯선 것을 만나 배우는 것과 사람을 평등하게 둘러앉게 하는 '모름'의 중요성을 배웠다. 답을 제시하는 것이 자신의 재주가 아니라 묻고 또 묻는 것이 이번 생의 이유라고 여긴다. 삶이 인과적으로 구성되어 분석될 수 있다기보다는 삶이란 우연이며 글과 말은 그 아이러니와 역설을 드러내는 것이라 생각한다. 그리 멀지 않은 미래에 지구 어느 한쪽 귀퉁이에서 게스트하우스를 운영하며 사는 꿈이 이루어지기를 바라고 있다. 펴낸 책으로는 『닥쳐라, 세계화!』, 『아무도 남을 돌보지 마라』, 『이것은 왜 청춘이 아니란 말인가』, 『우리가 잘못 산 게 아니었어』, 『교사도 학교가 두렵다』, 『단속사회』 등이 있다.

"세월호 사건을 지켜보면서 나는 현재 대한민국을 유지하고 있는 제도적 시스템이 '봉건적 자본주의제'임을 분명히 알았다. 세월호 이전에 나는, 우리를 아프게 하는 것이 '신자유주의적 자본주의제'라고 생각했다. 그래서 다들 아프다고, 그래서 다들 상처 입은 거라고, 인간은 무릇 의미의 동물인데 그렇게 반쪽짜리 인생을 살게 하는 시스템에서 버텨내느라 모두 죽을 지경이라고, 때문에 힐링 힐링 노래를 하게 된 거라고, 난 그렇게'만' 생각했었다."

힐링 담론과 사회적 영성

백소영(기독교윤리학, 이화여대 교수)

세월호 이후, 이 땅에서 힐링을 말한다는 것

전문가들은 입을 모아 말한다. 몸이든 영혼이든 크게 상처 입었을 때에는 충분히 그리고 천천히 회복할 시간을 가져야 한다고. 큰 상처일수록 덧나지 않도록 완전히 아물 때까지 예의주시하며 보살피고 보듬어야 한다고. 그러나 대한민국 건국 이래 무엇이든 '빨리 빨리'를 요구받았던 우리는 대부분 아픈 줄도 모르고, 행여 아파도 아프다는 소리를 낼 시간도 없이, 아니 상처받았던 일 자체를 얼른 잊어라 강요받으며 숨 가쁘게 달려왔다. '한강의 기적'을 만드느라 'G20 회원국가'를 만드느라 개인도 사회도 나라도 그저 달리기만 했다. 하여, 내가 잠시 걸음을 멈추고 얼마나 아픈지, 왜 아픈지, 무엇 때문에 아픈지를 반추할 여유가 없었던 시절이 우리의 근현대사였다.

어찌 보면 '힐링'이라는 문화적 키워드가 범람하게 된 것은 당연한 일이다. 얼마나, 왜, 무엇 때문에 아픈지를 생각하고 분석할 시간은 없었어도, 아픈 건 아픈 거다. 괴로운 건 괴로운 거다. 지치는 건 지치는 거다. 이렇게 범국민적으로 느끼는 공동 경험에 부응하듯 지난 몇 년 사이 힐링 담론과 힐링 문화콘텐츠가 쏟아져나왔다. 멋지고 예쁜 탤런트나 가수는 보는 자체로 '안구가 정화' 되어 마음이 치유되니 '국민 힐링남' '국민 힐링녀'라 한다. 〈아빠! 어디가?〉, 〈슈퍼맨이 돌아왔다〉 등의 가족 중심 오락 프로그램에 나오는 아이들의 순진무구한 행동이나 빵빵 터지는 말에 사람들은 '힐링'이 된다고 표현한다. 〈힐링이 필요해〉(로이킴)라는 노래도 나왔고, 〈힐링캠프〉는 국민 방송으로 자리매김한지 이미 오래다.

청년들은 『아프니까 청춘이다』를 읽으며 이 아픔이 청년 시절에'만' 겪는 잠정적 고난이라 믿으며 스스로를 위로했다. 스스로 멈추고 싶어서 멈춘 것이 아니라 승자독식의 사회구조에서 배제되고 탈락되고 대체되어 강제로 멈춤을 당한 어른들은 『멈추면 비로소 보이는 것들』을 읽으며 개인의 마음먹기에 달려 있다고 스스로를 추슬렀다. 이렇게 느닷없이 등장한 '힐링 문화콘텐츠'는 전국적으로 제법 호응도가 높았다. 모두 잠시나마 '힐링'이 된다고 자위도 했었다. 적어도 세월호 사건까지는 말이다.

그러다가 2014년 4월 16일…. 우리는 어디가 아픈지, 얼마나 아픈지, 왜 아픈지를 묻지 않았던 섣부른 힐링 놀이가 어떤 참사를 가져올 수 있는지 두 눈으로 목격했다. 힐링 담론과 문화콘텐츠가 급작스레 소비되는 한국사회를 바라보며 사회학자요 신학자로서 일찌감치 분석을 하고 있던 차였다. 우리 사회가 '킬링 사회'임을 이미 알고 있었고 우리를 '킬링'하는 시스템에 대한 원인도 머릿속에서는 정리되어 있었다. 정직한 개인의 성실한 노동의 대가가 '사십오세 정년퇴직'(사오정)으로 종결지어지는 사회. 60이 되고 70을 넘어 저 끝까지 올라가 높은 자리를 차지하는 소수의 관료들은 별다른 능력을 가진 것 같지 않은데, 이유를 모른 채 한창 일할 나이에 구조조정당한 다수의 중년이 당장 먹고 살 길을 찾아 비정규직, 임시계약직을 찾아 전전해온 것이 벌써 십여 년이 넘었다. 젊은 세대는 그나마 그렇게 '착취당할 기회'조차 하늘의 별 따기라서 '이십대 태반이 백수'(이태백)거나 그들이 들어갈 수 있는 천국은 '알바천국' 뿐이라는 사회! 이 자조 가득한 말들이 예외상태가 아닌 '일상'이 되어버린 사회. 아! 그래서 다치는 줄도 모르고 열심히 뛰었던 대한민국의 많은 중년들이 인생의 한복판에서 어느 날 준비 없이 겪은 실직에 아파하고 목숨을 끊고 그랬던 거구나. 그래서 이 땅의 많은 젊은 이들이 잠시 지나가는 아픔인줄 알다 끝이 없는 경쟁과 연이은 실패에 좌절하고 우울해하고 살 용기를 자주 포기하게 되는 거구나. 문제는 그런 개인들이 한둘이 아니라는 거였는데…. 이것이 개인의 게으름이나 융통성 없음, 혹은 능력 없음의 문제가 아니라는 것을 진작부터 알았으면서도, 그래서 21세기 대한민국이 이렇게 남녀노소 할 것 없이 잠시만이라도 '힐링'이 될 혈당주사 같은 문화콘텐츠에 몰두하고 있다는 것을 분석하고 깨달으면서도, 나는 '가만히' 있었다. '개인으로서 내가 할 수 있는 일이 뭐 얼마나 되겠나' 하는 의기소침함과 '실은 나도 이 시스템의 피해자인 걸?' 하는 억울함이 뒤섞여 스스로를 위로하는 일만으로도 버거워하며 그렇게 '가만히' 있었다.

그러다가 나는… 온 대지가 생명으로 움트던 사월의 어느 날 불현듯, 꽃 같고 별 같은 어린 생명들을 수백 명 품은 채 뒤집혀져 시퍼런 바닷물 속으로 침몰하는 배를 직면하게 된 거다. 분명히 저 안에 팔딱팔딱 살아 숨 쉬는 생명들이 있는데, 밤새 깔깔대며 사진을 찍고 곧 도착할 수학여행지를 상상하며 마냥 즐거웠을 아이들이 저 안에 있는데, 그걸 아는데도 속수무책, 그저 화면 밖에서 발만 동동 구르며 무기력감과 자책으로 숨을 쉴 수 없었다. 아, 죽나보다. 너희들이 지금 많이 죽어가나 보다. 사건 이후 이삼일은 앉을 수도 먹을 수도 잘 수도 없어 가슴을 쳤다. 내 배 아파 낳은 아이들이 아닌데도 이 지경인데, 어쩌나! 저기 팽목항에서 하염없이 아이들 이름을 부르고 기다리는 저 부모들은 이제 어찌 사나. 그러나 이후 들려오는 온갖 이야기들은 애통하고 애도'만' 하고 있을 수 없을 만큼 잔인하고 비겁하고 악했다.

세월호 사건을 지켜보면서 나는 현재 대한민국을 유지하고 있는 제도적 시스템이 '봉건적 자본주의제'임을 분명히 알았다. 세월호 이전에 나는, 우리를 아프게 하는 것이 '신자유주의적 자본주의제'라고 생각했다. 고용 유연성을 효율성과 동의어로 여기면서, 노동자를 인격이 아닌 부품으로 여기는 기업 시스템이 문제다. 그걸 기업에 적용하는 것도 '인간답지 못한'데 그 원리를 관공서에, 학교에, 사회 전반에 적용시켜온 우리 사회의 '신자유주의적 관료제'가 우리가 다치고 아파하는 근본 원인이라고 생각했다. 더 잘 기능하고 더 빨리 기능하고 더 싼 값에 기능하고 더 순종적으로 기능하는 '전문 기계'로 대체하는 것이 '작동 원리' 인 관료제적 시스템에서, 대체되지 않고 유용성을 입증하느라 아빠들도 아이들도 무한질주 해야 했다. 집안에서 따뜻한 밥을 짓고 정서적으로 아이들을 보듬던 20세기형 전업주부들도, 21세기에는 경쟁력을 가지고 전문화될 필요성을 느꼈고, 결국 엄친아를 제조해내는 '매니저 맘' 인 '전문 엄마'로 진화해가느라 몸살을 앓았다. 내 아이의 성적표와 입학 대학이 엄마의 실적이 된 세상이다. 대체되지 않으려고, 뒤처지지 않으려고 내달리는 아빠와 아이들은 가족과 친구와 의미 있게 '관계할' 시간도 여력도 의욕도 갖지 못하게 되었다. 경쟁력 있는 남편과 자녀들을 보조하는 일에 전문가가 되어 바쁘게 뛰느라 이 땅의 엄마들은 '나 이기에 잘 하는 것' '내 자유혼으로 지어낼 수 있는 것' '내가 하면 기쁜 일'이 무엇이어야 하는지, 혹은 무엇이었는지조차 잊고 살아가게 되었다. 그래서 다들 아프다고, 그래서 다들 상처 입은 거라고, 인간은 무릇 의미의 동물인데 그렇게 반쪽짜리 인생을 살게 하는 시스템에서 버텨내느라 모두 죽을 지경이라고, 때문에 힐링 힐링 노래를 하게 된 거라고, 난 그렇게'만' 생각했었다.

물론 신자유주의적 자본주의제의 망령은 세월호 사건에서도 여지없이 드러났다. '자본'이 '주의'가 된 세상에서는 이윤 추구가 생명보다 우선인 사람들이 많은 법이다. 배의 사용 연한을 늘리고 평형수를 빼고 과적을 하면서까지 돈을 벌고 더 벌어보려 했던 사람들에 의해 이 비극이 시작되었으니 원인이 된 시스템은 여전히 '자본주의'렷다! 게다가 전 세계 선장의 자존심과 직업윤리를 물속 깊이 끌어내리며 속옷 바람으로 탈출한 세월호 선장은 계약직이었단다. 하여 실종된 선장 정신은 비정규직, 고용 불안정성과도 무관하지 않다 하니 자본주의 체제라는 시스템에 더하여 신자유주의적 고용 구조도 또 하나의 비극적 시스템으로 비난받아야 마땅하다. 정규직 선박직 승무원들이 배가 침몰하는 긴박한 와중에 서로 의논하고 힘을 모아 본인들만 빠져나가는 동안 승무원으로서 승객들을 구했던 알바 서비스직 직원들은 정규직원이 아니라는 이유로 회사로부터 장례 비용도 지급받지 못했단다. 여기에서도 드러나는 고용 유연성이 사람을 사람으로 보지 않고 또 가르기를 하며 상처를 입힌다.

그러나 2014년 한국사에서 필시 상징적 사건이 될 세월호 사건이 하나의 '참사'로 크게 키워진 원인에는 자본주의적 욕망에 더하여 '봉건적 요소'가 같은 양의 무게로, 혹은 더 큰 비중으로 작동했다고 본다. 물에 잠긴 배 안으로 들어가 한 아이라도 더 구해야 할 절대 절명의 순간에 대통령이 온다고 의전 준비하느라 세 시간을 분주히 보냈다 한다. 고위 관료의 격려 절차를 위해 현장에 투입되려는 잠수사를 지연시켰다 한다. 팽목항에서 5분 거리에 있는 방 딸리고 난방시설도 갖춘 공립시설은 관료들이 다 차지하고 희생자 가족들은 30분이 넘는 거리의 진도체육관 바닥에 칸막이도 없이 방치했다고 한다. 이런 모습들이 어찌한 사람 한 사람이 법 앞에 평등하다는 '시민정신'에 기초한 근현대 국가라 할 수 있을까! 생명에 차등을 두고, 인간 존엄성에 위계를 두는 사회, 그것이 봉건제가 아니고 무엇이랴! 출생에 의해 신분이 좌우되던 전통 사회의 봉건성이 왕과 귀족들로 하여금 일반 백성들을 그들 앞에 무릎

끓게[服] 만들더니만, 이제 자본과 자리로 신분을 가르려 드는 그 '전근대적' 발상과 실천을 어찌 현대적 시민사회의 모습이라고 할 수 있겠나!

전근대, 근대, 후기근대의 외관을 반세기 만에 '빨리 빨리' 해치운 대한민국 사회는 그 LTE급 속도 때문에 몸만 따라가고 영혼은 업데이트가 아직 안 된, 그러니까 여전히 정신세계는 '봉건적'인 관료들을 갖게 되었나 보다. 여전히 백성은 '어린' 백성이고 심지어 '미개'하기까지 하여, 능력 있고 실력 있는 관료들이 알아서 다 처리해나갈 터이니 '가만히 있으라' 한다. 문제는 이념상 "분노도 편견도 없이"(관료제의 작동 원리를 요약한 막스 베버의 표현이다.) 가장 정확하고 효율적으로 기능하는 관료들로'만' 그 자리를 채웠어도 이 참사는 막을 수 있었다. 그런데 자리를 차지하는 방식 역시 여전히 '봉건적'이었다. 현대 관료제의 작동 원리는 '인격이 아니라 기능'이다. 물론 그 원칙이 가져온 비인격적, 비인간적 폐해들이 없지 않다. 그러나 그건 관료제의 작동 원리가 원칙적으로 잘 작동했을 때의 일이다. 하지만, 이번 사건을 통해 우리가 목도한 것은 전혀 비전문적인, 하여 일을 어떻게 처리해야 하는지도 모르는 관료들이 알음알음 라인을 타고 부적절한 자리를 너무나 많이 차지하고 있었다는 사실이다.

사람에 대한 충성 때문에 자리가 보존된다면 그건 관료제의 원리가 아니다. 대규모 행정 조직의 효율적 운영을 위해 도시 중심의 삶을 사는 근대의 시민들이 합의한 관료제는, 철저하게 공정한 절차를 통해 임용된 실력 있는 전문가 관료의 '기능'을 신뢰한다. 관료가 인류애 넘치고 속 깊고 다정하다면야 금상첨화이겠지만, 관료제가 한 관료를 자리에 앉힐 때 가장 먼저 고려해야 하는 것은 그의 전문성이다. 그게 우선이다. 그런데 이번에 우리가 확인한 대한민국 관료들은 가져야 할 것은 갖지 못하고, 관료제로부터 배우지 말아야 할 것만 배웠다. 우왕좌왕, 그건 내 관할이 아니다, 난 그 방면에 전문가가 아니다, 난 최근에 부임되었다, 그리 발뺌했던 관료들이 한 둘이던가? 어느 누구 하나, 내가 전문가다, 이게 내가 준비한 방안이다, 그렇게 솔선수범 책임질 행동을 했던 자가 있던가! 대한민국 대통령까지 '책임자 처벌'만을 약속했지 도대체 그 책임자들이 왜 책임질 전문성을 가지지 못한 지경이 되었는지.

더 딱한 현실은, 대한민국 관료들이 관료제라는 시스템으로부터 배워버린 못된 직업병인 '공감 능력 상실'이었다. 베버가 '분노도 편견도 없으라' 한 것은 공정한 처리를 위한 원칙이었지, 인간으로서 마땅히 가져야 할 공감 능력을 탈각시키라는 말이 아니었다. 자고로 빈틈없이 기능하고 항상성 있게 기능하고 늘 공평하게 기능하려면 감정이나 개인의 선입견은 가능한 한 배제하는 것이 옳다. 관료제의 한 자리에 앉은 관료는 법이 정한 자신의 직무 권한을 수행할 때 상대가 아버지이든 한 시민이든 공평하게 업무 수행을 처리해야 하니 말이다. 그러나 4·16 이후 대한민국 정부 관료, 언론 관료, 기업 관료들이 보여준 전문가적 무능보다 더 가슴 아팠던 것은 그들의 '정서적 불감증'이었다. 그저 한 아이의 엄마일 뿐인데도 가슴이 터질 것 같아 매일 1인시위를 한다는 시민들, 내 아이의 영정이 아닌데도 합동분향소를 매일 방문한다는 시민들, 생업을 접고 팽목항으로 달려간 수많은 자원봉사자들, 그들이 뚝뚝 흘리는 눈물은 인간이 가진 '공감 능력'의 발로다. 큰 아픔과 슬픔을 보면 그렇게 얼른 몸이, 맘이 반응하는 법이다. 도대체 언제 인간이어야 하는지, 언제 정확한 전문 기계여야 하는지 구분도 안 되고 수행도 불가능한 관료들이 많음을, 우리는 이번 참사에서 확인한 셈이다.

어쩌면 '세월호 참사'는 정말로 우리 탓인지도 모르겠다. 우리가 '가만히 있음'으로 합의해버린 현 사회의 제도적 시스템이 아니던가! 이 시스템이 얼마나 살인적이고 비인간적인지 외면하고 묵인하며 오직 문화콘텐츠를 통해서만 '값싼 힐링'을 추구해오지 않았던가! 거리의 구호처럼 정말로 '어른들 탓'이다. 슬픈 이름 '4·16세대'! 가만히 앉아 공부만 하라고 해서 성실하게 공부만 했던 아이들, 어른들 말씀 잘 들으면 '자다가도 떡이 나온다'하여 그런 줄 알고 있었던 아이들, 이 아이들은 친구들을 이백여 명이나 아프게 잃고서 비로소 스스로를 규정하고 목소리를 내기 시작했다. 상처 입은 이 어린 영혼들이 건강하고 소망스런 우리 사회의 성인으로 성장할 수 있도록 하는 것은, 어른들의 몫이다. 우리는 이제 섣부른 '힐링 놀이' 이전에 '킬링 사회'에 대한 날카로운 비판과 책임 있는 대안적 실천으로 남은 자의 몫을 살아내야 할 것이다.

'힐링'에 선행해야 하는 것들, 애통과 분노

●

노란 리본, 종이배, 바람개비…. 그 아이들이 바람으로 햇살로 꽃잎으로라도 그렇게 우리 곁으로 돌아오기를 기다리며, "우리가 함께 할게"라며 일어선 많은 사람들을 보며 감사하고 또 감사했다. 너무나 큰 대가를 치르고서 우리는 비로소 개인적이고 사적이고 문화적인 힐링 담론만으로는 결코 우리의 상처가 치유될 수 없음을 깨닫게 되었다. 아프긴 한데 바빠서 미처 자신의 상처를 돌볼 겨를이 없었던 어른들, 어른들이 만든 시스템에 맞추어 살아가면서 마음과 몸을 다쳐도 힘이 없어서 아프다 소리 내지 못했던 아이들, 폭풍 같던 대한민국 근현대사를 온몸으로 살아내고도 두 세대의 '아이들'에게 부모가 되어주고 할아버지·할머니가 되어주느라 노년에도 몸과 마음의 수고를 내려놓지 못하시는 어르신들. 대한민국 전 세대가 비로소 알아버렸다. 이건 개인 역량의 문제도 세대 간의 문제도 아니라는 것을. 사람이 사람으로서 공평하게 존중받지 못하는 두 가지 악한 제도의 기이한 결합이 주범이라는 것을. 특정한 인간들만이 더 존중받고 더 누릴 수 있고 더 권리를 가진다고 믿는 봉건제적 발상과 실천이, 생명보다 자본이 더 소중하고 그걸 긁어모을 자리가 매우 중요하다는 근현대적 자본주의적 관료제와 맞물려 우리를 이렇게나 아프게 만들고 또 죽게 만들었다는 것을.

세월호만을 말하는 것이 아니다. 물론 사건 발생부터 도무지 납득할 수 없었던 기가 막힌 전개에 대해서는 두고두고 끝까지 사실을 밝혀내야 할 일이다. 그러나 4·16을 계기로 우리는 '힐링 담론'과 '힐링 상품'이 그동안 '먹혀' 왔던 문화의 뿌리를, 그 근원지를 찾아내고 우리의 제도적 삶을 다시 생각하는 일을 시작해야 한다. 사지 멀쩡하던 건강한 중년이 과로사나 병을 얻는 일이 다반사인 현재의 직업 환경에 대해서도 애통하고 분노해야 한다. 직장을 못 구해 실업자 신세인 사람이 태반이고, 비정규직·계약직이 넘쳐나는 시스템도, 소수의 정규직 노동자들에게 '연봉값을 하라'며 숨 쉴 틈도 없이 몰아치다가 그들이 낡고 지치면 기계부품처럼 쉽게 갈아 치우는, '사람보다 돈이 우선'인 직업 환경을 향해서도 먼저 애통하고 분노해야 한다.

이런 경제적 시스템을 '원래 그런 거야', 자조적으로 받아들이게 만드는 우리의 삶의 방식 또한 애통하고 분노할 일이다. 어찌 사람이 하루 종일, 온통, 전 인생을 내내 '일하는 기계'일 수 있을까? 아니 더 나아가 '정규적으로 기계'일 기회마저 박탈당하고 소모품처럼 쓰고 버려지는 수많은 비정규직·계약직 노동자들에게 값싼 정서적 힐링이 가당키나 한가? 인간에게 진정한 힐링은 본인이 잘하고 즐거운 일을 자신의 의지로 행하고, 그 노동의 대가로 일용할 양식을 누리며, 시간을 나누어 가족과 이웃, 친구들과 더불어 의미 있는 관계를 보듬고 사는 과정 중에 자연히 이루어질 일이다.

완벽한 몸매와 얼굴을 보며 '힐링'이 된다고 들뜨기 전에, 그들처럼 얼굴 뜯어 고치고 44사이즈 몸매로 만들면 힐링이 되고 사랑받는 관계가 회복된다 외치기 전에, 사람의 가치와 관계적 힘이 오직 매력적인 육체로 말미암는다고 학습하는 우리의 문화적 전제를 애통하고 이에 분노할 일이다. 내 몸을 긍정하지 못하게 만들고 타자화시켜 '잉여의 살'이라 구박하고 없애려 강박적인 다이어트를 일삼게 만들어, 자기혐오를 팔아 이윤을 챙기는 이 '소비자본주의'의 행태를 그대로 두고 어찌 진정한 힐링이 가능할까?

'내 아이 엄친아 만들기' 프로젝트로 온 몸과 정신과 혼까지 미칠 지경인 이 땅의 엄마들에게, 강박적인 모성 실천을 내려 놓아라 조언하는 것 역시 '근본적인' 힐링은 가져오지 못할 일이다. 그녀들이 왜 그 지경이 되었는지 뿌리부터 짚어가야 유치원 이래 줄곧 '주체'였던 그녀들이 다시 주체로 서는 진정한 힐링의 길을 찾을 수 있는 일이기 때문이다. 이것은 간과하고, 혹은 알고도 덮어두고 감성 코드에 편승하여 '모성애'를 부추기는 값싼 힐링 담론들에 대하여 우리는 애통과 분노를 표현해야 한다.

힐링의 원조, 예수의 우주적·사회적 영성
●

어찌 그리스도인이 그런 부정적인 감정을 표출하느냐고? 행여 애통과 분노가 기독교적 가치가 아니라고 생각하는 기독교인이 있다면 상기할 일이다. 진정한 힐링을 막는 법과 제도에 대해 애끓게 애통하시고 격렬하게 분노를 표현하신 분은 바로 예수 그리스도셨음을, 그리고 그분은 자신의 제자가 되려는 사람들에게 그의 길을 '따르라'고 하셨음을….

사실 예수로 말하자면 힐링 사역의 원조다. 예수의 치유 사역은 공생애 시작부터 있던 일이다. 「마가복음」 3장은 예수의 애통과 분노로 시작된다. 그의 고향 근처요 선교 본부였던 가버나움에서 있던 일이다. 안식일 회당에서 손 오그라든 사람을 고친 일화 속 예수는 애통하고 분노하는 자였다. '영성' 충만한 예수께서 애통하고 분노했던 까닭은 거기 모인 사람들의 완악함 때문이었다. 필시 오래토록 보아왔던 동네 사람이었을 것이다. 손이 오그라들었으니 변변히 노동할 수도 없는 이였을 터다. 그가 예수의 소문을 듣고 일부러 찾아왔든, 아니면 말씀을 사모하여 안식일에 회당을 찾은 것이든, 그를 아는 사람이라면 예수와의 만남을 보며 먼저 기대와 기쁨이 생기는 것이 정상이다. 예수는 치유 은사가 있다고 소문이 나 있지 않던가! 그러나 거기 모인 율법학자들과 바리새인들은 이 만남을 지켜보며 속으로 쾌재를 부르고 있었다. "오호라, 드디어 안식일법을 어기는 예수를 현장에서 잡겠구나! 듣자 하니 예수는 만나는 사람마다 병을 고쳤다는데, 저기 뻔히 보이는 손 오그라든 사람을 그냥 지나칠 리 없지."

짧지 않은 시간동안 불편함을 넘어 생계의 고난을 겪었을 손 오그라든 사람을 보며, 이 상황을 예수를 고발할 덫으로 보는 그 완악한 마음에 예수는 분노했다. 자신을 향한 적대감 때문에 표현한 분노가 아니다. 손 오그라든 자에 대한 측은지심은 없이, 오로지 자신들의 입지와 이득만을 챙기는 율법주의자들에 대한 '의로운 분노'였다. 예루살렘 성전 중심의 제의와 율법 해석권을 독점하고서 자신들의 안녕과 번영을 위하여 이스라엘의 민초들을 이웃이 아닌 이용 대상으로 바라보는 시선과 삶의 방식에 대한 애통이요 분노였다.

만약 넘치는 카리스마로 유대 율법적 리더들을 제압하고 권위를 가지는 높은 종교 지도자가 되는 일이 예수의 관심사였다면, 그는 손 오그라든 사람을 슬쩍 못 본 척 했을 일이다. 가만히 있었을 일이다. 만약 예수의 초점이 '기적 같은 힐링'에만 있었다면, 애통이나 분노 대신 멋들어진 기술과 언변으로 손을 펴는 일로 신이 났을 일이다. 한판 제대로 장사를 하여 한 몫 크게 챙겼을 일이다. 그러나 예수는 '먼저' 슬퍼하셨고 분노를 표현하였다. 그의 궁극적 관심이 '하나님 나라의 도래'에 있었기 때문이다. 관계 방식의 대전환, 전적全的 혁명이 예수의 선교 사명이었기 때문이다.

예루살렘에 입성한 예수가 백주 대낮에 성전에서 장사하는 상점을 뒤엎으며 극단적 언행으로 분노를 표현한 까닭(「마가복음」 10:15~17 참조)도 그 때문이었다. 분노의 초점은 '만인이 기도하는 집'인 성전을 '강도의 소굴'로 만들었다는 데 있었다. 성전은 기도하는 집이다. 기도가 무엇인가? 하나님과 나누는 영혼의 호흡이다. 따라서 '기도하는 집'인 성전은, 하나님의 자녀들이 자신들의 삶의 문제, 고통과 슬픔을 아뢰고 위로받는 공간이다. 이런 공간에서 성전세를 받는 것으로 모자라 희생제의용 제물들을 바가지 씌워 팔아먹고, 제의에 쓰여야 할 알짜배기 살코기는 제사장의 잇속을 위해 삼키다니! 결국 제의종교로서 유대교를 통해 만족을 얻고 '힐링'을 체험하는 이들은 하나님의 사람들인 이스라엘 민초가 아니라 제사장이요 장사꾼들이었다. 제 아버지 집을 찾는 자녀들을 가로막는 율법과 상술로 가득 찬 성전은 허물어야 한다는 것이 예수의 외침이었다. 하나님을 찾는 자라면 누구든 들어와 기도할 수 있는 집, 그 새 집을 지으려 예수는 골고다로 향했다.

사람이 사람으로서 의미 있게 살아가지 못하게 만드는 환경, 사람이 주체로서 자신의 삶을 결정하지 못하게 만드는 사회, 심지어 나의 생명조차도 남의 결정에 의해 좌우되는 '킬링' 사회를 살아가면서, 진정한 인간성을 회복하고 인간다운 삶을 영위하기 위해서, 우리는 어떤 '힐링'을 추구해야 할까?

치유 받고자 하는 우리의 간절함은 예수를 만났던 1세기 팔레스타인의 유대인들 못지않다. 앞을 보지 못함에도 앉은 자리에서 목청을 높여 예수를 불렀던 소경처럼, 군중들에게 이리저리 밀리면서도 떨리는 손을 뻗쳐 예수의 옷자락을 만졌던 혈루병 여인처럼, 움직일 수 없는 친구를 예수 앞에 데려다 놓느라 지붕 뜯기도 주저하지 않았던 중풍병자의 친구들처럼…. 우리도 온전히 우리를 치유할 카리스마 넘치는 분이 있다면 목소리를 높이고 손을 뻗고 지붕을 뜯고라도 그에게 가고 싶은 심정이다.

실은 그래서 유난히 치유 집회가 성행하는 지도 모르겠다. 성령의 권능이 강하다는 카리스마적인 목회자, 선교사, 강사가 여는 집회는 글로벌하게 초만원이다. 예수 앞에 몰려들었던 각종 병자들처럼 육체적·정신적으로 영혼의 질병을 앓고 있는 신자들이 간절한 마음으로 그들을 찾는다. 몇몇 간증 사례들이 홍보되면 그들의 집회는 그야말로 미어터진다.

예수 시절에도 그랬다. 로마의 식민지이므로 제국에 조공을 내야지, 지방정부의 수령인 헤롯에게도 세금을 내야지, 예루살렘 제사장들에게는 성전세를 내야지…, 삼중의 의무는 결코 가볍지 않은데, 먹고 살 방도는 갈수록 팍팍하고 막막해서 몸도 마음도 영혼도 병들었던 사람들. 그러나 그들이 기적 같은 '힐링'을 바라고 몰려들었던 베드로의 집에서 예수는 밤도망을 했다. 병 고치는 치유의 능력이 오락가락 믿지 못해서가 아니었다. 한두 명은 몰라도 그 많은 무리를 고치고 나면 영력이 떨어질까 염려함도 아니었다. 예수께서 분명히 밝히셨듯이 '나는 이 일(기적 치유)을 위하여 오지 않았기'(「마가복음」 3:35~38) 때문이다. 예수는 메시지를 전하러 왔다 하였다. 복음! 기쁜 소식! 하나님 나라의 질서가 막 시작되었음을 알리러 왔다 했다.

영성은 어찌 자라게 하며 어찌 가꾸나
●

적어도 내가 이해하고 고백하는 한, 예수가 삶으로 살아냈던 메시지의 핵심은 '인자는 모두 하나님의 자녀'라는 것이다. 어찌 예수만 '사람의 아들'일까. 그 모든 '사람의 아들들 그리고 딸들'은 하나님의 형상으로 지음 받았기에 하나님의 자녀들이다. 낳아진 자는 낳은 자를 닮기 마련이고, 낳은 자와 소통 가능하기 마련이다. '하나님께서도 쉬신 날이니 너희도 쉬어라' 선포했던 안식일은 하나님께서 인간을 자신과 같이 여기시며 귀히 아끼시기에 하신 선포였다. 안식일법은 수많은 율법조항을 '거룩하게' 지킬 만큼 한가롭고 유복하고 살 만한 종교 지도자들이, 먹고 살기 위해 안식일에도 일해야 하는 사람들, 그리고 육체적·정신적 고통으로 안식일조차 편안함을 누리지 못하는 사람들을 정죄하고 제한하고 손가락질 하라고 만든 법이 아니었다.

모든 인간은 하나님의 자녀다. 행여 안식일에 쉼을 얻지 못하는 삶의 조건에 처한 사람이 있다면 그를 정죄하지 말고 그가 쉴 수 있는 사회환경을 만들어라! 그가 배고파 고통 받는다면 돕는 행위가 노동이어도 괜찮으니 네 손을 움직여 밥을 짓고 그를 먹여라. 그가 평생 보지 못함으로 고통 받고 있다면 그 치유가 안식일에 행해진들 오히려 기뻐할 일이 아니냐? 손 오그라든 이가 안식일에 손을 펴는 일 역시 그의 회복에, 치유에 '하나님께 영광'을 돌릴 일이 아니냐? 인간은 모두 하나님을 닮은, 하나님의 자녀들이다. 온전하고 완전하고 존귀하게 살아갈 능력과 자격이 있는 자들이다! 그러니 온전하고 완전하게 회복되어야 한다!

지음을 받은 모든 인간의 '하나님-닮은-성性'을 믿었기에 예수는 유난히 '네 믿음이 너를 구원하였다'는 말씀을 많이 하셨던 것 같다. 예수는 인간이 공유하는, 서로 나누어주고 받을 수 있는, 관계 안에서 흐름을 가지는 '하나님-닮은-성'을 믿고 알고 있었음에 틀림없다. 그러니 혈루병 걸린 여인이 예수의 옷자락을 만졌을 때 자신에게서 '능력'이 흘러나갔음을 느꼈던 것이 아니겠는가. 그리고 혈루병 여인은 그 능력이 자기 안으로 흘러들어와 치유 받았음을 느낄 수 있었던 것 아니겠는가?

예수 안에서, 예수를 통해, 그녀에게 흘러나간 것은 무엇일까? 그는 하나님의 아들이셨으니 그 안에서 흘러나간 것은 '신성'일까? 아니면 그는 완전한 인간이셨으니 그 안에서 흘러나간 것은 그동안 갈고 닦아 고매해진 인성의 능력이었을까? 나는 그 '하나님-닮은-성'을 '영성靈性'이라고 고백한다. '인성人性과 신성神性의 교통을 통해 한 인격 안에 생성되는 성性'을, 나는 영성이라 부르고 싶다.

영성은 하나님께 기원했으니 인간에게는 자기초월의 '성'이다. 그러나 그것은 내가 이해하는 한 '하나님의 영'인 성령과는 다르다. 물론 성령과 교통하나 '영성'은 인간의 '특성'이다. 인간이 몸과 영과 혼으로 하나님의 영과 통전하고 호흡하며 만들어낸 '성'이다. 때문에 가꾸어가는 '성'이요 자라는 '성'이다.

영성은 어찌 자라게 하며 어찌 가꾸나? 마치 호흡과도 같이, 존재의 들숨과 날숨을 반복하는 과정을 통해 가능하지 않을까 싶다. 기독교뿐만 아니라 종교적 신비주의 전통의 선배들이 비슷한 말을 많이 했다. 들숨을 쉴 때 하나님의 영을 우리 안에 가득 담고 하나님의 우주적 뜻을 들으며 받아들이는 것. 그것이 우리 영성의 가장 핵심적인 원천이다. 그리고 우리는 이웃과의 관계 안에서 각자가 소유하고 길러내고 있는 영성을 서로 교통하는 가운데 '너의 영성'도 들이 마신다. 슬프고 애통하는 영성이면 그 영성 그대로, 밝고 살리는 영성이면 그 영성 그대로 그렇게 이웃의 영성과 교통한다. 또한 하나님께로부터 생명의 기운을 부여받은 이 땅의 모든 생명체들과 관계하는 가운데 그들의 '생기生氣'도 들이 마신다. 하나님의 영성, 이웃의 영성, 우주만물의 생기를 내 안에 들이마시면서 내 영성은 풍부해질 뿐만 아니라 구체적 내용을 가지게 된다.

그러나 영성은 날숨을 통해 나의 밖으로 내놓아야 비로소 자란다. 내욕심, 내 의도, 내 생각, 온통 나의 이기적인 욕망들을 밖으로 토해내는 것을 말함이 아니다. 하나님의 영을 들이마신 사람이 어찌 좁디좁은 이기적 영성을 토해낼까! '내 뜻이 아닌 하나님의 뜻'을 내 자리에서, 내 말로, 내 행동으로, 내 삶으로 실천하는 것. 그것이 영성을 자라게 하는 날숨이지 싶다. 이웃과의 관계, 타생명과의 관계, 우주와의 관계 속에서 '날숨'으로 내쉬어야 하는 '영성'의 자기 발현은 인간 생명의 능력을 넘어 사명이라고 믿는다.

창조 명령과 구원 명령을 살아내는 영성으로

●

이러한 이유에서 나는 영성이 결코 사적일 수도, 개인적일 수도 없다고 생각한다. 영성은 신자 개인에게는 전 인격적 과정이요 인류 전체로는 사회적·우주적 차원에서 끊임없이 교통하는 생명의 흐름이다. 김교신은 기도를 "신(神)과 인(人) 사이의 성의 '유전', 진실의 교환"(『김교신 전집 1』 153쪽)이라고 했다. 그래서 영성은 본성적으로 '사회적·관계적'이다. 하나님과, 이웃과, 우주만물과 교통하는 가운데 내 안에서 생성된 영성은 결코 개인의 복리나 사리사욕을 채우는 비범한 능력이 아니다. 아니어야 한다. 영성 충만한 사람은 로또 번호를 미리 알 재간이나, 대박 날 상품 아이디어를 개발할 능력, 혹은 상위권 대학에 수험생을 합격시킬 기도 '빨' 따위를 가진 자가 아니다. 아니어야 한다.

우리의 영성은 그 원천이 같으나 개인의 독자성으로 말미암아 달리 표현되고 다른 장점이 있을 수 있다고 본다. 우리의 삶의 자리가 다르고, 만나는 사람이 다르고, 내 것으로 지어내는 창조성이 달리 표현되는 법이니, 인간의 영성은 필시 '획일의 성'이 아니라 '협력의 성'이어야 할 것이다. 살아가는 모든 인간과 우주 생명이 하나님께로부터 부여받은 '생명의 기운'을 온전히 펼치고 의미 있는 삶을 살아갈 수 있도록, 개개인의 영성은 우리의 삶의 환경을 바꾸고 우리의 관계 방식을 바꾸는 일에 발휘되는 '참여의 성'이 되어야 할 것이다. 때문에 영성은 언제나 부드럽고 온화하며 따듯하고 나긋나긋하게 '만' 표현되지 않을 수도 있다. '죽겠다' 싶은 사람, 죽은 듯 살아가는 사람, 죽지 못해 사는 사람, 죽으려고 제 몸을 던지는 사람, 그리고 이유도 모르고 죽어가는 사람을 양산하는 사회구조 안에서라면, 우리의 영성은 오히려 애통과 분노로 표현되는 것이 당연하다. 우리의 영성은, 일시적인 감성이 아닌 전적_{全的}인 치유와 회복을 가능케 하는 '하나님 나라의 질서'를 이 땅에 도래케 해야 할 우리의 능력이기 때문이다.

"살아라!" 이 땅에 생명을 지어내시면서 하나님은 이렇게 명령하셨다. "살려라!" 죽기까지 인간의 '자유함'을 선포하셨던 예수 그리스도는 그를 따르려 결단한 제자들에게 이렇게 명령하셨다. 구약과 신약을 나는 이 두 마디로 이해한다. 살아라. 그리고 살려라! 내가 주체로 살아낼 여력이 없는 사람이 어찌 남을 살릴까. 남을 살릴 마음과 힘을 갖지 못한 사람이 제 삶만 챙기며 산들 그게 어찌 진정으로 사는 것일까. 우리의 시스템이 잘 살기도, 잘 살리지도 못하게 하는 제도임을 알게 되었는데, 이 안에서 우리는 개인도 공동체도 모두 다치고 피 흘리고 처절히 아파하고 있음을 비로소 느끼는데, 이런 마당에 감성 코드 충만한 값싼 힐링 콘텐츠로는 어림없는 일이다. 진정한 힐링은 '죽고 죽이는' 이 생명 경시의 시스템 한복판에서 우리가 받은 지상명령을 살아내며 이루어야 하는 샬롬 이후에나 가능할 일이다. 당신이, 그리고 내가 그리스도인이 삶으로 살아내야 하는 진정한 '힐링의 삶'을 살아낼 수 있기를 기도하고 기대한다.

● 이 글을 쓴 **백소영**은 이화여자대학교와 미국 보스턴대학교에서 기독교사회윤리학을 전공했다. 한국 무無교회 운동에 대한 박사학위 논문을 쓴 이래 지속된 학문적 관심은 한국 개신교를 (후기)근대성, 젠더 담론에서 재고하는 작업이다. 주요 저서로『교회를 교회답게』,『세상을 욕망하는 경건한 신자들』,『엄마 되기 힐링과 킬링 사이』,『우리의 사랑이 의롭기 위하여』등이 있고, 주요 논문으로「The Protestant Ethic Reversed」,「19세기를 사는 21세기 그녀들」등을 집필하였다. 현재 이화여대 기독교학과에서 '기독교와 세계' '현대문화와 기독교' 등 인문학 교양 강의를 하고 있으며,『드라마틱』,『인터뷰 온 예수』등의 대중서와 대중강좌를 통해 기독교적 세계관의 사회적 확산에 힘쓰고 있다.

"나는 공동체의 염원이 스민 비판적 상상력을 '사회적 영성'이라 개념화하고 싶다. 지금까지 개인적이고 사적인 영성만 강조해왔다면, 이 새로운 영성은 '공동체의 영성'을 말한다. 이 시대의 아픈 자인 비정규직 해고노동자, 저 호모 사케르가 송전탑에 올라가 있다. 밀양의 할머니들이 높은 산, 저 위의 망루에 올라 있다. 알고 보면 우리 모두가 자신도 모르는 채 어떤 망루에 올라가는 인생이 아닐까. 이 시대의 얽힌 매듭을 저 망루, 저 송전탑, 저 천막에서 풀어야 한다. 이 시대의 십자가는 망루다, 송전탑이다. 천막이다."

망루의 상상력, 사회적 영성

김응교(시인·문학평론가, 숙명여대 교수)

숫대와 망루

●

점령자들은 반드시 점령한 지역에 기념비석을 세웠다. 자신의 영역을 표시하는 오랜 습성. 광개토왕비뿐만 아니라 진흥왕순수비도 자신의 영토를 표시하는 비석이었다. 그들은 자신의 욕망을 마치 절대자 또는 초자아에게 하소연하려는 듯 하늘로 치솟는 비석을 세웠다. 마치 남성의 성기를 하늘로 치솟는 모양으로 만들듯이, 권력 욕망은 하늘로 치솟은 기념비를 만든다. 생물학적 남성 성기와 구별하여, 남자든 여자든 구별 없이 인간이라면 갖고 있는 권력 욕망을 라캉은 팔루스$^{Phallus, 남성권력}$라 말했다. 남성권력을 가진 정치가들은 어떤 곳을 점령하면 하늘로 솟는 성기처럼 생긴 독립문, 오벨리스크, 점령비를 높이높이 세웠다. 그런데 남성권력인 팔루스 표현은 권력을 가진 자에게서만 나타날까.

권력에 대한 욕망은 힘없는 약자에게서도 나타난다. 약자들의 권력 욕망이란 겨우 삶을 지켜가고 싶다는 정도의 연약한 욕망이다. 약자들은 까마득히 높은 곳에 호소한다. 새가 하늘을 오가며 하늘의 뜻을 전해준다는 솟대도 인간 마음의 표현일 것이다. 논산 관촉사의 은진미륵 불상들도 솟대의 다른 표현이다. 높은 산 정상에는 백마를 타고 다시 살아날 우투리가 있다고 믿는 아기장수 설화도 마찬가지다. 산 위에 우리를 구해줄 아기영웅이 묻혀 있다는 말이다. 그것이 약자의 리얼리즘, '망루의 상상력'이 출발하는 원시적 출발점이 아닐까.

근간에 이 땅에서는 높은 곳에 올라가는 약자들이 많아졌다. 2009년 철거민의 아픔을 호소했던 용산 철거민의 망루, 2011년 부산 한진그룹의 크레인에 올랐던 노동자 김진숙, 2012년 평택의 쌍용자동차 해고자들이 올랐던 송전탑, 2013년 혜화동성당의 종탑에 올랐던 재능교육 노동자들, 2014년 밀양의 높은 산에 올랐던 할머니 할아버지들과 수녀들, 이들은 무엇을 호소하러 왜 올라갔을까.

처음 망루에 올라간 여성, 강주룡

●

한국 근대사에서 가장 먼저 망루에 올랐던 사건은 무엇일까. 1930년대 평양의 신발공장 노동자들이 불렀던 신민요 〈고무공장 큰언니〉는 당시 고무공장 여성 노동자들의 처지를 신파적으로 전한다. 7.5조의 가사엔 당시 밑바닥 여공들의 삶이 얼마나 비루했는지 잘 나타나 있다.

을밀대 지붕 위에 올라간 평원고무공장 노동자 강주룡

이른 새벽 통근차 고동 소리에

고무공장 큰아기 벤또밥 싼다

하루종일 쭈그리고 신발 붙일제

얼굴 예쁜 색시라야 예쁘게 붙인다나

감독 앞에 해죽해죽 아양이 밑천

고무공장 큰아기 세루치마는

감독 나리 사다준 선물이라나

(이 노래는 유튜브에서 〈고무공장 큰언니〉를 검색하면 들을 수 있다)

1929년 대공황의 한파寒波는 식민지 조선에도 밀려왔다. 1931년 5월 평양 평원고무공장의 조선인 사장은 노동자들에게 원래대로 임금을 줄 수 없다고 알렸다. 불황으로 도저히 임금을 줄 수 없다는 것이다. 평원고무공장 사장처럼 평양에 있는 다른 12개 고무공장 사장들도 같은 이유로 2300백여 노동자들의 임금을 다 못 주겠다고 알리려는 상황이었다. 즉시 파업에 들어간 노동자들은 곧 굶어죽겠다는 '아사餓死 농성'을 시작했다. 그렇지만 사장은 눈 깜짝하지 않고 파업에 들어간 주동자 49명 전원을 해고시키고, 순사를 불러 노동자들을 공장 밖으로 몰아냈다.

이때 노동자 강주룡은 더 이상 길이 없다는 생각으로 목숨을 끊어 비극적 상황을 알리겠다는 결심을 했다. 그는 광목 한 필을 사 목을 매 죽으려다가 건너편에 있는 을밀대를 쳐다본다. 11미터 축대 위에 세워진 을밀대는 5미터 정도 높이였다. 이렇게 죽으면 아무 의미도 없다는 판단을 한 강주룡은 광목 끝에 돌을 묶어 을밀대 지붕으로 몇 번을 던져 줄을 걸고는 을밀대 지붕 위로 올라갔다. 그날이 1931년 5월 28일 밤이었다. 당시 상황은 한 잡지 인터뷰를 통해 이렇게 기록으로 남았다.

평양 명승 을밀대 옥상에 체공녀滯空女가 돌현하였다. 평원고무직공의 동맹파업이 이래서 더 유명하여졌거니와 작년중 노동쟁의의 신전술을 보여준 일본 연돌남煙突男과 비하여 좋은 대조의 에피소드라 할 것이다. (중략)

"우리는 49명 우리 파업단의 임금 감하를 크게 여기지는 않습니다. 이것이 결국은 평양의 2천3백 명 고무공장 직공의 임금 감하의 원인이 될 것이므로 우리는 죽기로서 반대하려는 것입니다. 2천3백 명 우리 동무의 살이 깎이지 않기 위하여 내 한 몸둥이가 죽는 것은 아깝지 않습니다. 내가 배워서 아는 것 중에 대중을 위해서는 (중략) 명예스러운 일이라는 것이 가장 큰 지식입니다. 이래서 나는 죽음을 각오하고 이 지붕 위에 올라왔습니다. 나는 평원고무 사장이 이 앞에 와서 임금 감하 선언을 취소하기까지는 결코 내려가지 않겠습니다. 끝까지 임금 감하를 취소치 않으면 나는 (중략) 근로대중을 대표하여 죽음을 명예로 알 뿐입니다. 그러하고 여러분, 구태여 나를 여기서 강제로 끌어낼 생각은 마십시오. 누구든지 이 지붕 위에 사다리를 대놓기만 하면 나는 곧 떨어져 죽을 뿐입니다."

이것은 강주룡이 5월 28일 밤 12시 을밀대 지붕 위에서 밤을 밝히고 이튿날 새벽 산보 왔다가 이 희한한 광경을 보고 모여든 백여 명 산보객 앞에서 한 일장 연설이다. 이 연설을 보아서 체공녀 강주룡의 계급의식의 수준을 엿볼 수 있다.

(無號亭人, 「乙密臺上의 滯空女 -여류투사 강주룡 회견기」, 《동광》 23호, 1931년 7월호)

5월 29일 아침 '체공녀 강주룡'은 밤새 퍼진 소문을 듣고 몰려온 수백 명의 사람들을 향해 평원고무공장의 착취에 대해 연설하기 시작했다. 한국 근대사에서 최초로 벌어진 이 망루 투쟁은 일본 순사가 그녀를 체포하여 9시간 30분 만에 끝났다. 그러나 그 9시간 30분은 지금도 큰 의미로 역사에 기록되어 있다.

5월 31일 체포되어 평양경찰서에서 단식 투쟁을 했던 강주룡의 이야기는 신문에 보도되었다. 31일 밤 자정 무렵 강주룡은 풀려나왔다. 그리고 6월 8일 사장은 임금 삭감을 철회하고, 다시 본래대로 임금을 지급하겠다고 했다. 그러나 파업에 참여했던 노동자들 모두가 다시 채용되지는 않았다.

그후 6월 9일 강주룡은 평양 지역의 혁명적 노동조합에 참여했던 것이 드러나 체포되었다. 일종의 보복 조사에 걸려 든 것이다. 1년의 옥살이에 강주룡은 극심한 소화불량과 신경쇠약에 시달린 끝에 1932년 6월 7일 병보석으로 풀려났지만, 두 달간 병원에서 앓다가 사망했다. 강주룡은 8월 13일 오후 3시 반, 평양 서성리 빈민굴에서 31년 짧은 삶을 마감했다. 8월 15일 남녀 동지 1백 명이 모여 장례를 치르고 평양 서성대 묘지에 묻었다.

용산, 평택, 아산, 강정, 밀양, 팽목항…
●

2009년 1월 용산 참사 사건은 철거 건물 옥상에 설치된 망루에서 일어났다. 대기업의 재개발 사업에 쫓겨나게 된 철거민들은 구청에 가서 하소연 했지만 통하지 않자, 남일당 건물 4층 옥상에 망루를 만들어 올라갔던 것이다. 망루를 짓고 항거하다 경찰특공대의 진압 과정에서 아들은 경찰에게 맞아 죽고 옆에 있던 그 아비는 경찰을 죽인 죄로 감옥에 갇히게 된다.

평택 쌍용차 송전탑 투쟁도 망루의 상상력을 보여준다. 2013년 12월 31일 나는 CBS 《노컷뉴스》 취재차량을 타고 평택 쌍용차 노조를 찾아갔다. 송전탑으로 가기 전 쌍용차 정문 앞 노조사무실 옆 국밥집에서 노조원들과 점심식사를 하며 상황을 들었다. 이어 송전탑에 다가갔다. 송전탑 위로 올라간 세 분은 그때까지는 모두 건강했다. 스웨터, 양말, 장갑, 목도리, 핫팩 등을 송전탑 위로 올려드렸다. 그렇지만 높은 송전탑에서 거의 영하 15도에 이르는 추위에 노출되어 있기에 늘 감기에 걸려 있고, 또한 수천 볼트의 전기가 지나가는 소리에 귀에 이명耳鳴이 끊이지 않는다고 하였다.

"2009년 쌍용자동차 대량 강제해고 사건이 생긴 후 네 번의 겨울을 지냈습니다. 해고당한 노동자들이 다시 취직하기는 정말 힘들어요. 다른 공장에 취직해도 쌍용 출신이라는 사실이 알려지면 다시 해고당하고, 결국은 일용직으로 전전할 수밖에 없는 그런 형편입니다⋯. 어린 아들이 얘기하곤 하죠. 아빠가 빨리 공장에 들어가서 다시 일했으면 좋겠다고요."

해고자 한 명의 눈물은 가족의 아픔이 된다. 153명 해고자의 아픔은 한 개인이 아니라 153세대, 그러니까 5백 명이 넘는 가족들이 고통을 겪게 되는 것이다. 정규직 노동자들은 직접 송전탑까지는 오지 못하고 문자로 격려한다는 말을 들었다.

그날 다리 밑에 까치집을 지어놓고 투쟁하고 있는 아산 유성기업 노동자도 찾았다. 오후 3시경 아산에 도착했다. 홍종인 노조지회장이 높은 다리 옆에 움집을 짓고 두 달째 매달려 있는 곳이다. 6학년인 아들은 "아빠가 옳아요"라 말했다고 한다. 노동 현장을 보고 자란 그의 아들 순민이가 바람대로 꼭 훌륭한 법관이 되면 좋겠다.

마르크스의『자본론』뒷부분에는 12시간 2교대 이야기가 나온다. 노동하다 잠이 모자라 자살하는 아이들, 잠을 못 자 자살하는 아버지들 이야기가 나오는데, 저 옛날 산업혁명 시대 영국의 이야기가 아니라

2010년대 대한민국 이 땅에서 잠 못 자며 자살하는 일이 벌어지고 있는 곳이 유성기업이다.

울산 현대자동차 송전탑 위에도 망루의 상상력이 있었다. 8~10층 까마득한 높이에 두 명의 노동자가 올라가 있었다. 이곳은 비정규직 노조원이 송전탑에 올라간 경우다. 무서운 현실은 여기에 정규직 노조가 참여하거나 지원하지 않는다는 사실이다.

현재 이 나라의 먹이사슬은 경영진←정규직←비정규직←용역←품팔이←노숙인으로 구조화되어 있다. 공장뿐만 아니라 회사나 언론사나 학교도 비슷한 먹이사슬이 있다. 깜빡 실수하면 아래로 끊임없이 밀려나는 것이다. 정규직 노조/비정규직 노조가 단절되어 있듯, 먹이사슬의 위계는 서로 엄격히 단절되어 있다. 비정규직 노동쟁의는 정규직 노조가 거들떠보지 않는 외로운 사각지대였다. 더 이상 물러갈 곳이 없어 망루에 오를 수밖에 없는 먹이사슬의 비극을 송경동 시인은 이렇게 썼다.

96일 굶은 기륭 김소연이 오른 철탑 망루를 뒤흔들고 경찰차로 들이박을 때
죽어보라고 용역 구사대를 앞세워 이죽거릴 때
미포조선 100m 굴뚝 농성장에 불기를 끊고 음식물을 끊을 때
용기 있으면 죽어보라고 사주할 때

(…)

더 이상 오를 곳도

더 이상 내려갈 곳도

더 이상 물러설 곳도 없어

하늘로 하늘로 오르는 계단을 쌓듯 망루를 쌓아갔던 열사들이여

그러니 일어서라

일어서서 이 차디찬 새벽을 그 뜨거운 몸으로 증거하라

우리가 그대들이 되어

더 이상 물러설 곳도

더 이상 안주할 곳도

더 이상 망설일 것도 없는 이명박 신자유주의 폭력 살인

반민중정권 퇴진을 위한 투쟁에 결연히 나서도록

살아서 비굴한 목숨이 아니라

열사들의 영전에 자랑스런 이름들이 될 수 있도록

열사들이여 그 뜨거운 분노

그 뜨거운 함성, 그 뜨거운 소망을 내려놓지 마시라

　　ㅡ송경동, 「너희가 누구인지 그때 알았다」에서

하박국의 망루와 예수의 십자가

●

망루 혹은 망대는 공동체의 염원을 신께 알리는 기도의 자리였다.

"내가 초소 위에 올라가서 서겠다. 망대 위에 올라가서 나의 자리를 지키

겠다. 주님이 나에게 무엇이라고 말씀하실지 기다려보겠다. 내가 호소한 것에 대하여 주께서 어떻게 대답하실지 기다려 보겠다."(「하박국」 2:1)

예언자 하박국은 유다 말기 여호야김 같은 폭군의 착취와 억압을 목도하면서 하나님께 항의성 질문을 던졌다. 어찌하여 나로 하여금 불의를 보게 하십니까? 어찌하여 악을 그대로 보기만 하십니까? 악인이 의인을 협박하니, 공의가 왜곡되고 말았습니다. 눈이 맑으시므로, 악을 보시고 참지 못하시는 주님이 왜 그냥 보고만 계십니까? 이에 어떤 대답이 주어졌는가?

첫째, 예언자 하박국은 절대자의 대답을 들으려 망대에 올랐다. 그리고 망루에서 "비록 더디더라도 그때를 기다려라. 반드시 오고야 만다. 늦어지지 않을 것이다"라는 하나님의 응답을 받았다. 하박국은 바로 이 망대 위에 올라가 절대자에게 기도했다. 사적인 욕심을 기도한 것이 아니라, 공적인 분노를 기도했던 것이다. 사회적 영성의 기도였다.

둘째, 하박국은 공동체를 지키기 위해 망루에 올랐다. '망대'란 성이나 목장, 포도원, 농장 같은 것에 세운 감시탑을 의미한다. 성의 사방에 망대를 높이 세우고 거기에 파수꾼을 배치하여 성 안을 감시하기도 하고 성 밖을 살피기도 했다. 망대는 아무나 오를 수 있는 것이 아니다. 파수꾼만이 올라갈 수 있었다. 하박국은 두루 살피기 위해 망루에 올랐다. 하박국이 망대에 오른 것은 스스로 파수꾼이라고 생각했기 때문일 것이다. 파수꾼은 적으로부터 공동체를 지켜야 한다는 거룩한 소명 의식을 가져야 한다. 오늘날 약자와 버려진 자들을 지키기 위해 망루에 오르는 사람이 있는가. 지식인과 종교 공동체는 혹시 파수꾼의 사명을 잊은 것은 아닌가.

셋째, 하박국은 높은 곳에서 외치기 위해 망대에 올랐다. 하박국이 망대에 오른 것은 백성에게 외치기 위해서였을 것이다. 망대 위에서 침략하는 적군을 발견하면 파수꾼은 외치거나 나팔을 불어 백성에게 알렸다. 마찬가지로 예언자는 부패하고 불평등한 사회에 절대자의 경고를 알려야 했다. 우리 사회가 안고 있는 지역주의나 사회적 불평등, 그리고 과거에 저지른 잘못들을 누군가 망대에 올라 외쳐야 할 것이다. 이 시대의 파수꾼들이 망대에 오르고 있는 것이다.

그 예언자들이 강조했던 것은 바로 이웃의 아픔을 외면하지 않는 태도였다. 아모스는 절대자의 아픈 마음을 이렇게 대언代言했다.

> "나는, 너희가 벌이는 절기 행사들이 싫다. 역겹다. 너희가 성회로 모여도 도무지 기쁘지 않다. 너희가 나에게 번제물이나 곡식제물을 바친다 해도, 내가 그 제물을 받지 않겠다. 너희가 화목제로 바치는 살진 짐승도 거들떠보지 않겠다. 시끄러운 너의 노랫소리를 나의 앞에서 집어치워라! 너의 거문고 소리도 나는 듣지 않겠다. 너희는, 다만 공의가 물처럼 흐르게 하고, 정의가 마르지 않는 강처럼 흐르게 하여라."(「아모스」 5:21~24)

성경은 분명히 공의와 정의가 확립된 뒤 찬양 드리고 예배 드려야 한다고 가르치고 있다. 그렇지 않은 예배나 찬양은 구역질난다고 적혀 있다. 이 땅의 많은 교회들이 권력과 명예와 거짓의 시녀가 되어 있다. 크리스천은 정직해야 한다면서, 거대한 국가적 거짓말에 대해서는 한 마디 설교도 기도도 하지 않는 형식적인 예배들에 절대자는 역겹다 하실 것이다.

예수와 스플랑크니조마이
●

예수의 삶은 어떠했을까. 예수의 삶은 그가 공생애共生涯를 시작할 때 선언했던 '가·포·눈·눌'에 있다.

> "주의 성령이 내게 임하셨으니, 이는 가난한 자에게 복음을 전하게 하시려고 내게 기름을 부으시고, 나를 보내사, 포로 된 자에게 자유를, 눈 먼 자에게 다시 보게 함을 전파하며, 눌린 자를 자유롭게 하고, 주의 은혜를 전파하게 하려 하심이라 하였더라."(「누가복음」 4:18)

그의 삶 전체가 공적인 삶, 사회적 영성으로 살았던 것이다. 이웃을 향한 젊은 예수의 공공성은 제자들에게 가르쳤던 산상수훈에도 잘 요약되어 있다.

> 심령이 가난한 자는 복이 있나니 천국이 저희 것임이요,
> 애통하는 자는 복이 있나니 저희가 위로를 받을 것임이요,
> 온유한 자는 복이 있나니 저희가 땅을 기업으로 받을 것임이요,
> 의에 주리고 목마른 자는 복이 있나니 저희가 배부를 것임이요,

긍휼히 여기는 자는 복이 있나니 저희가 긍휼히 여김을 받을 것임이요,

마음이 청결한 자는 복이 있나니 저희가 하나님을 볼 것임이요,

화평케 하는 자는 복이 있나니 저희가 하나님의 아들이라 일컬음을 받을 것임이요,

의를 위하여 핍박을 받는 자는 복이 있나니 천국이 저희 것임이라.

(「마태복음」5:1~10)

산상수훈은 신앙인이 누릴 여덟 가지 복을 열거한 가르침이다. 심령이 가난한 자, 애통하는 자, 온유한 자, 의에 주리고 목마른 자, 긍휼히 여기는 자, 마음이 청결한 자, 화평케 하는 자, 의를 위하여 핍박을 받은 자. 이렇게 여덟 가지로 구분하고 있다.

시인 윤동주는 이를 '슬퍼하는 자'라는 한 마디로 응축^{凝縮}해 놓는다. 그리고 "슬퍼하는 자는 복이 있나니"가 8번 반복되고 끝 행에 "저희가 영원히 슬플 것이오"라고 마무리되는 시 「팔복^{八福}」을 남겼다. 이 시가 쓰여진 1940년은 야만의 시대였다. 이미 세계는 거대한 전쟁의 용광로로 들끓고 있었으며, 일본은 전체가 전쟁의 광기에 휩싸여 있었다. 말과 이름을 뺏기고 신사참배를 해야 했던, 벌레와 같은 슬픔을 느끼며 살아야 했던 시기. 그 비극의 어둠 속에서 젊은 식민지 청년 윤동주에게 해방이란 까마득한 꿈에 불과하였을 것이다. 여덟 가지 복된 삶의 유형을 나열할 필요도 없이 '슬픔'이란 단어야말로 모든 결핍을 묶어낼 수 있는 기호였다. 조선인은 '슬퍼하는 자'였을 뿐이었다.

「누가복음」10장의 착한 사마리아인 비유에 "가엾은 마음이 들어" 혹

은 "불쌍히 여기다"라는 표현이 나온다. 바리새인 같은 존재들은 강도 당한 '슬픈' 존재를 피해간다. 그렇지만 사마리아인은 멈추어 선다. "불쌍히 여기는" 마음이 들었기 때문이다.

여기서 "불쌍히 여기다"라는 헬라어 원어는 스플랑크니조마이 splanchnizomai다. 이 말은 창자가 뒤틀리고 끊어져 아플 정도로 타자의 아픔을 공유한다는 뜻이다. 내장학內臟學이라는 의학용어 스플랑크놀로지 splanchnology도 이 단어에서 나왔다. 내장이 찢어질 것 같은 아픔, 곧 스플랑크니조마이라는 단어는 예수가 많이 쓰던 단어였다. "불쌍히 여기사"를 우리말로 풀면 "애간장이 타는 듯했다"가 되고 이는 단장斷腸, 창자를 끊는 듯의 아픔을 말한다. 예수는 슬픔, 곧 슬퍼하는 자들과 함께 거해야 한다고 제자들에게 가르쳤다. 작은 자, 빈자貧者, 약한 자에 대한 예수의 심려心慮는 곧 자기에게 행하는 것과도 마찬가지의 마음으로 표현된다.

> 내가 진실로 너희에게 이르노니 너희가 여기 내 형제 중에 지극히 작은 자 하나에게 한 것이 곧 내게 한 것이니라 (「마태복음」 25:40)

성경을 보면 여덟 가지 복을 나열한 후에 예수는 "나를 인하여 너희를 욕하고 핍박하고 거짓으로 너희를 거스려 모든 악한 말을 할 때에는 너희에게 복이 있나니 기뻐하고 즐거워하라. 하늘에서 너희의 상이 큼이라."(「마태복음」 5:11~12)라고 말한다.

십자가야말로 소수민의 아픔을 표현하는 망루의 상상력이 아닐까. 본래 십자가란 모세가 십자가 지팡이를 올렸을 때 병 걸렸던 사람들이 보고 병이 나았다는 이야기에서 출발했다. 로마 시대에는 중환을 앓는 노예들이 제물로 십자가에 걸렸다. 예수는 정치범으로 십자가에 매달렸다. 십자가는 신의 아들이 인간으로 와 가장 천하게 현실 문제와 부닥친 행적의 정점이다. 그런 의미에서 현대의 망루, 송전탑, 촛불은 예수의 십자가와 겹친다.

부활이란 어떤 날인가. 부활하신 예수가 찾아간 곳은 어디인가. 부활하신 예수는 가장 슬픈 곳, 가장 비루한 곳, 갈릴리로 향한다.

저 찬양을 기뻐하실까
할렐루야 부활하셨네 기뻐하고 기뻐하라
박수 쳐주면 좋아 춤출 아이돌일까
부활절은 다짐의 날,
돌무덤에서 나온 그는 어디로 향했나

가난한 자에게 좋은 소식을
포로 된 자에게 자유를
눈먼 자에게 눈뜸을
눌린 자에게 자유를
'가포눈눌' 선언했던 그 젊은이는
고아 창녀 정신병자 문둥병자 노숙인 쪽방촌 노인들
진실된 삶을 고민하는 몇몇 부자들
시궁창에서 함께하다가 십자가에 달렸다

부활은 죽었다 사는 서커스가 아니다

온몸으로 비범하게 낮은 데로 기어가는 삶이다

화려한 찬양 들으려 부활했을까

기뻐하라는 저 찬양, 고맙기는 하다만

찬양받는 그는 얼마나 민망하고 답답할까

"내가 너희보다 먼저 갈릴리로 가 있겠다"

부활한 그는 푸념의 땅 갈릴리로 향했다

고통의 고향, 한숨과 학살의 고을

제자들이 포기했던 갈릴리

우리들이 외면하고 있는

용산으로 쌍용으로 강정으로

밀양으로 세월호 가족으로 슬픔으로 가자고

고개 숙인 로페카*들에게 떠날 채비하라고 귀띔 한다

기쁨을 강요하지 마라

슬픔도 침묵도 강요하지 말자

매일 몰락, 매일 부활

슬퍼하는 자는 복이 있나니

슬픔과 함께 할 때 눈물의 기쁨이 그늘이니

---

* 로페카^{Ropeca}는 '위로하는 사람'이라는 뜻의 히브리어.

"갈릴리에서 만나자."

스승의 뜻을 따른답시고 제자들은
세상의 늪으로 기어갔고
목 잘려 죽고, 매 맞아 죽고, 십자가에 거꾸로 매달려
거짓에게 승리했다
그를 믿는다는 것 그래서
마침표 없는 서늘한 결단이다
부활절이란 예수처럼 살기는커녕
시늉도 못하는 내 가슴을 찢는 날

갈릴리로 가는 자,
저기 부활이 간다

　　　－김응교, 「부활절, 어찌 기뻐할 수 있는지」 전문

　'가'난한 사람에게 좋은 소식을, '포'로된 자에게 자유를, '눈' 먼 자에게 눈뜸을, '눌'린 자에게 자유를('가포눈눌'). 젊은 예수가 공생애를 시작할 때 내놓은 선언이다. 예수의 선언은 말로 끝난 것이 아니라, 부활 이후에도 갈릴리로 찾아가는 '발의 신학'으로 이어진다.
　바울은 어떠한가. 유대인이나 헬라인, 종이나 자유인, 남자나 여자 모두가 예수 그리스도 안에서 차별받지 않고 존중받아야 한다는 「갈라디아서」 3장 28절의 이 말씀이야말로 공공성公共性의 모습이다.

공공성과 사회적 영성

●

『홍길동전』을 쓴 허균許筠, 1569~1618은 호민론豪民論을 주장하면서, 변혁의 주체는 백성이라고 말했다. 모든 일을 행할 때 백성을 위한 공공성에서 출발해야 한다고 주장했다. 외롭고 슬픔에 젖어 있는 이웃과 함께 하거나, 소외된 지역에 도서관을 짓거나. 더불어 살기 위해 김치공장 같은 사회적 기업을 만드는 일도 공공성의 예라고 할 수 있겠다.

'사회적 영성'은 자신이 무슨 일을 하는지 깨닫는 일부터 시작된다. 제2차 세계대전 때 600만여 명의 유대인을 학살해 법정에 섰던 아이히만을 가리켜 한나 아렌트는 "자기가 무슨 일을 하였는지 전혀 깨닫지 못했던 자"라 말했다. 한나 아렌트는 『예루살렘의 아이히만』의 마지막 장 말미에 딱 한 번 '악의 평범성The banality of evil'이라는 표현을 썼다. 여기서 '평범성'이라고 번역한 banality는 '진부성'이나 '일상성'으로도 번역할 수 있다. 그렇지만 굳이 평범성으로 번역한 이유는 악이란 '평범'한 모습을 하고, 우리가 쉽게 접할 수 있는 '평범'한 일상생활에서 나오기 때문일 것이다. 악의 평범성, 그 구조 안에서 성실하게 살아간다면 정말 자기가 무슨 일을 하고 있는지 모르게 된다. 주변에서 누가 죽어가는지도 모른다. 누가 망루로 올라가 호소하고 있는지 들리지 않는다.

나는 공동체의 염원이 스민 비판적 상상력을 '사회적 영성'이라 개념화하고 싶다. 지금까지 개인적이고 사적인 영성만 강조해왔다면, 이 새로운 영성은 '공동체의 영성'을 말한다. 이 시대의 아픈 자인 비정규직 해고노동자, 저 호모 사케르가 송전탑에 올라가 있다. 밀양의 할머니들이 높은 산, 저 위의 망루에 올라 있다. 알고 보면 우리 모두가 자신도 모르는 채 어떤 망루에 올라가는 인생이 아닐까. 이 시대의 얽힌 매듭을 저 망루, 저 송전탑, 저 천막에서 풀어야 한다. 이 시대의 십자가는 망루다, 송전탑이다. 천막이다. 망루에 오른 이들은 땅과 하늘에 호소한다. 함께 살자는 외침이 높은 데 올라 서 있다. 저기.

● 이 글을 쓴 **김응교**는 연세대 신학과를 졸업하고 연세대 국문과에서 박사학위를 받았다. 1996년 도쿄외국어대학을 거쳐, 도쿄대학원에서 비교문학을 공부했고, 1998년 와세다대학 객원교수로 임용되어 10년간 강의했다. 현재 숙명여자대학교 교양교육원 교수로 있다. 시집 『씨앗/통조림』, 평론집『그늘-문학과 숨은 신』, 『한일쿨투라』, 『한국 시와 사회적 상상력』, 『박두진의 상상력 연구』, 『시인 신동엽』 등, 장편소설『조국』 등을 냈다. 옮긴 책으로『이십억 광년의 고독』, 『다시 오는 봄』, 『어둠의 아이들』, 『고착된 사상의 현대사』, 『오스기 사카에 자서전』 등이 있다.

"신자유주의 시대의 사회적 명령이라 할 수 있는 '아무도 남을 돌보지 마라'는 반윤리에 정면으로 맞서 '남을 돌보려는 마음'이 바로 사회적 영성의 바탕이다. 이는 너와 내가 다르지 않다는 인식에서 출발한다. 우리는 모두 연결되어 있다는 믿음을 바탕으로, 함께 아파하는 실천적 노력을 통해 '타자되기'에 이르는 것을 뜻한다. 요컨데, '나는 너다, 함께 살자'는 구호가 함축하고 있는 '서로 돌보는 삶'에 다름 아니다."

세월호 국면에서 나타난 사회적 영성 ●━━━━━━●

세월호는 사고가 아니다. 그것은 학살이다. 이윤을 추구하기 위한 자본의 탐욕이 배를 침몰시켰다. 거기까지는 알 수 있다. 자본은 언제나 그래왔고, 최근 몇 년간 자본의 이윤을 극대화시키기 위해 선박이나 그 운행에 대한 규제가 모조리 완화되었다. 그런데 더욱 놀라운 일은 국가가 사람들을 구조하지 않은 것이다. 아니 왜? 도무지 알 수 없다. 무수한 의문이 따라붙는다. 7월말, 침몰한 세월호 선실에서 건져 올린 운항업무용 노트북에는 '국정원 지시사항'이라는 이름으로 100여 건에 이르는 꼼꼼한 지시 사항을 담은 문건이 발견되었다. 세월호의 실소유주가 유병언이 아니라 국정원이었다는 합리적 의심이 가능한 대목이다. 대체 무슨 일이 있었던 걸까. 구하지 않으려던 것은 아니었지만, 쥐도 새도 모르게 민영화되어버린 수난구조법과, 얼떨결에 인양업체 '언딘 마린 인더스트리'가 인명구조의 책임을 떠맡게 되었던 상황과, 해경과의 유착 등등으로 인해 결과적으로 그리 된 거라는 설명이 그나마 가장 온건하다. 이 가장 온건한 설명을 받아들인다 하더라도, 구조 상황에서 국가가 존재하지 않았음은 명백하다. 공중파에서는 연일 군관민이 총동원된 대대적인 구조 작업이 펼쳐지고 있다고 나팔을 불어댔지만, 현장에서는 구조가 이루어지지 않았다. 해경은 높으신 분들의 의전을 챙기거나 분노한 가족들을 감시하기에 바빴다. 결국 초기에 자력으로 탈출한 사람들을 제외하고, '가만히 있으라'는 지시에 따라 배 안에 있던 승객 304명은 불귀의 객이 되었다. 그러니까, 단 한 명도 구조하지 못한 것이다.

어떻게 이런 일이 있을 수 있나? 오죽하면 한 시민은 선주와 해경 등을 '미필적 고의'에 의한 살인 혐의로 고발했다. 즉 '죽게 내버려두었다'는 뜻이다. 푸코가 이르길, 중세의 국가가 '죽게 하거나, 살게 내버려두는' 권력이었던 반면, 근대국가는 '살게 하거나, 죽게 내버려두는' 권력이라 하지 않았던가. 무슨 뜻인지 알 것 같다. 아우슈비츠에서와 같은 작위에 의한 학살은 아니더라도, 대한민국 정부는 자국민을 '죽게 내버려두는' 전형적인 근대국가의 권력을 행사하여 304명을 학살했다는 뜻이다. 전쟁이 일어난 것도 아니고, 천재지변이 일어난 것도 아니고, 망망대해에서 아무것도 손쓸 수 없을 만큼 갑작스럽게 사고가 일어난 것도 아니다. 말짱한 대낮에 잔잔한 앞바다에서 배가 기울고, 뒤집히고, 침몰하고, 그렇게 304명의 목숨이, 304개의 세계가 천천히 수장되었고, 그것을 전 국민이 생중계로 지켜보고 있었다. 그것이 국가에 의해 자국민이 학살되는 광경이었다는 사실은 얼마 지나지 않아 모습을 드러냈다.

하나님의 뜻?

●

설마 몇 명이라도 살아 돌아오겠지, 하며 지켜보았던 국민들은 끔찍한 무력감과 우울감에 빠져들었다. 사람들은 생환을 기원하며 노란 리본을 가슴에 달거나, 온라인상에서 자신을 나타내는 플픽(프로필 사진)을 노란 리본으로 바꾸며, 가족들의 기다림에 동참하였다. 이러한 행위는 실종자 가족들의 슬픔을 나의 슬픔으로 받아들인다는 심정을 적극적으로 드러내는 표지였고, 곧 공감과 연대의 행동이었다. 한편에서는 유족의 슬픔에 공감하지 못하거나 공감을 적극적으로 차단하려는 사람들이 나타났다. 그들은 극단적인 조롱과 혐오의 발언들을 쏟아내었다. 우익 논객 지만원은 가족들의 분노를 "국가를 전복할 목적으로 획책하는 제2의 5·18 반란"이자 "시체 장사"라는 말로 음해했으며, 변희재는 구조하지 않은 정부에 분노를 쏟아내는 실종자 가족을 가리켜 "이 여자는 종북 야권 성향, 가족이 참으로 잘 죽었다"는 망언을 퍼부었다. 송영선 새누리당 의원은 "국민 의식부터 재정비할 기회가 된다면 꼭 불행한 일만은 아니며, 좋은 공부의 기회가 될 것"이라고 말하며 기회비용으로 치환해버렸다. 김시곤 당시 KBS 보도국장은 "300여 명이 한꺼번에 죽어서 많아 보이지만, 연간 교통사고 사망자 숫자와 비교하면 그리 많은 것도 아니다"라며 숫자로 환원하며 상대화시켰다.

보수 기독교 목회자들도 빠지지 않았다. 당시 한국기독교총연합회(한기총) 부회장인 조광작 목사는 "가난한 집 아이들이 수학여행을 설악산이나 불국사로 가면 될 일이지, 왜 제주도로 배를 타고 가다 이런 일이 빚어졌는지 모르겠다"며 멸시의 언사를 퍼부었다. 명성교회 김삼환 목사는 "하나님이 배를 침몰시키고 아이들의 희생시킨 것은 국민들에게 기회를 주신 것"이라고 말해 공분을 샀는데, 박근혜는 3주후 명성교회 예배에 참석하여 그 발언을 지지하는 모양새를 보여주었다. 이처럼 참사를 '하나님의 뜻'으로 받아들이는 보수 기독교의 인식은 세월호 사건의 책임을 지고 사퇴한 총리를 대신하여 지명된 문창극 총리후보자에 의해 재확인된다. 그는 온누리교회 장로로서 "식민 지배와 한국전쟁은 게으른 한민족을 위한 '하나님의 뜻'"이라고 강연하였다. 국민들은 공분에 휩싸였지만 청와대와 새누리당, 보수 기독교 단체에서는 문제가 없는 발언이라는 입장을 고수했다. 참사로 가족을 잃고 고통에 몸부림치는 이웃들을 두고 보수 논객들이 이념 편향적 망언을 쏟아 붓는 것이야 냉전 이데올로기의 산물이라 치더라도, 예수의 제자임을 내세우는 기독교 사목들이 이들에게 계급적 멸시를 퍼붓거나 심지어 '재난을 당한 것도 하나님의 뜻'이라는 말로 희생자들의 고통을 무효화시키고 지배자들의 무능과 부패를 면죄해주고 불의한 권력을 정당화시키는 것이 과연 기독교의 이념에 맞는 것일까. 오히려 예수님은 언제나 고통 받는 이웃의 편에 서라 하지 않으셨던가? 기독교는 지금 엄청난 위기에 직면해 있다. 세월호 참사와 문창극 총리 지명 파동에서 드러난 보수 기독교와 시민사회 사이에 벌어진 인식의 간극은 기독교가 교회 바깥에서 무엇을 말하고, 무엇을 실천해야 하는지를 심각하게 묻고 있다.

사회적 영성과 애도
●

사회적 영성이란 사랑, 치유, 희생, 구원 등 도구적 이성의 사용을 뛰어넘는 종교적인 덕성이 교회 밖으로 널리 퍼져나가는 것을 뜻한다. 가령, 특정 종교에 속하지는 않지만 마음수련 등 치유 프로그램에 참여하는 사람들이 늘고 있는데, 이처럼 무한 경쟁과 공동체의 해체로 파편화된 사람들의 마음에서 일고 있는 '영적인 것'에 대한 관심이나 이타적이고 초월적인 감수성을 높이려는 노력 등을 들 수 있다. 특히 신자유주의 시대의 사회적 명령이라 할 수 있는 '아무도 남을 돌보지 마라'는 반윤리에 정면으로 맞서 '남을 돌보려는 마음'이 바로 사회적 영성의 바탕이다. 이는 너와 내가 다르지 않다는 인식에서 출발한다. 우리는 모두 연결되어 있다는 믿음을 바탕으로, 함께 아파하는 실천적 노력을 통해 '타자되기'에 이르는 것을 뜻한다. 요컨데, '나는 너다, 함께 살자'는 구호가 함축하고 있는 '서로 돌보는 삶'에 다름 아니다.

세월호 참사 후 정부는 곳곳에 분향소를 설치했다 사람들은 "미안합니다" "잊지 않겠습니다" 등의 말이 적힌 노란 리본을 분향소에 걸었다. 어쩌면 이러한 애도 행위는 세월호 사건이 우리를 강타한 정신적 외상을 회피하려는 몸짓인지도 모른다. 이를테면 우리에게 가해진 치명적인 외상을 진정으로 치유하지 못하게 지연시키거나, 상처를 급하게 봉합하려는 변명의 언사인지도 모른다. "미안합니다"라는 말이 그저 변명이 되지 않으려면, 상처를 똑바로 보고, 상처가 내지르는 질문에 귀 기울여야 한다. "잊지 않겠다"는 다짐은 〈햄릿〉의 한 장면을 연상시킨다. 애도되지 못한 죽음에서 비롯되는 분열과 살육의 텍스트 〈햄릿〉에는 유령이 등장한다. 억울하게 살해된 햄릿의 아버지는 유령이 되어 햄릿에게 나타나 죽음의 진실을 알린다. 그리고 "잘 가라, 잘 가라, 나를 기억하라Remember me"라고 말한다. 햄릿은 "당신의 명령만을 기억 속에 간직하고 하찮은 것들과 섞이지 않겠습니다"라고 맹세한다. 유령이 말한 "Remember me"에는 "내 말을 명심하라"라는 뜻도 포함되어 있다. 단순히 나를 추모해달라는 말이 아니라, 내가 말한 죽음의 진실을 잊지 말고 억울함을 풀어달라는 요청을 담고 있다.[1] 그러나 어떻게 해야 그것이 가능할 것인가. 억울한 죽음에 대한 한을 풀기 위해서는 첫째, 사회적인 애도가 이루어져야 한다. 둘째, 진상이 규명되어야 한다. 셋째, 책임자를 처벌해야 한다. 넷째, 죽음이 헛되지 않도록 재발 방지가 이루어져야 한다.

사회적인 애도가 이루어진다는 것은 무엇인가? 그것을 알기 위해서는 먼저 애도라는 행위가 지극히 정치적인 의미를 지닌다는 사실을 이해해야 한다. 누구를 어떻게 애도할 것인가 하는 문제는 사회적 제약을 지닌다. 가령 4·3의 희생자들은 오랫동안 추념되지 못하였으며, 천안함의 희생자들은 엉뚱하게도 '전사자'로 추념되도록 강요되고 있다. 현실 정치는 끊임없이 죽음과 장례와 애도에 깊이 관여한다. 안티고네는 현실 정치가 강요하는 죽음에 대한 명령을 거부한 것으로 유명하다. 안티고네는 반역자로 죽은 오빠의 시체를 거두지 말라는 왕의 명령을 거부

---

1. 이동연, 「리멤버 미: 세월호에서 배제당한 아이들을 위한 묵시록」 참고. 《문화과학》 78호.

하고, 시체를 거두어 장례를 지낸다. 반역자의 장례를 지내거나 애도를 표하는 것 역시 반역이다. 안티고네는 죽음을 각오하고, 왕의 법이 아닌 인류의 법을 따른다. 안티고네는 법이 인정하지 않는 애도를 행함으로써 왕의 통치를 교란하였고, 그로인해 처벌 받는다.

정부는 합동분향소의 추모나 조용한 추모 집회가 아닌 방식의 애도 행위가 일어나지 않는지 예의 주시하였다. 서울 도심과 안산에서는 수만 명의 사람들이 애도를 위해 한 자리에 모였다. 경찰은 이 집회가 '순수한 추모'를 위한 것인지, 그 이상의 것이 발언되고 성토되는 자리인지 촉각을 곤두세웠다. 또한 유족들에 대한 감시를 멈추지 않는다. 그런데 진짜 문제는 세월호 사건이 근본적인 의미에서 애도되기 힘들다는 데에 있다. 본래 애도란 상실된 것과의 이별을 위한 힘겨운 작업이다. 그런데 세월호 사건은 무엇을 상실했는지 명확하지 않다. 정확히 무엇을 잃었는가. 대체 무슨 일이 일어난 것이며, 그 죽음이 가리키는 바는 무엇인가. 아무리 생각해보아도 지독한 무의미가 둔중하게 머리를 짓누른다. 세월호 사건 직후 많은 국민들이 충격에서 벗어나지 못한 이유는 단순히 피해의 규모가 컸기 때문이 아니었다. 사건 자체가 도무지 이해되지 않는 것이었기 때문에, 헤아릴 수 없는 슬픔과 무기력에 짓눌렸다. 그 상태는 상실된 대상이 명확한 애도의 과정이라기보다는 무엇을 상실했는지도 알 수 없는 우울증의 상태에 가깝다. 그것은 아무런 구조의 손길도 받지 못한 채 영문도 모르고 수장되어간 아이들과 나를 동일시하면서, 마치 내가 칠흑 같은 바다 속으로 잠기는 듯한 혼돈의 느낌과 다름없다. 단 한 명도 구조되지 못하는 것을 보면서, 질식할 듯한 공포와 울분을 느꼈던 것은 바로 내가 그들일 수 있다는 본능적인 공감 때문이다. 그 우울증의 상태를 벗어나 이대로 죽지 않겠다는 몸부림이 바로 사회적 애도의 움직임이다.

"가만히 있으라"는 팻말을 들고 검은 옷을 입고 침묵 행진하는 사람들이 나타났다. "가만히 있으라"는 세월호 학살의 기제를 가장 짧게 설명할 수 있는 표어다. 충분히 탈출시킬 수 있는 시간과 방법이 있었음에도 승객들에게는 "가만히 있으라"는 명령만 주어졌다. 승객들이 명령에 따라 선실에 가만히 있는 동안 선장과 선원들은 탈출했다. "군관민을 총동원한 최대 규모의 구조 작전"이라는 거짓 보도가 나가는 동안 실제 구조는 이루어지지 않았다. 이에 항의하던 가족들을 에워싼 경찰과 기관원들은 가족들에게 "가만히 있으라"는 압력을 가했다. "가만히 있으라"는 구호는 세월호 사건을 있게 한 억압의 기제를 가리키는 표식이자, 더 이상 가만히 있지 않겠다는 의지의 역설적 표현이다. 또한 이것은 그들의 말을 되돌려주면서 국가권력에게 "가만히 있으라"고 준엄하게 경고하는 시민의 명령이다. "가만히 있으라" 침묵 시위에 대해 경찰은 처음부터 주동자를 사찰하는 등 감시를 일삼더니, 참여 인원이 늘어나자 시위자 전원을 강제 연행하였다.

김시곤 KBS 보도국장의 발언에 항의하던 유족들이 청와대로 가겠다고 발길을 옮겼을 때, 유족들과 함께 하겠다며 청와대 앞에서 밤새 노숙을 하는 사람들이 나타났다. 그들은 경찰에 에워싸인 채 유족들과 함께 길바닥에 앉아 밤의 찬 공기와 정오의 뙤약볕을 함께 하였다. 그들이 원하는 것은 유족들의 곁을 지키며, 유족들이 분노를 토해 낼 수 있을 공간을 열어주려는 것이었다. 유족들에게 섣부른 위로를 던지는 게 아니라, 그들의 말을 듣고, 그들의 말에 귀기울이도록 하려는 것이었다. 선한 사마리아 인이 그러했듯이, 강도를 만나 쓰러져 있는 이를 위하여 나쁜 무리들이 그들을 다시 해치지 못하도록 지키려는 것이다. 유족들이 슬픔과 분노를 쏟아 낼 수 있도록 장을 마련해주고, 유족들이 정부를 비판하고 싶어 하면 마이크를 대주고, 청와대로 가고 싶어 하면 함께 길을 만들고 행렬을 지켜주려는 것이었다. 이러한 행위는 '잊지 않겠다'는 다짐의 현실적 표현임에도 불구하고, 무자비한 공권력의 대상이 되었다. 사회적 애도를 행하려는 자들은 모두 범법자로 취급되어 채증을 당하거나 강제 연행을 당했다. 노란 리본을 달고 다니는 것만으로도 경찰의 표적이 되어 인도에 서 있다가도 강제연행되었다. 강제연행의 아수라장에서 시위자들은 "가만히 있지 않겠습니다"라는 구호를 외치며 눈물을 쏟는다. 이것은 우울증을 딛고, 사회적 애도를 행하려는 몸짓임에도 불구하고 탄압을 받는다. 그 탄압의 과정을 겪으며 무엇을 잃었는지를 점점 더 뚜렷하게 실감하게 된다.

사회적 애도를 위한 실천은 유족들에게도 나타난다. 단원고 박성호 군의 가족은 독실한 가톨릭 가정이었다. 사고 직후 구조는 하지 않고 가족들 감시에만 열을 올리는 정부의 태도를 접한 뒤 어머니 정혜숙 씨는 "이것은 대학살"이라고 규정하면서, "우리는 모든 거짓과 음모를 겪었고 건져 낼 수 있었던 아이들을 건지지 않는 것을 목격했다. 그 이유를 우리는 알아야 하기 때문에, 가만히 있을 수 없다"고 말하였다. 그는 "또 다른 사람들의 희생을 막아야겠기에 병든 몸과 마음으로 나서고 행동하는 것입니다. 그래서 교회에 호소합니다. 지금까지 미사와 기도로 함께해주신 것에 감사드립니다. 기도의 힘이 굉장히 크고 중요하다는 것도 압니다. 그러나 그것을 뛰어넘어 행동해주시기를 부탁드립니다. 서명해주시고, 함께 선언해주십시오"하고 호소하였다.[2] 유족들은 슬픔과 무기력에서 벗어나 세월호특별법 제정을 위한 천만인 서명 운동에 나섰다. 그들은 희생자들을 잊지 말아달라고 거리에서 외친다. 그들을 지탱하고 있는 것은 다른 사람들의 희생을 막아야 한다는 사명감이다. 이것 역시 사회적 영성의 다른 모습이다.

청소년이라는 타자, 그리고 교육감 선거
●

세월호 사건이 더욱 뼈아픈 상처로 남은 것은 희생자 대다수가 청소년이었다는 사실에서 기인한다. 부패공화국 대한민국의 온갖 적폐가 응축된 세월호 사건으로 인해 적폐에 책임이 없는 아이들이 희생되었다는 아이러니가 장엄한 묵시록처럼 다가온다. 동화 「피리 부는 사나이」가 생각난다. 어른들이 약속을 지키지 않은 도시에서 아이들은 어디론가 사라졌다. 혹은 모세가 파라오에게 행한 경고가 생각난다. 온갖 재앙에도 불구하고 경고를 받아들이지 않던 파라오에게 내린 마지막 재앙은 '맏배를 치는 것'이었다. 자신의 아들이 죽고 나서야, 파라오는 모

---

2. 「세월호 참사로 예비신학생 아들 잃은 정혜숙 씨의 호소 "기도를 넘어 행동으로" "'부활'은 희생자의 죽음이 또 다른 죽음 막고, 서로 살리는 세상 만드는 것"」, 《가톨릭뉴스 지금여기》 6월 9일.

세의 경고를 받아들인다. 무고한 아이들의 죽음은 혹시 하나님이 우리에게 내리는 마지막 경고였던 것은 아닐까.

파워 트위터리안 전우용(@histopian) 씨는 세월호 사건 이후 트위터의 자기소개란에 "너희를 입시 지옥에 가둬 두고서는 또 배 안에 갇힌 채 떠나게 해서 정말 미안하구나"라는 말을 새겼다. 이것은 배 안에 갇힌 채 '가만히 있으라'는 지시에 따라 꼼짝없이 죽어간 아이들을 생각할 때, 가장 일반적으로 떠오르는 애도의 상념일 것이다. 그도 그럴 것이 한국에서 어린이·청소년 인구의 자살률은 지난 10년간 47%나 증가하였다. 교육부 조사에 따르면 청소년 중 약 40%가 자살을 생각한 적이 있고 9%가 실제로 자살을 시도했다고 한다. 자살의 동기는 '성적·진학 문제'가 53.4%를 차지했다. 세월호 사건 직후 《주간조선》의 표제는 "이래도 수학여행 가야 하나"였다. 매년 수능시험 날이면 성적 비관 자살이 끊이지 않지만, '경쟁 교육, 이래도 계속 해야 하나'는 질문을 던지는 언론사는 없었다. 오히려 대학 진학률과 중고등학교 일제고사 성적에 따라 고등학교를 선택하게 되면서 일반 고등학교의 몰락은 가속되었고, 입시의 고통을 겪는 연령이 고3에서 중3으로, 다시 중2로 점점 낮아지고 있다.

현재 한국사회에서 청소년들은 배제되는 계층이다. 청소년들은 동학운동, 3·1운동, 광주학생운동, 4·19 등 근현대사의 굴곡마다 정치적 주체로 활약했지만, 1960년대 이후 청소년들은 규율과 훈육의 대상이 되었다. 현재 청소년들은 보호의 대상일 뿐 정치적 주체로 인정받지 못한다. 만19세 미만의 청소년들은 선거권이 없으며,[3] 청소년보호법의 대상이 된다. 그러나 2008년 촛불항쟁 이후 청소년들은 '미친 교육 반대'나,

청소년인권조례 제정, '게임셧다운제 반대' 등의 목소리를 통해 청소년의 자율권을 주장하기 시작했다. 청소년들의 이러한 움직임에 대해 대다수의 기성세대는 동조하지 않는다. 여야는 물론이고 진보적인 학부모 단체나 여성 단체들까지 청소년들의 권리를 확대하자거나 청소년보호법을 고치자는 주장에 대해서는 미온적이다. 청소년들을 하루 중 대부분의 시간동안 공부를 하고, 정해진 시간에는 잠을 자야 하는 훈육의 대상으로 보는 시각은 동일하다.

세월호 사건 후 6월 4일 치러진 지방선거에서 가장 큰 이변은 전국에서 '진보 교육감'이 대거 당선되었다는 사실이다. 진보 교육감 당선을 단순히 단일화 효과로 보는 시각도 있지만, 지난 교육감 선거에 비해 진보 교육감을 찍은 표의 절대치가 많았다는 점을 간과해서는 안 된다. 학부모들이 청소년을 보는 시각과 교육관에 미세한 변동이 이는 것이 감지된다. 세월호 사건 직후 "웃으며 지나가는 그 또래 아이들만 봐도, 눈물이 왈칵 쏟아졌다"는 말을 쉽게 들을 수 있었다. 실제로 부모들이라면 사건 직후 무지막지한 무기력과 우울감에 짓눌려 있다가 내 아이의 얼굴을 보면 조금 기운이 차려지고, 아이가 웃고 노는 평범한 일상의 모습을 보며 안도감을 느끼는 경험을 하였을 것이다. 아이들을 공부 기계로 몰아가거나 결과 중심의 성취를 요구하면서도 한국사회의 현실상 어쩔 수 없다고 여기던 생각들에 미세한 균열이 일면서, '아이들

---

3. 한국에서는 선거권을 만19세 이상으로 제한하는데, 이는 국내법상 18세에 운전면허 취득과 혼인, 병역 등의 자격이 주어지는 것에 비해서도 이례적이고, 미국, 영국, 독일, 네델란드, 프랑스, 이탈리아, 중국 등 90개 이상의 나라에서 투표연령을 만18세 이상으로 규정하는 것과도 맞지 않는다.

이 우리 곁에 살아 있는 것만으로도 고맙고 행복하다'는 근원적인 생의 감각이 되살아난 것이다. 이러한 영적 감각의 회복이 경쟁 교육을 반대하는 진보 교육감을 찍은 마음과 무관하지 않다.

사람들은 세월호 사건으로 숨진 아이가 불렀던 노래를 들으며 울고, 숨진 아이가 생전에 그렸던 그림들을 보듬으며 가슴을 친다. 〈예슬이의 꿈〉 전시회는 디자이너를 꿈꾸었던 고 박예슬 양이 그렸던 그림과 유품을 전시한 행사였다.[4] 예슬이가 중학생 때 그렸던 하이힐 그림은 전문가에 의해 진짜 구두로 만들어져 전시장에서 관람객을 맞았다. 전시는 사람들에게 세월호 사건으로 어떤 소중한 것들을 잃어버렸는지를 일깨웠다. 그리고 우울증이 아닌 사회적 애도를 경험하면서, 살아 있는 아이들의 꿈을 이루게 하기 위해서는 무엇을 해야 할 것인지를 생각하게 하였다.

인식의 공통 기반이 있는가

●

왜 〈예슬이의 꿈〉을 보며 살아 있는 아이들의 꿈을 떠올리는가. 이 같은 연상 작용은 관계없는 것을 관계있는 것처럼 사고하는 '미개한' 착각인가? 그렇지 않다. 세월호 사건 직후 쏟아진 망언들은 모두 그들의 죽음을 나와 연관된 사태가 아니라고 느끼는 감각에 의해 생겨난 말들이다. 그들은 타자의 죽음을 '내 일, 우리의 일'로 여기지 않는다. 그러

---

4. 7월 4일부터 10월초까지 서촌갤러리에서 〈예슬이의 꿈〉 전시회가 열렸다.

나 대다수의 국민들은 세월호 참사를 나 혹은 내 아이와 깊이 결부된 사건이라고 인지한다. 왜, 어째서 그 일을 내 일로 여기는가. 이는 공통 기반에 관련된 문제다. '나', '너', '우리' 등의 단어가 의미를 지닌 채 말해질 수 있는 이유는, 말하는 자와 듣는 자 사이에 인식의 공통 기반이 있기 때문이다. 즉 말하기가 가능하기 위해서는 말하는 자와 듣는 자 사이에 어떤 식으로든 공유되는 지평이 있어야 한다.[5]

그것을 '(인)류적 본질'이라 부르든, '보편적 동질감'이라 부르든, '사회적 영성'이라 부르든, 우리가 어떤 식으로든 서로 연결되어 있으며 무엇인가를 공유한다는 희미한 믿음이 남아 있어야, '나', '너', '우리' 등의 단어를 사용해 무엇인가를 말할 수 있다.

우리는 죽음의 위험에 처했을 때 "사람 살려!"라고 외친다. "Help me!(나를 살려!)"가 아니라, "사람(인 나를) 살려!"라는 일반명령을 내린다. 이것은 죽어가는 자가 누구든 '사람'이기 때문에 반드시 살려야 하며, 그 말을 들은 자가 누구든 '사람'이라면 반드시 구조에 나설 것이라는 믿음이 전제된 말이다. 그런데 세월호 사건에서는 그 당연한 믿음의 대전제가 깨졌다. 선실 안쪽에서 창문을 두드리며 "사람 살려!"를 외쳤을 아이들을 놔두고, 구명정을 돌린 해경의 모습은 형언할 수 없는 충격을 안긴다. 죽음 앞에서 사람의 마지막 몸부림이 외면당하는 장면을 우리가 모두 목격하였으며, 그런 행위를 한 자가 다름 아닌 정부(해경)였다는 사실 앞에서 공통 기반에 대한 믿음이 박살나는 것을 경험한 것

---

5. 한보희, 「우리를 왜 죽였나요」, 《연세대학원신문》 제204호.

이다. '이게 국가냐?'라는 말은 이 같은 공통 기반의 붕괴가 주는 충격에서 나온 탄식이다. 이를테면 아이들을 놔두고 발길을 돌린 해경을 비롯한 정부, 그리고 단지 사람이 '한꺼번에 죽어서 많아 보일 뿐'이라고 말하는 언론사 간부, 미개하게 선동당해 자기 일인양 울부짖는다고 말하는 사람들과는 아무런 공통 기반을 발견할 수 없다. 즉 그들은 세월호 참사를 '나의 일, 우리의 일'이 아니라고 느끼고, 우리는 '나의 일, 우리의 일'이라고 느낄 때, 둘 사이에는 호환될 수 없는 인식의 간극이 존재한다. "사람 살려!"에 반응하지 않는 사람들을 같은 사람으로 보기에 힘들어지는 것이다. 본래 학살이 일어나기 위해서는 학살자들이 피학살자들을 같은 사람으로 보아서는 곤란하다. 프리모 레비는 아우슈비츠 수용소에서 독일인 장교 판비츠 박사를 회고하면서, 그가 자신을 '전혀 다른 세계에 사는 두 존재 사이에 놓인, 수족관의 유리를 통해서 바라보는 것 같은 시선'으로 자신을 바라보았다고 기술하였다.[6] 상대를 나와 아무런 공통 기반을 갖지 않은 존재로 바라보아야지만 학살이 가능하다. 세월호 사건은 대한민국이 하나의 공통 기반 위에 존재하지 않는다는 사실을 폭로해버렸다. 세월호 사건 후 어떤 이는 "한국사회가 보수와 진보로 나뉘어져 있는 줄 알았는데 이번 사건을 겪으면서 보니 인간과 짐승으로 나뉘어져 있음을 알았다"고 말했다. 여기서 짐승은 욕설이 아니라, 도저히 나와 같은 공통 기반을 갖는다고 생각되지 않는 존재를 통칭하는 말이다. 그런데 원래 시선은 상호적이다. 전광훈 목사

---

6. 프리모 레비, 『이것이 인간인가』, 이현경 옮김, 돌베개, 2009.

는 "대통령이 눈물 흘릴 때 안 운 사람은 대한민국 국민이 아니다"라고 말했다. 대한민국은 언어, 믿음, 공동체의 측면에서 이미 '두 개의 대한민국'을 형성하고 있으며, 인간 대 짐승, 국민 대 비국민으로 서로를 바라본다. 세월호 사건은 한국사회의 소통 불능이 실은 근원적인 적대로 말미암은 것임을 깨닫게 해주었다.

배 안에서 죽어간 아이들에게 사죄하는 심정으로 진보 교육감을 뽑고, 청소년들을 민주사회의 권리를 지닌 주체이자, 각자 아름다운 꿈을 지닌 존재로 바라보려는 시선은 지배 세력의 입장에서 보았을 때 매우 위험한 것이다. 지배 세력들은 교육을 자본과 권력 앞에 고분고분한 노동자들을 생산해내는 규율의 장으로 바라보고, 황금알을 낳는 사교육 시장으로 남아 있기를 바란다. 정부와 여당은 서둘러 교육감 직선제 폐지를 추진하고 있으며, 국제기구의 압력에도 불구하고 전교조를 법외 노조로 만들고, 전교조 해체를 주장해오던 김명수를 교육부 장관에 임명하기도 하였다. 또한 단원고를 외국어고등학교로 전환시키겠다는 발표를 하였다. 외국어고등학교로 전환은 애도의 공동체로서 단원고를 해체시키겠다는 결정과 다름없다.

'이윤보다 생명'이라는 말
●

세월호 사건 직후, 정부의 무능을 비판하거나 정권 교체를 주장하는 것보다 훨씬 근원적인 질문을 던지는 사람들이 나타났다. 청년좌파라는 이름의 단체는 세월호 사건이 발생한지 며칠 만에 「세월호가 침몰하기까지 이 나라에는 무슨 일이 일어나고 있었나」라는 소책자를 만들어 집회장에서 무료로 배포하였으며, 상암동 박정희기념관을 점거하여 시위를 벌이면서 다음과 같은 선언문을 발표하였다.

[입장] 우리는 신전을 모독하고 역사에 침을 뱉기 위해 여기에 섰다

(중략) 우리가 모독하고자 하는 것은 인간 박정희가 아니라 우상으로서의 박정희이며 (중략) 우리가 엎고자 하는 것은 "경제성장"이라는 이름의 신을 섬기는, "생명보다 이윤을"을 교리로 하는 국교國敎다. 이 나라는 지금까지 "경제"라는 주문 앞에서 인권도 생명도 그 무엇도 양보되어야만 했고, 그 어떤 정권도 이 교리를 부정한 바 없다. (중략) 한 인간의 생명조차도 이제는 "1"이라고 표기하면 충분하다. (중략) 우리들은 "도대체 그럼 누구를 위한 경제발전이냐"는 의혹조차 가지지 못하는 광신도가 되었다.

우리는 세월호 희생자들을 구해내지 못한 박근혜 대통령과 정부의 "무능"에 대해서 굳이 이야기할 생각이 없다. 왜냐면 그들은 이윤이 생명보다 중요한 사회를 고집해온 참사 주범들이기 때문이다. (중략) 그리고 이런 참사가 일어난 마당에도 "규제 완화" 따위를 외치고 있기 때문이다. 그렇다고 우리는 박근혜 대통령의 (국회에 의한) "탄핵"을 주장할 생각도 없다. 왜냐면 국회도, 제1야당도 이러한 사회를 만들어낸 주범이기 때문이다. 대통령은 세월호 참사 이후 공무원들의 "부패"를 바로잡겠다고 약속했지만 (중략) 그 모두가 교리에 따른 행동일 뿐이다.

우리들 자신은 또 어떠한가? 생명은 이윤보다 소중한가? 진정으로 그러

한가? 타인의 생명은 나의 이윤보다 소중한가? 외국인의 생명은 나의 이윤보다 소중한가? 백인은 어떤가? 흑인은 어떤가? 일본인은 어떤가? 히스패닉은 어떤가? 타인의 생명은 이 나라의 경제성장보다 소중한가? (중략) 예를 들면 이라크인이라거나, 예를 들면 이주노동자라거나, 예를 들면 장애인이라거나, 예를 들면 우리 집에 전기를 가져다줄 송전탑을 짓기 위해 희생되는 밀양 주민들이라거나, 예를 들면 우리집에 안전하게 전기를 가져다주기 위해 서울에서 멀리 떨어진 바닷가에 지어진 핵발전소 주변 주민이라거나, 예를 들면 25번째 사망자가 발생한 쌍용차 해고노동자라거나. 세월호 참사를 받아들이는 우리들의 태도는 어떠한가?. (중략) 우리는 혹시 "죽음"이 아니라 "아이들"의 죽음이 슬펐던 것 아닌가? 나머지는 "감수할 수 있는" 정도의 "숫자"였던 것 아닌가? (중략)

시대의 화두가 된 "가만히 있으라"는, 단지 부패한 정치인, 무능한 정부를 의미하는 말만은 아니다. 생명보다 이윤이 더 중요한 이 신자유주의 체제 신봉을 그만둘 것이냐 말 것이냐의 문제에 답하지 않고, 이 물음은 해결될 수 없다. (중략) 절벽으로 달려가는 열차 안에서, 이 열차의 진로를 가만히 둔다면 기관사의 목을 아무리 갈아끼워도 그것은 "가만히 있는 것"에 불과하다.

(중략) 문제는 방향이다. (중략) 방향을 바꾸는 것만은 안 된다고 믿는 사람들의 생각, 숙련도와 예의범절과 운전법에서 해법을 찾고자 고군분투하는 사람들의 생산성 없는 노력, 이 모든 것들이 곧 "가만히 있으라"는 세상의 명령이다. 그리고 이 명령에 더 이상 따른다는 것은, 우리 모두가 각 생명 사이의 유대를 끊고, 인간성의 상실을 선언한다는 뜻이다.

그러니 가만히 있지 않기 위해서는, 우리는 신전을 엎을 수밖에 없다. (중략) 따라서 우리는 이 자리에서 종교 전쟁을 선포한다. 우리의 종교는 "이윤보다 생명을"을 교리로 하며, 어떠한 신도 섬기지 않는다. (중략) 우리는 현실적인 기계가 되기보다는 비현실적인 인간이 되고자 한다.

위 선언문은 종교적인 메타포로 가득 차 있다. 이것은 단지 수사가 아니다. 한국사회 전반에 만연되어 있는 자본주의적 가치관을 종교적인 차원으로 접근하면서 근원적인 성찰을 요구하는 것이다. 이들의 선언문에서 특히 눈에 띄는 것은 두 가지다. 첫째는 경제성장을 목표로 질주하는 체제의 방향을 바꾸어야 한다는 요청이고, 둘째는 흔히 이윤보다 생명이 중요하다는 말에 끄덕이지만 정말로 '당신의 이윤'보다 자신과 무관하게 느껴지는 '타자의 생명'이 소중한지 모두에게 묻는 것이다. 또한 세월호 사건으로 인한 우리 사회의 슬픔이 혹시 '우리 아이들의 죽음'이라는 특화된 감상은 아닌지 의심한다. 이들이 지적하듯이, 그동안 우리 사회는 배제된 타자들의 죽음 앞에서 담담했다. "국익을 위해 이라크 파병을 해야 한다"는 명제 앞에서 "과연 국익이 있는가? 있다면 누구의 이익인가?"만 갑론을박 되었을 뿐, 정말로 이익이 있다고 하면 다른 사람의 목숨을 빼앗는 일에 나서도 되는지는 질문되지 않았다. 2011년 '아랍의 봄'을 맞은 바레인의 민중들을 향해 쏟아진 최루탄은 한국산이었다. 무기 수출 산업은 '창조경제'로 찬양될 뿐 누구의 목숨을 빼앗는지는 논의되지 않는다. 경제발전과 풍족한 전기에너지를 사용하기 위해 핵발전소 주변 주민들과 송전탑 건설부지 주민들의 삶이 위협

받는 것은 사소한 일로 취급된다. 그들은 그저 숫자이거나 먼 풍문으로만 들리는 아우성이었지, 그들의 삶이 나와 연결되어 있다고 느끼지 못했던 것이다. 세월호 사건으로 죽은 사람 중에는 단원고 학생들이 가장 많은 수를 차지했지만, 일반인 희생자들과 외국인 희생자들도 있었다. 왜 이들은 애도의 대상에서 자꾸만 도외시 되는가. 그것은 '나 혹은 우리'라는 지평이 아직 협소하여, 전 인류의 크기로 확장되지 못하기 때문일 것이다. 하지만 그 재난이 전 인류를 집어 삼킬 만큼 큰 재난이라면 어찌 하겠는가.

세월호 이후, 더 큰 재난의 시작
●

누구나 알다시피 세월호 참사는 규제 개혁과 민영화로부터 출발되었다. 오직 이윤을 위해 선박연령을 20년에서 30년으로 늘리고, 선박 안전성 검사를 민간에 넘기고 관리를 소홀히 했다. 수난구조법을 개정하여 인명구조에 민간업체의 돈벌이가 개입되었으며, 알 수 없는 이유로 인해 구조가 이루어지지 않았다. 그런데 정부는 "적폐를 해소하고, 관피아를 철폐하고, 해경을 해체한다"고 밝혔을 뿐, 규제 완화와 민영화의 기조는 유지하고 있다. 하다못해 참사의 책임을 지고 사퇴하였던 정홍원 총리마저 유임되었다. 대체 무엇이 변했는가.

재난은 흔히 무차별적이고 탈정치적인 것으로 인식되지만, 사실은 지극히 정치적인 사안이다. 특히 세월호 사건은 재난의 원인이나 수습 과정 모두 지극히 정치적인 문제와 결부되어 있다. 한편 재난은 정치를 뛰어넘는 문명사적 사건이 되기도 한다. 가령 9·11 테러나 후쿠시마 사태는 사건 이전과 이후가 다르다는 의미에서 '포스트 9·11'이니 '포스트 후쿠시마'라는 용어가 사용된다. 후쿠시마 사건 직후 일본 사회에서는 탈핵시위가 일어났으며 '재생이 아닌 갱생'이 필요하다는 자성의 목소리가 울려 퍼졌다. 그러나 불과 몇 개월 만에 일본 사회는 (9·11 이후 미국 사회가 그러 했듯이) 심각한 우경화의 길로 접어들었다. 나오미 클라인이 『쇼크 독트린』에서 주장하였듯이, 재난이나 위기를 통해 자본주의가 더 약탈적으로 강화된 형국이다.

'포스트 4·16'의 한국사회는 어떻게 될 것인가. 이윤보다 생명을 중시하는 안전한 민주사회를 만들어갈 수 있을 것인가. 너와 내가 서로 연결되어 있다는 생명의 유대감으로 하나의 대한민국을 만들 수 있을 것인가. 불행히도 그렇게 되지 않을 가능성이 높다. 후쿠시마 사태가 터졌을 때, 전 세계 모든 나라가 핵발전소에 대한 경각심을 높이고, 더 이상의 핵발전소 건설을 승인하지 않겠다는 결의를 다질 때, 바로 옆 한국의 이명박 정부는 아랍에미리트에 핵발전소를 수출하는 일로 분주하였다. 세월호 사건에 대하여 박근혜 대통령이 '사과 아닌 사과'를 하고 총총히 사라졌던 곳 역시 아랍에미리트 핵발전소 건설기공식이었다. 세월호 사건이 일어난 바로 그날, 고리1호기가 재가동 되었다. 2007년도에 이미 설계수명이 완료된 고리1호기가 10년간 연장 가동을 승인받고, 부품 비리와 잦은 고장으로 2013년에 점검에 들어갔다가 4월 16일에 재가동 된 것이다. 규제 개혁의 이름으로 세월호의 수명이 연장되었듯이, 고리1호기의 수명도 별다른 기술적인 이유 없이 30년에서 40년으로 연장되어 운행 중이다. 후쿠시마에서 사고를 일으킨 핵발전소도 수명을 넘긴 노후시설이었다는 사실은 염두에 두지 않는다. 지난 6월 9일에는 울진의 한울핵발전소가 석연치 않은 이유로 가동이 중단되었다. 6월 11일에는 유병언의 체포 작전에 모든 시선이 몰려 있는 사이, 밀양 송전탑 건설을 반대하는 할머니들에 대한 강제집행이 이루어졌다. 할머니들과 함께 자리를 지키던 수녀들은 쇠사슬로 묶인 채 경찰에 의해 들려나왔다. 정부가 밀양 고압송전탑 건설을 강행하는 이유는 국내 전력 사용 때문이 아니라, 아랍에미리트와 맺은 원전 수출 계약 때문이다. 밀양 고압송전탑은 불량 부품 문제로 아직 승인을 받지 못한 신고리 3,4호기에서 만들어지는 전기를 송전하는 시설이다. 신고리 3,4호기는 아랍에미리트에 건설하기로 한 것과 같은 모델로서, 세계에서 아직 가동 중인 곳이 없는 최초 모델이다. 아랍에미리트는 신고리 3,4호기의 정상 운행을 계약 조건으로 삼았기 때문에, 신고리 3,4호기와 밀양 고압송전탑 건설이 지연될 경우 계약의 차질이 빚어진다. 정부는 이를 피하기 위하여 밀양 고압송전탑 건설을 밀어붙인 것이다.

세월호 사건으로 형언할 수 없는 우울증을 앓았지만, 이윤보다 생명을 앞세우는 사회가 저절로 오지는 않는다. 오히려 더 악랄한 방식으로 생명에서 이윤을 뽑아내는 체제가 올지도 모른다. '죽음'이라는 무시무시한 실재를 공통기반으로 삼아, 우리는 말해야 한다. '너의 죽음이 곧 나의 죽음'이라고. 이제는 너의 죽음과 나의 죽음이 더 이상 나뉘지 않는 더 큰 재앙이 오고 있다고.

● 이 글을 쓴 **황진미**는 1970년 생으로 이화여자대학교 의과대학을 졸업한 뒤, 연세대 대학원에서 보건정책학 박사과정을 수료하였다. 진단검사의학 전문의로 재직하던 중 2002년에 《씨네21》을 거쳐 영화평론가로 데뷔하였다. 현재 《한겨레》를 비롯한 여러 매체에 영화나 대중문화 관련 글을 기고하고 있으며, 시사 팟캐스트 〈새가 날아든다〉를 진행하고 있다. 주된 관심 영역은 정치, 대중문화, 페미니즘, 장애 등이다. 공저로 『웃기는 레볼루션』, 『올드보이 백서』, 『김기덕, 야생 혹은 속죄양』 등이 있다.

혼, 숲

: 죽음의 숲에 생명의 영이 있다.

자우녕(사진작가, 비주얼아티스트)

팬티 차림으로 혼비백산 탈출하던 선장.

그 추함과 무책임함에 한 번 놀랐던 국민은 그가 배에 대한 이렇다 할 책임도 없는, 단지 항해 기술자에 불과하다는 데 또 한 번 놀랐다.

직무에 대한 책임감도 자긍심도 없는, 평균에 크게 못 미치는 자. 그는 비정규직이었다. 단순한 항해 이외에 책임감이나 자긍심을 필요로 하지 않는 사람. 하필 그가 그 자리에 있었다. 직무상 책임자였고 그 직무의 형식이 절체절명의 위기에 놓인 이들 모두의 생명을 담보하도록 세팅된 그 순간 그가 그 자리에.

왜가리가 선감도 숲으로 날아든다.

소나무숲이라고 불러도 좋을 야산에 왜가리 한두 마리가 둥지를 틀기 시작하더니 어느새 떼로 몰려든다. 아비 새가 바닷가로 먹이를 찾으러 나간 동안 어미 새는 열심히 둥지를 짓는다. 저마다 알을 낳고 새끼를 키우고 똥을 싼다. 왜가리의 배설물은 비린내가 숲 밖으로까지 퍼져나가 인근 마을주민들의 코와 뇌의 구조를 교란시킨다. 견디다 못한 주민들은 구청에 전화하고 시청에 항의한다. 대문은 물

론 창문까지 꼭꼭 닫는다. 비에 숲이 젖을 때면 배설물도 빗물에 풀어져 비릿한 듯 썩은 내가 배가된다. 하여 창틈은 물론 벽속으로까지 파고 들어올 지경이 된다. 주민들이 이렇게 고통스러울 진대 숲속의 나무, 그 아래의 무성한 잡초들, 풀벌레들은 어떠할까? 나는 비린내를 뚫고 숲으로 들어가 보기로 한다. 입구에 장막처럼 쳐져 있는 잡나무를 헤치고 들어가니 비로소 소나무가 보인다.

아, 그런데 이건 소나무가 아니었다. 뭐랄까 그냥 희끄무레한 나무…. 좀 더 묘사를 한다면 흰 똥으로 범벅된 나무라고나 할까. 푸르른 솔잎은 다 어디 가고 가지들조차 제대로 붙어 있지 않았다. 아래 나뭇가지가 부러지니 새들은 더 높은 가지에 둥지를 튼다. 왜가리의 배설물은 냄새도 지독하거니와 산성 성분이 다량 포함되어 있어 숲의 모든 것들을 부식시켜버린다. 이들은 바삭하게 타버린 풀과 앙상

하게 된 나뭇가지들도 아랑곳하지 않고 그저 제 새끼를 위해 열심히 물고기를 물어온다. 동시에 얼마 남지 않은 나뭇가지를 차지하느라 서로 아귀다툼이다. 그러다 한 마리가 툭 떨어진다. 그렇게 죽어간 새의 시신 주변에는 깃털들이 여기 저기 널브러져 있고 죽은 풀 위로 새의 배설물이 눈처럼 내리고 있다. 이 희디 흰 풍경을 어떻게 이해해야 하나.

숲은 죽음의 장소가 되어버렸다.
권력화된 인간 세상의 법칙 하나.
권리 없는 자들을 내몬 그곳에서 그이들을 헤치는 것은 권력을 가진 자들의 칼이 아니라 그들로부터 내몰린 또 다른 유랑자들이라는 것.

한데 그 사이에서 벌레 한마리가 꿈틀댄다.

모두가 죽은 게 아니다.

아니 그 벌레는 이 숲이 죽음의 장소가 아님을 증언하고 있다.

수많은 세월 동안 생명체들이 그렇게 죽어갔지만,

그곳은 언제나 스스로 살아남았다는 것을, 느릿한 꿈틀거림으로 소리

친다.

악취에 창문을 굳게 닫아버리게 만든 저 소통 불가의 폐쇄 공간에서,

죽음이 아닌 생명 회복을 증언하는 혼의 정기가 느껴진다.

이 숲은 죽음의 숲이 아니라 '혼, 숲'이다.

● 이 글을 쓰고 사진을 찍은 **자우녕**은 미디액트영상센터에서 다큐멘터리 제작 과정을 이수하고 프랑스 마르세이유 조형예술대학에서 비디오아트로 예술학위를 받았다. 현재 경기창작센터 입주작가로 활동하고 있다. 주된 관심 영역은 이주, 디아스포라, 경계이며 이를 주제로 '아트센터 나비'에서 〈후인마이의 편지〉로 개인전을 가졌고 다큐멘터리 「옥희에게」를 제작하였다. 현재는 영상과 설치, 사진과 퍼포먼스, 공공미술 등 현대미술의 다양한 영역으로 작업의 장을 넓히고 있다. 〈흔적〉(경기창작센터 전시관), 〈진혼, 소금을 뿌리다〉(수원미술전시관), 〈혼, 숲〉(Cafe Cammello), 〈유랑하다〉(boda GALLERY Contemporary) 등 5회의 개인전을 가졌으며 다수의 그룹전에 참여했다. 현재 Filtering_소음(별별예술프로젝트 경기문화재단)과 시민예술가 프로젝트(지역문화기획 아이야)를 진행하고 있다.

"고통의 현장에서 희생자와 맺는 관계에 따라 우리는 가해자가 될 수도 있고 방관자가 될 수도 있고 구원자가 될 수도 있다. 「누가복음」의 '선한 사마리아인 비유'에서 강도는 가해자였고, 제사장과 레위인은 방관자였고, 사마리아인은 구원자였다. 이 비유에서 예수가 묻는 것은 "누가 당신의 이웃인가?"가 아니라 "누가 고통 받는 이의 이웃이 되어 주었는가?"다. 세월호는 묻는다. 오늘 누가 희생자들의 이웃이 되어 함께 울고 있는가?"

애도, 기억, 저항*●━━━━━━━━━━━━━━━━━━●
: 세월호 '안의' 민중신학

정경일 (새길기독사회문화원 원장)

재난의 때에 말을 가진 자가 침묵하는 것은

내 백성을 다시 십자가 형틀에 매다는 것과 같다.

- 고정희[1]

4·16 세월호 참사는 "한국전쟁과 맞먹는 상흔"을 남길 거라는 정신과의사 정혜신의 주장이 과장으로 들리지 않는다. 우리는 희망의 한 조각처럼 수면 위로 떠 있던 파란 뱃머리를 무력하게 지켜보며 희망고문을 당했고, 믿을 수 없을 정도로 무지하고 무능하고 무책임한 권력, 자본, 언론, 종교의 악을 목격하며 울화병이 다 생겼다. 불자들이 자주

---

* 이 글은 《기독교사상》 2014년 8월호에 기고한 글을 일부 수정, 보완한 것이다.
1. 고정희, 「밥과 자본주의: 해방절 도성에 찾아오신 예수」, 『모든 사라지는 것들은 뒤에 여백을 남긴다』, 창작과비평사, 1992, p.57

사용하는 고해苦海라는 표현이 지금처럼 생생하고 실제적으로 들리는 때가 또 있을까? 지난봄 한국사회는 세월호와 함께 고통의 바다에 빠졌다.

고통의 바다에서 그리스도인 신학자는 비통한 심정으로 묻는다. "세월호 이후에 신학은 가능한가? 차라리 침묵하는 것이 인간의 예의가 아닐까?" 사회적 고통에 무감하고 무관심한 전통 신학은 불가능하다. 그런 신학은 이미 세월호와 함께 침몰했다. 하지만 고통에 민감하게 반응하고 책임 있게 참여하는 신학은 세월호 이후 시대에 오히려 더 절실하게 필요하다. 한국 현대사 속의 민중신학이 그런 신학이다. 민중신학자 서남동은 민중신학을 "민중의 부르짖음에 대한 메아리"라고 했다.[2] 고통 받는 민중의 부르짖음은 시대를 달리하며 언제나 있어 왔다. 1970년대의 '전태일'이, 1980년대의 '광주 시민'이, 1990년대 이후 '신자유주의의 희생자들'이 참혹한 고통 속에서 부르짖어 왔고, 민중신학은 그 절규에 침묵하지 않고 메아리로 응답해왔다.

2014년 세월호 참사 희생자들의 부르짖음은 그 어느 시대보다도 더 크고 참혹하게 들려오고 있다. 고통의 부르짖음은 세월호 안에서 아이들이 남긴 동영상과 카톡 메시지로, 세월호 밖에서 유가족, 실종자 가족, 생존자 가족의 울부짖음으로, 가만히 있지 않고 분노하며 행동하는 시민들의 함성으로 계속 증폭되고 있다. 고통의 소리가 있는 한 메아리는 사라지지 않는다. 세월호 이후의 시대, 민중신학은 가능할 뿐만 아니

---

2. 서남동, 『민중신학의 탐구』, 한길사, 1983, p.3

라 절실하게 필요하다. "재난의 때에 말을 가진" 민중신학은 침몰하지도 침묵하지도 않는다. 따라서 고통의 바다에서 들려오는 부르짖음에 메아리로 공명하며 참여하는 민중신학을 애도, 기억, 저항의 세 주제로 성찰해본다.

애도: "우는 자와 함께 울라"

●

세월호 이후 사회적 이슈가 된 것 중 하나가 '대통령의 눈물'이다. 참사가 있은 지 한달이 다 되어 가도록 울지도 않고 사과도 않는 박근혜 대통령에 대한 비난과 분노가 임계점을 넘겼을 때인 5월 19일, 박 대통령은 〈세월호 참사 관련 대국민담화〉를 발표하며 비로소 굵은 눈물을 흘렸다. 그러나 그가 흘린 눈물의 진정성에 대한 논란이 끊이지 않았다. 흐르는 눈물을 닦지 않는 부자연스러움이나 카메라 줌인으로 눈물을 강조해서 보여주는 것에 대한 일반적 지적도 있었고, 그의 눈 깜박임까지 세밀하게 분석해 '눈물 연출'을 주장하는 동영상도 있었다. 그런 의혹과 불신에 합리적인 면도 있었지만, 그리 생산적인 논쟁은 아니었다. 자칫하면 전에는 안 운다고 지탄하더니 이제는 운다고 비난한다는 역풍을 맞을 수도 있었기 때문이다. 정말 묻고 분석해야 할 것은 '대통령의 눈물'이 아니라 '대통령의 삶'이었다.

박 대통령의 눈물이 사회적 공감을 얻지 못한 것은 그가 희생자들의 죽음을 진심으로 슬퍼하며 유가족들의 고통을 느끼는 것 같지 않다는 불신 때문이었다. 고통 받는 사람들은 그것을 직관적으로 알아차렸다.

'어버이날' 밤을 거리에서 지새우고 난 후에도 여러 날이 더 지나서야 겨우 대통령을 만날 수 있었던 유가족들의 심정을 '세월호 실종자·희생자·생존자 가족 대책위원회' 유경근 대변인은 이렇게 이야기했다. "과연 우리의 아픔을 공감해주는 사람이 누가 있는가. 저는 공감의 문제라고 생각합니다. …어떠한 상황이고 마음인지 내 것으로 알고 공감할 때 진정한 처방이 나오는 것이라고 생각합니다. 대통령은 그 자리에서 공감한다고 말하고 눈물도 흘려줬지만 결과를 놓고 보면 정말 우리가 원하는 것이 무엇인지 전혀 모르고 있었다는 것이 너무 힘듭니다."[3] 눈물이 아니라 고통을 공감하며 함께 나누는 삶이 중요하다. 눈물의 진정성은 삶의 진정성으로 판명되는 것이다. 유가족들과 시민들은 대통령의 눈물에서 그런 삶의 진정성을 느낄 수 없었다.

그러나 대통령의 눈물은 그의 변함없는 지지자들에게는 통했다. 지방선거 막바지에 위기를 느낀 새누리당 선거운동원들은 눈물 흘리는 박 대통령의 사진을 안고 "대통령을 구하자," "대통령의 눈물을 닦아주자"며 호소했다. 그 '눈물의 정치'와 선동은 6·4지방선거에서도 집권 여당과 정부를 정치적 침몰 위기에서 구해내는 데 작지 않은 역할을 했다. 그리고 그 선동의 대열 중심에 한국교회가 있었다.

세월호의 침몰은 한국교회의 오래된 문제들을 수면 위로 떠오르게 했다. 그중 하나가 애도 기능의 심각한 결손이다. 교회는 사회적 고통을 예방하기는커녕 희생자들을 위한 애도조차 제대로 하지 못했다. 참사

---

3. http://www.catholicnews.co.kr/news/articleView.html?idxno=12520

가 있은 나흘 뒤 부활주일 아침, 많은 교회의 목사들은 4·16 이전에—'이후'가 아니었기를!—미리 준비한 부활의 메시지를 수정 없이 그대로 선포했고, 평신도들은 '아멘'으로 화답했다. 물론 목사들과 평신도들 모두 부활 사건과 세월호 참사를 연결해서 성찰할 수 있는 시간적 여유를 갖고 있지 못했을 수도 있다. 하지만 세월호 이후 한국교회가 일으킨 종교적·사회적 스캔들은 한국교회가 애초부터 애도와 성찰 능력을 갖고 있지 못했던 것이 아닐까 의심하게 한다. 그것은 십자가의 고통은 피하고 부활의 영광만을 선포해온 교회의 '적폐'에서 나온 애도의 무능이었다.

애도의 무능을 적폐라고 표현하는 것은, 능력은 타고날 수도 있지만 그보다는 훈련을 통해 길러지는 것이기 때문이다. 훈련의 핵심은 '반복'이다. 그리스도인들이 평소 꾸준히 사회적 고통에 민감하게 반응해왔다면, 그들은 고난주간이 끝난 후 부활의 아침에도 지속되고 있었던 4·16 참사의 고통에 조금은 덜 당황하며 응답하고 참여할 수 있었을 것이다. 위기 관리/재난 대응 매뉴얼도 잃어버리고 제대로 훈련도 하지 않았던 정부가 참사 앞에 우왕좌왕했던 것처럼, 이웃의 고통에 무관심한 채 그들만의 안전한 방주로 존재해왔던 교회도 무엇을 어떻게 해야 할지 몰라 갈팡질팡했다. 그나마 수면 위로 떠 있던 뱃머리마저 물 밑으로 잠겨버린 부활의 아침, 교회도 침몰해버렸다.

그것이 교회 침몰 사태의 끝이 아니었다. 교회는 무능하기만 한 것이 아니라 무지막지했다. 처음에는 참사의 충격에 압도 되어 차마 속마음을 드러내지 못하고 있던 교회 권력자들이 시간이 흐르자 하나둘 입을

열어 충격적 발언을 하기 시작했다. 한국기독교총연합회 부회장 조광
작 목사는 "가난한 집 아이들이 수학여행을 설악산이나 경주 불국사로
가면 될 일이지, 왜 제주도로 배를 타고 가다 이런 일이 빚어졌는지 모
르겠다"고 말했고, 사랑의교회 오정현 목사는 정몽준 서울시장 후보의
아들이 희생자와 실종자 가족들을 "미개하다"고 비난한 것은 틀린 말
이 아니라고 거들었다. 명성교회 김삼환 목사는 하나님이 침몰하려는
나라를 구하기 위해 아이들을 희생시키며 세월호를 침몰시켰다고 설교
했다. 그 외에도 여러 대형교회 목사들이 앞다퉈 사회적 상식과 윤리에
반하는 말을 이어갔다. 스스로 한국교회의 지도자들이라 일컫는 이들
의 그런 발언은 개인적이고 예외적인 설화舌禍일까, 아니면 한국교회 주
류의 실제 생각과 믿음을 대변한 것일까?

　한국교회의 무지막지함은 근본적 무지에 뿌리를 두고 있다. 희생자의
고통에 대한 무지가 그것이다. 교회 권력자들은 희생자의 관점에서 사
태를 바라보지 않는다. 조광작 목사가 했던 "박근혜 대통령이 눈물 흘
릴 때 함께 눈물 흘리지 않는 사람은 모두 다 백정"이라는 발언은 한국
교회 지도자들이 함께 울고자 하는 이가 희생자가 아니라 권력자임을
드러낸다. 김삼환 목사가 정부를 비판하지 말라고 한 것이나, 오정현 목
사가 유가족을 되레 비난한 것도 모두 권력의 눈으로 사태를 보았기 때
문이다. 지방선거 직전인 2014년 6월 1일, 명성교회에서 '세월호 참사
위로와 회복을 위한 한국교회 연합기도회'에 초대받아 인사말을 한 이
는 유가족 대표가 아니라 박 대통령이었다. 박 대통령은 "우는 자와 함
께 울라"는 성구를 인용하며 교회에 감사했고, 교회 지도자들은 '대통

령의 위로와 회복'을 위해 기도했다.

한국교회의 이런 행태는 새롭지도 놀랍지도 않다. 한국교회는 신자유주의적 발전과 성공주의의 탐욕을 종교적으로 지원하며 정당화해왔다. 민중신학자 김진호는 한국사회에서 발전지상주의가 제도화되는데 있어 교회의 책임이 있으며, "교회는 성공에 미친 사회를 추동하는 역사적 세력"이라고 비판한다.[4] 조광작 목사가 문제의 발언을 한 한기총 '긴급' 임원회의 안건도 유가족을 위로하기 위한 것이 아니라 박근혜 정부의 경제 활성화 대책에 부응하기 위한 전통시장 방문 행사를 안산에서 가질 것인가 말 것인가에 대한 것이었다. 탐욕의 경제가 세월호를 침몰시켰는데, 교회가 경제 활성화의 든든한 후원자 역할을 하고 나선 것이다. 이처럼 교회는 희생자들을 애도하며 그들의 한을 풀어주는 '한의 사제'가 아니라 권력과 자본의 탐욕을 축복해주는 '탐욕의 사제'였다. 탐욕의 사제들이 탐욕이 죽인 희생자들을 애도하지 않은 것은 어쩌면 당연한 것이었다.

한국교회가 희생자가 아니라 가해자인 권력과 자본과 동맹하는 것은 신학적으로 그들의 신정론[theodicy]과 관련이 있다. 세월호 참사를 지켜보며 그리스도인들은 물었다. "무고한 아이들이 죽어가는 동안 전능한 하느님은 무엇을 하고 계셨는가?" 그것은 고통과 악의 현실에서 하느님 [theos]의 의[dike]를 찾는 신정론의 오래된 물음이다. 그런데 전통적 신정론의 목적은 '하느님을 변호하는 것'이다. 그 어떤 상황에서도 하느님의

---

4. 김진호, 「후쿠시마 이후 선교는 가능한가」, 《제3시대》 25/26호(2011.10), p.43

전능함과 의로움이 부정되어서는 안 되기 때문에 전통적 신정론은 결국 고통과 악을 신적 의지와 계획의 일부로 설명한다. 문창극 총리지명자가 일제 강점과 분단이 하느님의 뜻이었다고 주장한 것이나, 김삼환 목사가 세월호 참사를 하느님이 주신 기회라고 한 것도 그런 전통적 신정론의 영향 때문이다. 전통적 신정론의 '악'은 희생자의 고통을 하느님의 뜻이라고 함으로써 가해자에게 면죄부를 주는 것이다. 그런 논리대로라면 세월호의 선장도 한국호의 선장도 일본 천황도 하느님의 뜻에 따라 필요한 역할을 한 것이 된다. 결국 희생자가 아니라 하느님을 변호하느라 가해자인 악인을 변호하게 되는 것이다. '하느님의 의'를 변호하는 대형교회 목사들이 '대통령의 의'를 변호하는 것도 그런 신정론과 무관하지 않다.

반면 민중신학적 신정론은 하느님이 아니라 민중을 변호하고 편든다. 민중신학은 민중의 고통에 침묵하는 하느님을 향한 항의도 피하지 않는다. 민중신학은 하느님의 전능보다 하느님의 전적인 선을 더 중시한다. 전지전능하면서도 홀로코스트, 히로시마/나가사키 원폭, 한국전쟁, 킬링필드, 5·18 광주학살, 르완다 인종학살, 9·11 테러, 4·16 참사와 같은 고통과 악을 허락한 하느님은 '악한 하느님'일 수밖에 없기 때문이다. 이처럼 전능하지만 구원하지 않는 하느님은 독일의 정치신학자 도로테 쵤레Dorothee Sölle가 비판한 '새디스트 하느님'이다. 반면 극단적 고통과 악의 세상에서 하느님의 선을 주장할 수 있게 하는 유일한 이해는 '약한 하느님'이다. 그런 하느님은 민중신학이 고통의 역사에서 만난 '민중과 함께 고통 받는 하느님'이다. 초기 민중신학자들에게 영감을 준 김지하의 「금관의 예수」는 그런 약한 하느님을 약한 메시아를 통해 보여준다. 예수는 민중과 함께, 민중의 하나로 고통을 겪는다. 전능하신 하느님 예수가 민중을 구원하는 것이 아니라 가난하고 나약한 민중이 교권과 금권에 갇힌 예수를 구원한다. 민중이 스스로를, 그리고 하느님을 구원한다. 이런 민중신학적 신정론은 인정론anthropodicy이다.

악의 어둠이 짙을수록 선의 빛은 더 밝게 드러난다. 한국교회의 애도 불능은 참된 애도가 무엇인지를 식별할 수 있게 해주었다. 참된 애도는 신학적 언어 이전의 인간적 울음이다. 고통 받는 이들과 함께 우는 것이다. 감리교신학대학교 신학생들이 지난 5월 8일 광화문광장 세종대왕 동상에 올라가 기습 시위를 할 때 읽은 성명서는 "우는 자들과 함께 울라"(「로마서」 12:15)는 성구를 포함하고 있다. 그것은 단지 우는 자들을 '위해' 울라는 것이 아니라 그들과 '함께' 울라는 것이다. 여기에서 바울이 말하는 '함께'는 장소성이 아닌 관계성이다. 고통의 현장에서 희생자와 맺는 관계에 따라 우리는 가해자가 될 수도 있고 방관자가 될 수도 있고 구원자가 될 수도 있다. 「누가복음」의 '선한 사마리아인 비유'에서 강도는 가해자였고, 제사장과 레위인은 방관자였고, 사마리아인은 구원자였다. 이 비유에서 예수가 묻는 것은 "누가 당신의 이웃인가?"가 아니라 "누가 고통 받는 이의 이웃이 되어 주었는가?"다. 세월호는 묻는다. 오늘 누가 희생자들의 이웃이 되어 함께 울고 있는가?

진정한 애도는 또한 고통 받는 이의 마음으로 우는 것이다. 바울은 "우는 자와 함께 울라"는 권면에 이어서 그 '함께'를 '옆'이 아닌 '안'으로까지 가지고 들어가라고 한다. "서로 한마음이 되십시오(「로마서」

12:16)." 우는 자와 같은 마음이 되라는 것이다. 우는 자의 마음으로 울라는 것이다. 우는 자의 마음으로 흘리는 눈물은 연쇄 반응을 일으킨다. 우리를 따라 울게 한 것은 '대통령의 눈물'이 아니라 '보통 사람들의 눈물'이었다. 유가족의 눈물, 죽어간 단원고 학생들과 같은 또래 청소년들의 눈물, 멀리 있어 더 안타까워서 《뉴욕타임스》에 광고 게재 운동을 하며 울었던 해외동포의 눈물, 그렇게 타인의 아픔을 자신의 전 존재로 느끼며 우는 이들의 눈물이었다. 타인의 고통에 무관심한 이들의 눈물과 타인의 고통을 자기 것으로 느끼며 함께 우는 이들의 눈물이 같을 리 없다. 그들이 흘리는 눈물의 화학적 염도는 차이가 없을지 모르지만 그들이 보이는 삶의 인간적 염도에는 비교할 수 없는 차이가 있다.

교회의 애도 불능과 비교해보면 4·16의 직접적 피해자인 유가족과 간접적 피해자인 시민사회가 보인 애도는 교회의 애도보다 더 종교적이었다. 그들은 타자를 위해 애도하는 것을 넘어 타자의 고통을 자신의 고통으로 느끼는 애도를 나타냈다. 그 애도는 신체적이기까지 했다. 세월호 이후 시민들의 가슴은 시퍼렇게 멍이 들었다. 웃다가도 울고, 기뻐하다가도 슬퍼하고, 아무 것도 할 수 없어 한없이 미안해했다. 정상적으로 사는 것이 오히려 비정상적으로 느껴질 정도였다. 그들은 유가족과 한마음, 한몸이 되었다. 팽목항 자원봉사자들의 수칙에는 "우리는 가족"이라고 적혀 있었다. 불이(不二)의 애도였다. 그렇게 한마음, 한몸으로 함께 우는 시민들은 무능하고 무책임하고 무정한 정부의 행태에 분노하여 물었다. "이것이 국가인가?" 그들은 같은 이유로 실망하며 한국교회에 묻는다. "이것이 교회인가?" 그 물음에 정직하게 답할 수 있을 때에만 '세월호 이후'의 신학이 가능할 것이다.

기억: 세월호 '안의' 가난과 죽음
●

기억은 과거와 현재를 잇는 다리이다. 기억을 통해 우리는 과거에 경험한 것을 현재 시점에서 재경험한다. 또한 기억의 다리는 그 위로 걷고 있는 개인과 공동체의 정체성도 형성해 준다. 기억의 연속성을 통해 '나'가 되고 기억의 공유를 통해 '우리'가 된다. 인간은 기억함remember으로서 자신과, 공동체와 다시re 하나가member 된다. 그 하나 됨은 삶과 죽음의 경계도 넘는다. 독일의 가톨릭 신학자인 요하네스 메츠는 고통의 기억을 통해 산 자는 죽거나 잊혀 말을 할 수 없는 이들과도 연대할 수 있다고 한다.[5] 이처럼 기억은, 인간을 경계를 넘어 서로 기대고∧ 관계하는∬ 존재가 되게 한다.

그런데 기억은 복수적이고 복합적이다. 사건은 하나지만 기억은 여럿이다. 주체의 관점에 따라 사건이 다르게 기억되기 때문이다. 각 주체는 자신에게 중요한 것 혹은 자신이 잊지 않고 싶은 것을 선택적으로 기억한다. 심지어 자기가 원하는 방식으로 기억을 창조하거나 왜곡하거나 조작하기도 한다. 특히 국가폭력의 경우 기억의 복수성과 복합성이 더욱 분명하다. 가해자인 국가권력은 사건의 공식적 기억을 만들고, 그것과 다른 피해자의 기억을 억압한다. 피해자는 대항 기억으로 국가권

---

5. Johann Baptist Metz, *Faith in History and Society: Toward a Practical Fundamental Theology*, New York: The Crossroad Publishing Company, 2007, p.124

력의 공식적 기억에 맞선다. 따라서 사건의 진실을 다투는 기억 투쟁이 벌어진다.

이념적 갈등이 격렬했던 한국 현대사에는 이런 기억 투쟁의 사례가 많다. 예를 들면, 제주 4·3을 가해자인 국가권력은 '반란'으로 기억하지만 피해자인 제주 민중은 '학살'로 기억한다. 광주 5·18도 국가권력은 '폭동'으로 기억하지만 광주 시민은 '민주화운동' 혹은 '민중항쟁'으로 기억한다. 피해자들의 기억 투쟁은 고통스럽고 지난하게 전개되긴 했지만, 결과적으로는 어느 정도 성공적이었다. 4·3은 66년 만에, 5·18은 17년 만에 국가권력의 공식적 기억을 피해자의 기억으로 수정하거나 대체했다. 그런데 이런 공식적 기억의 수정과 대체 가능성은 피해자들에게 희망과 불안을 동시에 갖게 한다. 기억 투쟁을 통해 그들의 대항 기억으로 국가권력의 공식적 기억을 대체할 수 있지만, 그 공식적 기억 역시 정치적 역관계의 변화에 따라 언제라도 다시 다른 기억으로 바뀔 수 있기 때문이다. 최근의 교학사 역사교과서 논쟁도 정치권력의 변화가 국가의 공식적 기억에 미치는 영향을 보여 준 사례다.

4·16 세월호 참사도 기억 투쟁을 피할 수 없다. 이미 가해자인 권력과 자본의 의도에 따라 사건의 표층 원인—유병언과 구원파의 종교적 광신, 선장과 선박 승무원들의 도덕적 해이, 소위 관피아의 적폐—이 선택적으로 기억되고 있고, 사건의 심층 원인—권력과 자본의 구조적 책임—은 은폐되고 왜곡되고 조작되고 있다. 도대체 자기 아이들이 왜 죽었는지 만이라도 알아야겠다며 유가족이 요구한 '세월호 참사 특별법'은 희생자 부모들이 목숨 걸고 단식을 하고 생존한 청소년들이 안산에

서 국회까지 도보 행진을 해도 제정되지 않았다. 그럴수록 피해자들은 기억의 왜곡과 유실을 막기 위해 더 필사적으로 기억 투쟁을 벌였다.

여기에서 중요한 것은 기억의 대상은 과거의 사건만이 아니라 현재의 사건이기도 하다는 사실이다. 현재 경험하고 있는 사건을 기록하는 행위가 곧 기억 과정의 일부다. 4·16에는 과거의 4·3이나 5·18에는 없던 현상이 하나 있다. 정보 획득의 실시간성이다. 세월호가 침몰한 이후 고통과 죽음의 이미지와 이야기가 언론을 통해 실시간으로 전파되었다. 이 실시간성이 중요한 이유는 권력과 자본의 정보 독점이나 일방적 편집이 용이하지 않게 되었기 때문이다. 물론 언론 매체들은 특정 관점으로 선택하고 해석한 정보를 전파하지만, 시민들은 그것을 재료로 하여 전혀 다른 관점의 분석과 주장을 만들어낸다. 그들은 제도 언론이 전유한 정보를 대안적 해석을 위한 정보로 재전유할 수 있는 자율성과 수단을 가지고 있다. 제도 언론을 불신하는 피해자들과 시민들은 스스로 사태를 기록한다. 심지어 세월호 안에서 죽어가던 아이들까지도 자신들의 최후를 영상으로 기록하고 문자로 남겼다. 죽은 자와 산 자 모두 기록자요 기자가 되었고, SNS는 '사용자 제작 뉴스User-Created News'를 공유하는 장이 되었다.

이런 주체적이고 자율적인 관찰, 기록, 분석이 바로 공식적 기억을 구성하는 것은 아니다. 앞에서 언급했듯이, 눈앞에서 벌어지고 있는 사건도 주체의 관점에 따라 다르게 기록되고 기억된다. 세월호 참사의 실시간적 정보에서 여러 기억들이 실시간적으로 생산되는 것이다. 물론 각각의 기억이 단지 개인적인 것은 아니다. 개별적 주체는 특정한 관점을 선택하지만, 그 관점을 공유하는 이들이 공적·사회적 기억의 공동체를 형성한다. 특정한 관점으로 선택하고 공유한 기억을 통해 사람들은 결속하거나 배제한다. 이처럼 선택이 불가피하고 기억이 복수적이라면, 중요한 것은, 어떤 관점을 선택할 것인가이다.

민중신학은 희생자 중심의 관점을 선택한다. 그것은 세월호 참사 희생자들의 관점에서 4·16을 기록하고 기억하는 것이다. 한 추모미사에서 대책위 유경근 대변인은 호소했다. "어떤 말도 위로가 될 수 없습니다. 다만 이렇게 이야기해주십시오. '한달 뒤에도 잊지 않겠습니다. 1년 뒤에도, 10년 뒤에도, 평생 잊지 않겠습니다.' 그것이 저희에게는 가장 큰 힘이 됩니다. 저희가 가장 두려워하는 것은 잊히는 것입니다. 우리 아이들이 잊히고 우리가 잊히는 것입니다."[6] 민중신학은 기억의 신학 운동이다. 민중신학은 십자가 처형을 당해 죽은 예수와 역사 속 희생자들의 고통과 죽음을 기억함으로써 그들과 다시 하나 되어왔다. 세월호 사회의 민중신학이 모든 힘을 기울여서 해야 할 것은 희생자들이 잊히지 않도록 하는 것이다. 그것을 위해서 고통 받는 이들의 이야기를 경청해야 한다. 민중신학자 안병무는 "민중의 이야기를 듣고 말하는 것이 민중신학"이라고 했다.[7] 오늘의 민중신학은 희생자들의 이야기를 귀 기울여 듣고 말해야 한다. 오늘 희생자들이 가장 절실하게 바라며 말하고 있는 것은 진상 규명이다. 이 진상 규명은 그 어느 때보다도 치열한 기

6. http://www.catholicnews.co.kr/news/articleView.html?idxno=12520
7. 서광선, 「아시아 속의 민중신학: 아시아 신학의 시각에서」, 『안병무 신학 사상의 맥 II』, 한국신학 연구소, 2006, p.166

억 투쟁이 될 것이다.

그런데 침몰과 구조 실패의 원인은 '세월호 이후'만을 추적해서는 규명할 수 없다. 왜 세월호가 진도 앞바다에서 침몰했는지, 왜 아이들이 빠져나오지 못하고 죽었는지 규명하려면, 세월호가 지나온 죽음의 항로를 모두 기억해야 한다. 세월호의 침몰은 고통의 시작이 아닌 결과이기 때문이다. 즉 세월호 참사는 우연적 사건이 아니라 제국주의 강점, 분단, 전쟁, 독재, 산업화, 신자유주의로 연속된 사회적 악의 필연적 결과인 것이다. 세월호 이전에도 우리 사회의 '세월호들'이 하나둘 침몰해왔다. 우리의 삶은 언제나 세월호 '안의' 삶이었다.

우리가 '세월호 사회' 안에서 경험해온 것은 '가난'과 '죽음'이다. 어느 유가족이 안산 합동분향소에 한탄의 글을 남겼다. "그동안은 가난했지만 행복한 가정이었는데, 이제 널 보내니 가난만 남았구나." 가난한 그는 세월호 '이전'에도 '이후'에도 가난하다. 차이는, 그나마 있던 작은 행복조차 아이의 죽음과 함께 사라져버렸다는 것뿐이다. 가난한 사람들은 언제나 세월호 안에서 살아왔다. 가난한 이들은 오늘도 과적 상태의 신자유주의 세월호 안에서 돈과 물질보다 못한 대우를 받으며 죽어가고 있다.

물론 우리 사회가 절대적 빈곤은 극복했다고 주장하는 이들도 있다. 최소한 굶어 죽는 사람은 없고, 한국의 가난한 사람들은 극빈 국가들의 가난한 사람들과 비교하면 넉넉한 생활을 하고 있는 것이라고 주장한다. 과연 그럴까? 『빈곤을 보는 눈』을 쓴 신명호는 세월호 침몰 이후에 열린 한 집담회에서 가난한 사람은 절대적 빈곤선 아래의 삶을 사는 이들이 아니라 그 사회의 평균적 삶의 수준보다 절반 수준 아래의 삶을 사는 이들이라고 정의했다. 그는 이런 기준으로 보면 한국인의 15% 정도는 여전히—그리고 앞으로도—가난한 사람이라고 주장했다.[8] 가난은 상대적이다. 신자유주의 자본주의 사회에서 전체적 부의 양이 팽창하더라도 가난한 사람은 늘 존재한다. 그리고 풍요로운 사회에서 그들이 느끼는 상대적 빈곤의 무게만큼 그들이 느끼는 비참의 무게도 커진다. 그 비참의 무게를 더 이상 견디지 못할 때 가난한 자들은 죽음을 선택한다.

신자유주의 사회에서 가난과 죽음은 연결되어 있다. 세월호에서 250명의 청소년들이 죽임 당했지만, 2012년 한해 동안 336명의 청소년들이 스스로 목숨을 끊었다. 어린 청소년들만이 아니라 청년, 여성, 노인의 자살률도 세계 최고 수준이다. 세대의 차이에도 불구하고 자살의 가장 큰 이유는 경제적 가난이다.[9] 가난한 이들은 '살기 싫어' 죽는 것이 아니라 '살 수 없어' 죽는다. 삶이 지겨워서 죽는 것이 아니라 삶이 지옥 같아서 죽는다. 지금 여기에서 지옥을 사는 이들이 지옥을 떠나기 위해 죽음을 선택한다. 가난과 죽음의 세월호 사회는 구스타보 구티에레즈의 "가난한 자는 자신의 명보다 일찍 죽는 사람"[10]이라는 정의를 비통

---

8. 시민행성 집담회, 〈우리 시대의 이웃과 신을 말하다〉 (2014.5.3)

9. 2011년 한해 동안 15세 이상 국민의 9.1%가 자살충동을 느낀 적이 있고, 그 이유 중 '경제적 어려움'이 39.5%로 가장 많았다. 통계청, 《2012년 사회조사결과》, p.33

10. Gustavo Gutiérrez, *The Power of the Poor in History: Selected Writings*, Maryknoll, N.Y.: Orbis Books, 1983, p.89

하게 확인해준다.

또한 스스로 죽음을 선택하는 이들도 있지만 자기 의지와 무관하게 '구조적 죽임'을 당하는 이들도 있다. 세월호 이후 '안전'에 대한 관심이 사회적으로 확산되고 있지만, 삶의 구조적 불안정성에 시달리며 살아가는 사람들이 여전히 너무 많다. 2013년에 한국의 산업재해자 수는 91,824명에 이른다. 그 중 사고재해로 사망한 노동자가 1,090명, 질병 재해로 사망한 노동자가 839명이었다.[11] 한해 2천여 명이, 약 네 시간마다 한 명씩, 산업재해로 목숨을 잃은 것이다. 또 하나의 부끄럽고 비참한 'OECD 1위' 항목이다. 우리 사회는 세월호 이전에 이미 죽음의 세월호였다.

죽는 자만이 아니라 산 자도 괴롭다. '자살률 최고'가 삶의 불안정성에 대한 자기 파괴적 반응을 보여주는 지표라면 '출산율 최저'는 자포자기적 반응을 보여주는 지표다. 구조적 불안이 개인적 불안과 불행을 낳고, 그 불행이 죽음 혹은 비-생명을 초래하는 것이다. 그래도 태어나 자라는 아이들은 세월호 이전에는 '정규직'을 희망했지만, 세월호 이후에는 '살아남는 것'을 희망한다. 사는 게 사는 게 아니다. 불안감, 불행감, 피로도, 자살률의 수치로 보면 한국사회의 '국민총고통Gross National Suffering'은 세계 최악 수준일 것이다.

4월 16일, 세월호가 가라앉으면서 이전의 세월호들인 가난과 죽음이 떠올랐다. 그 세월호 사회 안의 오래된 고통을 기억하지 않는다면 4·16

---

11. 고용노동부, 《2013년 산업재해 발생현황》.

의 기억은 온전할 수 없다. 우리 사회를 죽음의 바다로 끌고 와 빠뜨린 세월호들의 항로를 모두 기억하지 않는다면 참사의 근본적 진상 규명을 할 수 없다. 그러면 또 다른 세월호들이 죽음의 항해를 계속할 것이다. 여기에서 중요한 것은 세월호 안의 죽음은 '사회적 타살'이라는 면에서 '죽임'이라는 사실이다. 그 사실은 민중신학자들에게, 그리고 우리 모두에게 비통함과 함께 희망을 준다. '죽임'은 멈출 수 있기 때문이다. 서남동은 말한다. "죽음死의 문제를 해결한 사람은 아직까지 하나도 없습니다. 그러나 형제가 형제를, 이웃이 이웃을, 동포가 동포를 죽이는 '살殺'의 문제는 우리가 마음 고쳐먹고 회개하고 제도를 달리하면 어느 정도 해결의 가능성이 있는 문제입니다."[12] 회개, 곧 전환이 죽임의 항해를 멈출 수 있는 것이다.

저항: 전환과 전복

●

가난과 죽임의 체제에서 살아남는 방법은 세 가지다—협력하는 것, 달아나는 것, 달려드는 것. 협력하거나 달아나면 자기 하나는 살릴 수 있겠지만 제2, 제3의 세월호가 나타나는 것을 막을 수 없다. 모두가 함께 살려면 가만히 있지 말고 세월호 사회의 항로를 바꾸기 위해 달려들어야 한다. 행동해야 한다.

그렇다면 무엇을 향해 달려들어야 할까? 탐욕과 경쟁의 신자유주의

---

12. 서남동, 앞의 책, p.247

다. 소설가 공지영이 부각시킨 '의자놀이'의 은유는 타인과의 경쟁을 통해서만 살아남을 수 있다고 믿게 하며 몰아붙이는 신자유주의적 체제와 삶의 잔인함과 폭력성을 극명하게 보여준다. 남이야 어찌 되든 나만 앉으면 된다. 모두가 적이다. 안전하고 안락한 의자에 앉으려고 다투는 아수라장에서 밟히고 밀려나고 탈락하는 타인을 동정하지 않는다. 그들의 고통을 보며 "나는 무관하다"고 생각하고 "나는 무사하다"고 안심한다. 이런 신자유주의적 삶의 방식은 "제각기 살아 나갈 방법을 꾀하는" 각자도생各自圖生의 길이고, 경쟁에서 이기는 자만 살아남는 강자독생强者獨生의 길이다.

그러나 탐욕의 체제에 순응하며 악착같이 경쟁해 이기더라도 최종적·영구적 승리는 없다. '노동 없는 자본주의,' '고용 없는 성장'이 점점 더 지배적 현실이 되어가는 시대에 의자는 더욱 줄어들 것이다. 구직자, 실직자만 불안하고 고통스러운 게 아니다. 노동운동가 김진숙은 "오늘의 정규직은 내일의 비정규직"일 수 있음을 상기시켜 준다. 정규직 노동자도 비정규직이 될 수 있고 실직자가 될 수 있기에 늘 불안하다. 비극은 그 불안이 사람들을 더 모질게 하여 신자유주의적 의자놀이에 더 몰두하게 하는 것이다. 정규직 노동자들이 비정규직 노동자들의 고통을 방관하고, 앉은 자들이 앉지 못한 자들의 고통을 모른 척한다. 다 자신의 안전을 위해서지만, 타인의 고통을 대가로 얻는 개인의 안전이 행복을 줄 수 없다. 의자에 앉지 못한 자도 앉은 자도 모두 불안하고 불행하다.

고통이 사람들을 깨우친다. 의자놀이 사회, 세월호 사회에서 불안하고 불행하게 살아온 시민들은 4·16 이후 이대로는 살 수 없다고 각성하기 시작했다. 세월호 이전에는 가만히 있던 이들도 더 이상 가만히 있지 않고 행동한다. 그들의 참여와 행동은 전통적 사회운동의 조직화와 주도 없이 자발적·자율적으로 이루어진다. SNS를 활용해 개인이 집단적 행동을 불러일으키기도 한다. 대학생 용혜인 씨는 지난 4월말에 "가만히 있으라—침묵행진"을 제안하여 매번 수백 명이 참여하는 직접행동을 여러 차례 주도했고, 두 차례나 연행되었다. 그 외에도 엄마들, 고등학생들, 동네 주민들처럼, 기존의 조직 운동에 참여하지 않던 시민들이 진상 규명과 책임자 처벌을 위한 행동에 나서고 있다. 물론 이런 시민 행동이 세월호 '이후'의 새로운 현상은 아니다. 이미 십여 년 전부터 확산되며 사회운동 양식의 변화를 가져온 '촛불시위'는 시민의 자율적·자발적 행동을 상징한다. 또한 지금의 시민 행동이 1987년의 6·10 민주항쟁이나 2008년의 촛불시위보다 더 큰 규모인 것도 아니다. 하지만 세월호 이후의 시민 행동에는 삶의 근원적 변화를 바라는 의지가 담겨 있다.

근원적 변화가 쉬운 일은 아니다. 신자유주의는 세월호를 단번에 전복시켰지만, 우리가 신자유주의 체제 안에서 적당히 항의하고 적당히 타협하며 살아가는 한, 신자유주의를 단번에 전복시키는 것은 어렵다. 그것은 우리 자신의 전복이기도 하기 때문이다. 하지만 전복이 불가능한 시대에도 '전환'은 가능하다. 전환이란 무엇으로부터 무엇에게로 돌아서는 것이다. 예수가 가르친 메타노이아(회개)가 그것이고, 안병무가 제시한 탈脫/향向이 그것이다. 그것은 탐욕에서 생명의 가치로, 이기적 삶의 방식에서 이타적·공동체적 삶의 방식으로 돌아서는 것이다. 거리에 나선 시민들이 들고 있는 "사람이 먼저다" 또는 "돈보다 생명"이라는 손팻말은 세월호 침몰의 근본 원인이 탐욕과 경쟁의 신자유주의 체제이며, 그 체제로부터 전환해야만 살 수 있다는 각성과 각오를 표현한다.

탐욕의 체제로부터 전환하는 것은 우리 자신을 향한 저항이다. 우리가 사회다. 세월호 사회의 항로를 바꾸려면 그 사회를 구성하고 있는 우리 자신도 바꾸어야 하는 것이다. 물론 우리 모두 세월호 참사에 책임이 있다는 '내 탓이오' 운동을 하자는 것은 아니다. 죽임의 구조를 비판하기보다는 "나부터 회개"하자며 '회초리 기도회'를 갖자는 것도 아니다. '내 탓이오' 운동의 한계는 참사의 구체적이고 구조적인 원인을 밝히지 못하거나 은폐하는 것이다. 베르톨트 브레히트가 "우리 시대의 악은 이름과 주소를 가지고 있다"고 말한 것처럼, 세월호를 침몰시킨 악의 세력이 분명히 존재한다. 그 악의 이름은 탐욕이고 그 주소는 신자유주의다. 내탓이오 운동이 저항적 의미를 얻으려면, 우리의 집단적 이름이 탐욕이고 우리의 주소지가 신자유주의임을 분명히 해야 한다. 내 안의 신자유주의, 내 안의 세월호를 알아차리고 참회 혹은 전환할 때에만 죽임의 항해를 끝낼 수 있다.

전환은 용기를 필요로 한다. 사람들은 신자유주의적 의자에 앉을 때 얻게 될 안전감을 포기하는 것, 세월호 사회 안에 가만히 있지 않고 밖으로 뛰어내리는 것을 위험하다고 여기며 두려워하기 때문이다. 하지만 더불어 함께라면 두려움을 덜 느낄 수 있다. 오늘의 민중신학이 할 수 있고 해야 하는 일은 개인들에게 신자유주의적 체제와 삶으로부터 전환하는 것이 사는 길임을 깨닫게 하는 것이고, 그 개인들이 연대하여 전환의 삶을 함께 살 수 있도록 격려하며 용기를 주는 것이다.

그것을 위해 민중신학은 '민중교회'의 역사적 경험에 다시 관심을 기울여야 한다. 안병무는 "예수와 민중이 만나는 현장"에서 "교회의 원형"을 찾아야 한다고 했다.[13] 20세기의 민중교회는 민중과 함께 하는 교회의 원형으로 시작된 운동이었다. 1987년 민주화 이후 민중교회 운동이 약화되어 왔다고 하지만, 사실 진화해왔다고 보는 것이 더 정확할 것이다. 물론 과거의 '계급 교회'로서의 민중교회는 쇠퇴했지만, 다중적 고통의 부르짖음이 더 크게 들리는 21세기의 민중교회는 다양한 형태의 '대안교회'로 계속 존재하고 있다. 민중신학자 권진관은 민중교회 활동이 복지, 마을공동체 운동, 청소년 운동, 생태환경 운동, 외국인노동자 운동, 평신도교회 운동 등 다양한 분야로 확대되고 전문화되고 있음을 강조하며, 그런 교회들의 "연대체"를 "21세기의 민중교회"로 정의한다.[14]

이런 21세기적 민중교회 운동은 전환을 통한 전복을 꿈꿀 수 있게 한다. 국가를 한 번에 바꾸는 정치적 변혁은 어려워도 생활공동체를 바꾸는 문화적 변혁은 불가능하지 않다. 오늘의 민중교회 혹은 대안교회는 탈-신자유주의적 삶을 꿈꾸는 공동체, 마을, 지역과 동맹하여 공생共生의 사회를 만들어야 한다. 그런 탈/향의 전환이 우리 시대의 전복이다. 지난해 '생명평화마당'이 주최한 '작은 교회 박람회—작은 교회가 희망

---

13. 안병무,『민중신학 이야기』, 한국신학연구소, 1987, p.160
14. 권진관,「민중 없는 민중의 교회?-한국 민중교회 어디로 가고 있나」,《역사비평》89호, pp.230-231

이다'도 그런 탈/향적 전환과 전복의 상상력을 보여주었다. 이정배 교수는 '작은 교회'의 의미를 다음과 같이 요약한다. "작다는 말은 종래와 같은 기형적(자본화된) 성장을 거부하는 것이자 좀 더 다양해지는 것(카리스마 공동체)이며 역사적 뿌리에 충실한 것(언더그라운드 교회)이고 종국에는 치열하게 대안적 신앙 양식을 창출하는 것을 함의한다."[15] 세월호 이후/안의 한국사회에서 민중교회 혹은 작은 교회는 체제에 투항하거나 도망가지 않고 달려든 이들, 탐욕과 경쟁의 체제로부터 전환한 이들이 연대하여 대안을 만들어가는 탈/향 공동체의 한 모델이 될 수 있다.

이런 탈/향 공동체가 추구하는 전환은 안병무가 성찰한 공公의 실현이다. 그것은 한편으로는 하느님의 것, 즉 "아무도 사유화할 수 없는 것, 모두를 위한 것이면서도 어느 누구에게도 소속될 수 없는 것"[16]을 홀로 차지하려는 탐욕의 세력과의 투쟁이며, 다른 한편으로는 각자도생, 강자독생의 길에서 공생의 대안적 삶으로 돌아서기 위한 '자기와의 투쟁'이다. "공을 공으로 돌리는 것"[17]은 함께 사는 길인 것이다. 함께 사는 삶으로의 전환은 '최대'가 아니라 '최소'의 길이다. 시인 송경동은 호소한다. "우리의 요구와 꿈이 큰 것도 아니다. 당장 사유재산을 폐지하자는 말도, 모든 기업과 토지를 국유화하자는 요구도 아니다. 자본 권력을 민중 권력으로 라는 요구도 아니다. 나는 그것이 더 슬프지만 다만 안

---

15. 이정배, 「탈세속화 시대 속의 영성신학과 목회: 종교의 붕괴와 영성의 귀환」, 《대한성공회 전국 성직자 신학연수 자료집》, 2014, p.17

16. 안병무, 『갈릴래아의 예수: 예수의 민중운동』, 한국신학연구소, 1990, p.206

17. 안병무, 『민중신학 이야기』, 한국신학연구소, 1987, p.246

정된 일자리 하나 얻게 해달라는 소박한 꿈들이다. 너무나도 인간적이어서 슬픈 호소들이다. 다 내놓으라는 것도 아니고, 조금은 나누자는 것이다. 너희들하고 같이 못 살겠다가 아니고, '함께 살자'라는 것이다."[18]

고통 받는 이들의 "너무나도 인간적이어서 슬픈 호소들"에 응답하며 그들과 함께 나누며 사는 공의 삶으로 전환하는 것은 위험한 일이다. 이기적 안전과 안락의 의자를 포기하는 것이기 때문이다. 탐욕과 경쟁의 항로에서 뛰어내리는 것이기 때문이다. 그러나 세월호 참사는 깨우쳐준다. 뛰어내려야 산다! 그 위험의 자발적 감수와 공동체적 삶의 전환이 세월호 안의 우리 모두를 구원할 것이다.

뛰어내려라.
그러면 너를 받아 줄 그물이 나타날 것이다.
- 禪家의 격언

18. http://www.ohmynews.com/NWS_Web/view/at_pg.aspx?CNTN_CD=A0001604635

● 이 글을 쓴 **정경일**은 한신대 신학대학원, 서강대 대학원, 뉴욕 유니온신학대학원에서 신학, 종교학, 종교간 대화를 연구했고, 참여불교와 해방신학을 비교연구한 논문으로 박사학위를 받았다. 현재 평신도 신학자로서 새길기독사회문화원 원장, 성공회대학교 겸임교수로 활동하고 있다. 주요 논문으로는 「Just-Peace: A Buddhist-Christian Path to Liberation」, 「Blood and Benevolence: A Comparative Study of Buddhist and Christian Mysticism and Nonviolence」, 「Liberating Zen: A Christian Experience」, 「사랑의 십자가와 지혜의 보리수」, 「붓다의 땅에서 다시 만난 예수」 등이 있고, 역서로는 『붓다 없이 나는 그리스도인일 수 없었다』(공역)가 있다.

"나의 앞에서 타인의 얼굴이 지워지고, 나의 귀에 타인의 목소리가 더 이상 들리지 않게 될 때, 타자를 괴롭히는 고통과 악과 불의에 대하여 내가 책임을 다해야 한다는 충동이 일어날 수 있는 가능성도 사라진다. 그리고 그 충동이 사라질 때 우리가 우리의 '존재를 넘어서' 무한자에게 좀 더 가까이 다가갈 수 있는 길도 사라진다. 그러므로 이제 사회적 영성이 가야 할 곳은 도덕적 충동이 사라지는 곳이자 무한자를 향한 초월의 욕망이 좌절되는 바로 그곳이다."

도덕이 사라지는 그곳으로 영성은 가야 한다 ●━━━━━━●
: '사회적 영성'을 말하는 것의 어려움에 관하여

정용택(제3시대그리스도교연구소 연구원)

종교 대 영성?
●

얼핏 보면, '사회적 영성social spirituality'이라는 표현 속에는 '영성' 개념이 그동안 제도화된 종교, 특히 그리스도교 전통의 전유물로 이해되어 왔기 때문에, 그것을 종교 바깥의 '사회'로 돌려주자는 의도가 담겨 있는 것 같다. 마치 '종교적(혹은 그리스도교적) 영성'과 대립되는 의미로 '사회적(혹은 세속적) 영성'의 개념을 도입한 것처럼 보일 소지가 있는 것이다. 하지만 현대 종교 연구에서 '영성' 개념은 이미 그 출발점 자체가 '제도 종교'의 지평을 넘어선 어떤 것이었다.

가령 영국의 사회학자이자 인류학자인 폴 힐라스는 현대 세계에서 일어나고 있는 종교 지형의 변화를 "영성 혁명: '종교religion'에서 '영성 spirituality'으로"라고 간명하게 규정한 바 있다.[1] 그에 따르면, 오늘날 세계는 종교적인 것이 세속적인 것에 무릎을 꿇었다기보다는 오히려 (신에 관한) 종교적인 것이 (삶에 관한) 영성적인 것에 무릎을 꿇고 있다고 보는 것이 정확하다. 아마도 그러한 영성 혁명을 대중적인 어법으로 표현한 것이 곧 "영적이지만 종교적이진 않다!Spiritual, but not Religious"는 문구가 아닐까 싶다.[2] 영적인 세계의 체험을 여전히 갈망하면서도, 관례화된 제도와 형식의 틀 속에 갇힌 기성 종교에 대해선 강한 거부감을 갖고 있는 현대인들의 이중적 태도를 잘 보여주고 있는 것이다.

힐라스는 종교를 초월적인 신과 신의 권위에 의해 매개된 전통에 대한 복종의 관점에서 규정하고, 영성을 삶에 내재하는 것으로서 신성함에 관한 체험으로 규정한다. 『옥스퍼드 축약본 사전Concise Oxford Dictionary』의 용례를 따르자면, 종교는 그 신자들을 통제할 수 있는 초인적인 권능, 특히 복종과 경배를 받을 자격이 있는 인격적인 신에 대한 믿음과 연관된다고 한다. 1960년대 이래로 서구에서 종교는 점차 미리 규정된 의례와 확고하게 정립된 신앙의 방식, 종교적 권위 기구에 의해 규제되고 전승되는 '공식적'인 것, 성스러운 텍스트에 담긴 윤리적 계명, 초월적인 권위를 지닌 목소리 등과 같이 제도화된 어떤 실체로 이해되어 왔다. 많은 이들에게 종교는 형식적formal·교리적dogmatic·위계적hierarchical이거나 그렇지 않으면 비개인적impersonal이거나 가부장적인patriarchal 것과

---

1. Paul Heelas, "The spiritual revolution: from 'religion' to 'spirituality'", in Linda Woodhead et al (ed), *Religions in the Modern World: Traditions and Transformations*, New York: Routledge, 2002, pp.412-436.
2. 「"영적이지만 종교적이진 않다"는 미국 젊은이들」,《크리스천투데이》2010년 6월 12일.

결부된 것으로 여겨져 온 탓이다. 그래서 종교가 신자의 외부에서 실체로서 존재하고 있는 그 무엇인가라면, 영성은 그것을 추구하고 체험하는 이의 내부에 자리 잡고 있는 어떤 것이라 할 수 있다. 즉 영성은 종교적 신앙의 대상인 인격적 신에 국한되지 않는 모든 성스러운 것the sacred과의 관계 체험Erlebnis이자, 이러한 체험에서 비롯된 지식이나 지혜를 일컫는다.

따라서 종교에 반反하여 영성이 지닌 핵심적인 특징은 그것이 '개인적'인 차원과 관련되어 있다는 점이다. 즉 영성은 내면성interiority이나 내재성immanence을 특질로 갖는다. 이와 같이 영성 개념의 출발점이 탈脫종교적인 차원에서의 성스러움의 체험에 있다고 본다면, 우리가 사회적 영성의 개념을 통해 대비시키고자 하는 구도는 종교적 영성 대 사회적 영성에 있는 것이 아님이 드러난다. 애초부터 영성은 제도화된 종교 영역으로부터의 일탈 가운데서 추동된 보편적 성스러움의 체험을 염두에 두고 있기 때문이다. 영성의 개인적·내면 지향적 특성을 주목하는 것은 영성을 제도 종교와 대립시켜 그 자체로 문제화하지 않으려는 의도에서다. 제도 종교가 갖고 있었던 개인적·내면 지향적 신앙이 탈제도적인 형태로 극단화된 것이 영성 운동일 뿐, 실제로 제도 종교 역시 영성 운동의 그러한 경향을 제도 내적으로 간직하고 있고, 또 최근에는 제도 종교 외부에서의 영성 운동이 제도 종교 내부로 흡수되는 현상이 강하게 나타나고 있다.[3] 종교 대 영성이라는 단순한 구도로는 이러한 복잡한 지형을 제대로 파악하기 어렵다. 그렇다면 이제 사회적 영성에서 '사회적'이라는 수식어를 통해 대비시키고자 하는 영성의 대립 구도가 좀 더

명확해졌다. 그것은 영성 개념의 특질에서 드러나고 있듯이, 개인적·내면 지향적 영성 대 관계적·외부(타자) 지향적 영성의 대립 구도라 할 수 있다. 사회적 영성에서 '사회적'은 후자의 의미를 영성 개념에 새롭게 담아내려는 비판적 문제설정이다.

종교사회학에서 파악하는 (종교 개념과 대립적인) 영성 개념의 특질인 개인성 및 내면성은 그리스도교 전통에서 발전된 영성 개념에서도 충분히 확인되고 있다. 가령 그리스도교 역사에서 가톨릭과 개신교가 제도화·형식화에 따른 신앙적 열정의 침체를 겪었을 때, 영적 개혁의 원천으로서 출현했던 여러 신비주의 소종파들은 '직접 체험first-hand experience'과 내면의 영성을 중시하는 종교 신앙 유형을 대표한다.[4] 당연히 이러한 신비주의는 그리스도교 전통 안에만 있는 것이 아닌 보편적인 종교성이라는 점에서 앞서 살펴본 제도 종교로부터의 탈주 현상으로서 현대적인 영성의 특징을 오래 전부터 이미 선취해왔다. 그리스도교 신비주의 전통 가운데서도 특히 그리스도교적 영성의 뿌리와 탈그리스도교적 또는 탈종교적인 보편적 영성의 뿌리를 함께 갖고 있는 전통이 바로 침묵의 영성으로 잘 알려진 퀘이커리즘Quakerism이라 할 수 있다. 퀘이커 영성은 우리가 사회적 영성이라는 문제설정을 통해 기존의 영성 개념에서 재再전유re-appropriation하려는 지점이 무엇인지를 보여주

---

3. 제도적 종교 안에서의 영성 추구라는 새로운 경향에 대해 주목하고 이것이 한국의 경우 그리스도교와 결합되어 종교 지형의 변화에 어떻게 영향을 미치고 있는지 살펴보는 연구로는 경동현, 「소비된 믿음에 대한 성찰」,《자본주의에 대처하는 종교의 자세》(2011년 제5회 맑스코뮤날레 자료집); 최현종, 「제도화된 영성과 한국 종교 지형의 변화」,《종교와 문화》 제22호, 2012, pp.137-156 참조.
4. 정지석, 「퀘이커 영성 연구」,《신학연구》 제62집, 2013, p.99

기에 적합한 논쟁 상대로 판단된다. 예컨대, 퀘이커리즘의 창시자로 불리는 조지 폭스George Fox, 1624~1691는 침묵의 관점에서 영성이 의미하는 바를 이렇게 설명한다.

침묵 속에서 세상의 육적인 지혜, 지식, 이성, 이해를 죽여야 한다. 네 안에 하나님의 것을 유지하는 것이 너를 하나님에게 인도할 것이다. 그때 너는 너 자신의 생각과 상상과 욕망과 너 자신의 마음의 의도와 감정과 의지로부터 잠잠하게 해야 한다. 그때 너는 이 모든 것들로부터 독자적으로 서게 되며 주님을 기다리는 동안 너의 힘은 갱신된다.[5]

폭스의 설명을 통해서 우리는 퀘이커리즘에서 침묵의 영성이란 개인의 내면으로부터 들려오는 하느님의 음성을 기다리며 하느님과의 일치에 이르는 것을 궁극적 목표로 삼는 것임을 알 수 있다. 이러한 과정에서 침묵은 우선적으로는 세상적인 지식과 이성이 죽는 것이며, 그러한 죽음을 통해 동시에 개인 안에 내재하는 신적 요소가 깨어나는 체험이라 할 수 있다. 이처럼 퀘이커리즘에서 영성을 체험하는 장소는 철저하게 개인의 내면으로 설명된다. 케이커적 침묵의 영성은 "눈에 보이는 외적인 것에 의지한 성령 체험을 거부하려는 영성으로서 오직 하나님의 성령을 내면으로 체험하고자 하는 추구심의 발로다."[6]

---

5. John L. Nickalls, ed., *Journal of George Fox*, London: Religious Society of Friends, 1986, p.132(정지석, 같은 글, p.106에서 재인용).
6. 정지석, 같은 글, p.110

퀘이커리즘으로 대표되는 이러한 개인적·내면 지향적 영성의 가치와 의의를 부정할 생각은 전혀 없다. 다만 이러한 영성이 오직 자신의 내적 세계에만 몰두하고 침잠하게 만들 가능성을 경계한다. 내면 지향적 영성을 중시하는 주체는 자신의 마음 깊은 곳에서 명확한 신의 음성이 들려오기 전에는 어떠한 구체적 행위도 시작하지 못할 텐데, 문제는 그러한 내면에 대한 과도한 집중이 외적 현실에 대한 참여를 억압하는 것으로 기능할 수 있다는 점이다. "안으로부터 밖으로, 관조적 삶^{vita} ^{contemplativa}으로부터 활동적 삶$^{vita\ activa}$으로, 자아로부터 공동체로, 사적 성찰에서 공공성으로의"[7] 전향 및 순환이 지속적으로 이루어지지 않는다면 영성의 장소로서 내면은 자폐적 판타지의 기관으로 남을 위험이 다분하다. 초월적 신과 그러한 신의 권위를 전달하는 전통 및 경전, 의례, 직제 등에 대한 거부에서 시작된 영성 운동은 슬픔과 비참과 잔인함이 가득한 현실 세계로부터, 배우들이 자신이 만들어낸 보이지 않는 관객들을 위해 창안한 드라마를 공연하고 있는 내면적 세계로 강조점을 옮겨 놓음으로써, 현실의 세계로부터 멀어지는 추세를 강화할 수 있다. 틀림없이 영성 운동에서도 내면의 심리 세계에 미치는 외상^{trauma}이나 장애, 갈등, 적대, 그 밖의 다른 사회적 요인들을 부정하지는 않는다. 다만 세계에 대한 어떠한 경험도, 그것이 아무리 억압적이거나 파괴적인 경험이라고 해도, 모두 다 우리의 내적 세계의 영향에 의해서 매개되고 좌우되는 것이라고 주장하는 것이 문제다. 모든 사회적 고통도 결

---

7. 김홍중, 『마음의 사회학』, 문학동네, 2009, p.33

국은 내가 마음먹기에 달렸다고 보는 것이다. 그러한 이데올로기적 사고를 기반으로, 시장 지향적인 사회적 상황에서 내면적 영성 추구가 타인에 대한 돌봄은 도외시한 채 자아에 대한 돌봄과 손쉽게 동일시될 수밖에 없는 것은 당연하다.

물론 현실적으로 어떤 주체이든지 그 개인의 자아 구성은 불가피하게 사회적·역사적으로 이루어지는 운명을 벗어날 수 없다는 점에서 진정한 의미의 순수한 개인이란 성립할 수 없다. 하지만 의례나 공동체적 차원을 의도적으로 배제하려는 영성 운동은 개인 정서의 변화무쌍함만큼이나 개인적 기호와 감성에 종속되는 변화를 수반하게 되며, 그 결과 외부의 현실에 대한 비판 능력의 상실로 인해 오히려 제도 종교보다도 훨씬 더 시장의 논리에 무비판적으로 순응하거나 종속되어 이른바 '영성의 상품화' 현상으로 귀결될 수 있다. 자율적 자아의 '영성 추구' 유형으로서의 '자아 종교'는 환경적 조건에 따라 쉽게 해체될 가능성이 크다는 내적 한계로 인해 영성 운동의 지도자들이 영성 소비자들의 기호와 취향에 맞는 영성 상품들을 경쟁적으로 개발하고 공급해 가게 되면서 거대한 영성 상품 시장이 형성될 수 있다는 것이다.[8] 영성이 제도 종교 못지않게 쉽사리 시장 경쟁의 논리와 기제에 순응하거나 종속된다는 사실은 그만큼 사사화私事化된 종교로서 영성 운동의 비판적 성찰 능력이 제도 종교의 그것에 비해(혹은 그것만큼) 취약하다는 것을 말해준다.[9]

---

8. 송재룡, 「탈근대 사회의 성찰적 전환과 '영성사회학' 테제」,《신학과 사회》 24집 1호, 2010, p.156
9. 송재룡, 같은 글, p.157

이는 사실상 영성 운동에 내재된 실용주의적 특성 때문이라고 봐야한다. 현대사회의 영성 운동은 애초부터 영성의 수행이 주체에게 가져다 줄 기능적 측면을 중시한다. 영성 운동에서는 한 개인이 무엇을 믿고, 어떤 대상을 고백하느냐의 문제보다는 그것이 개인의 웰빙과 건강에 얼마나 큰 도움을 주느냐의 문제가 영성의 가치를 평가하는 핵심적인 관건이 된다. 종교학자 맬러리 나이Malory Nye의 지적대로 "(특별한 믿음이나 행해지는 일과 관련된) 실제적 내용보다는, 오히려 그 '이상의 어떤 것을 찾으려는' 공통의 지향, 즉 구도성求道性, seekership"[10]이 영성 운동의 공통적 특징임을 고려할 때, 개신교적인 영성이냐 가톨릭적인 영성이냐 불교적인 영성이냐 뉴에이지적인 영성이냐는 영성 수행의 현장에서는 아무런 의미가 없다는 것을 알 수 있다. 중요한 것은 "과연 어떤 영성이 '나'의 내면에 평안을 제공하고 '나'의 삶을 '웰빙well-being'하게 해줄 것인가"이기 때문이다. 그것을 추구하는 방법과 형식이 천차만별이고, 서로 다른 수많은 종교적·문화적 전통의 영향을 받았다고 할지라도, 사실상 모든 영성 수행의 목표는 결국 개인의 마음의 평정을 이루는 것에 있다는 얘기다. 그와 같은 영성 수행의 실용주의적 성격이 "당장 필요한 것만을 최소의 비용으로 손에 넣는다"는 자본주의적인 수단-목적의 합리성과 매우 친화적이라는 것은 새삼 강조할 필요가 없을 것이다.

많은 제도 종교의 구원 서사가 나와 타자, 나와 신앙의 초월적 대상, 나와 종교 공동체 간의 장기적 관계를 설정하고 있는 데 반해, 영성 수

---

10. 맬러리 나이, 『문화로 본 종교학』, 유기쁨 옮김, 논형, 2013, p.288

행은 오직 자기 자신과의 관계에 배타적으로 집중하면서, 그 관계 안에서 성스러움을 최단 기간 안에 체험하고자 유도하는데, 그 과정에서 자연스럽게 개인이 처한 경제적·사회적 조건이나 문화적 취향에 부합하는 최적의 영성 상품을 구매하도록 자극하는 상황이 조성된다.[11] 그 결과 우리 시대에 영성 체험은 희귀하고 특별한 것이 아니라 오히려 각종 치유 산업과 문화 산업에 의해 대량으로 생산되고, 유통되며, 소비되는 덕분에 누구나 마음만 먹으면 하나씩 가질 수 있게 된 '기호품'으로 전락하였다. 다종다양한 뉴에이지 상품들이나 힐링 상품들이 개인의 웰빙과 심신의 평안, 참된 자아의 실현, 개인의 영적 자각 등에 유용한 것으로 광고되고 있는 현실 속에서 이제 영성은 누구든 돈만 지불해서 갖고 가면 자동으로 그 목적을 달성할 수 있는 듯 선전되고 있다. 그러나 이렇게 제조되고 판매되는 영성이 과연 구도적 진정성이 탈색된 영성이며, 인위적이고 합리화된 '죽은' 영성에 불과하다는 비판을 피할 수 있을까? 나아가 현대의 상품화·도구화된 영성 수행이 대중들의 집단적인 고통을 사회적으로 해결하기 위해 고민하기보다는 개인이 각자 알아서 해결하도록 장려함으로써 고통을 가중시키는 위험하고 불확실한 세계에 대한 허구적인 행복감을 조장하며 자기애^{narcissism}로 점철된 피상

---

11. 현대의 종교 문화에서 치유와 영성의 결합이 영성의 상품화라는 소비자본주의 사회의 성격을 반영하고 있음을 보여주는 연구들로는 김성건, 「신자유주의 세계화 시대 종교의 사유화와 영성의 상품화」, 《사회와 이론》 제11집, 2007, pp.281-302; 박상언, 「탈/현대성과 영성의 테크닉」, 《종교연구》 제43집, 2006, pp.119-138; 전명수, 「뉴에이지 운동과 종교사회학의 지평」, 《한국학연구》 제32집, 2010, pp.339-369; 우혜란, 「신자유주의와 종교문화의 상품화」, 《종교문화비평》 제13호, 2008, pp.91-130 참조.

적인 정체성에 만족할 알리바이를 제공하고 있다는 비판을 과연 극복할 수 있을까?

결국 영성 추구가 자기애나 자폐적 독아론으로 빠지지 않는 동시에 상품화의 위험도 피할 수 있기 위해서는 자아 외부의 공적인 의미 지평이 사회적 압력으로서 영성의 주체에게 가해져야만 할 것이다. 영성의 과도한 개인화·내면화, 그리고 상품화·도구화를 적절히 제어하기 위하여 우리는 상호주관적(관계적)·타자 지향적 영성의 필요성에 직면하고 있다.

영성의 '사회적' 전환
●

상투적으로 들릴 수도 있겠지만, 영성을 추구하는 주체는 개인적·내면적 차원에서 들려오는 신의 음성에도 집중하는 동시에 타자와의 윤리적 관계를 통해 경험되는 신에게도 다가갈 수 있어야 한다. 신은 우리의 개인적·내면적 차원의 신비적 체험을 통해서만 그 음성을 들을 수 있는 것이 아니기 때문이다. 영성의 원천, 곧 성스러움을 느끼고 체험하는 중심은 개인의 내면만이 아니라 외부의 사회적 관계, 다시 말해 나와 타인 사이의 공동 영역이 될 수도 있다. 그때 영성은 나 아닌 외부^{ex}와의 관계에서 비롯된 역동적인 사건으로 재규정된다. 이는 종교의 핵심이 "신적인 황홀이나 열광에서 벗어나, 나를 뛰어넘어, 나 바깥의 초월자와 관계 맺는 데 있다"[12]고 보았던 레비나스의 '타자 윤리학'을 신학적 관점에서 수용한 것이다. 레비나스는 한 걸음 더 나아가 신에 대한 신앙은 타자와의 윤리적 관계를 통해 구체화될 수 있을 뿐 어떤 직접적인 관계도 맺을 수 없다고까지 주장했다.

레비나스에 따르자면, 무한자, 곧 하느님은 타자의 얼굴을 '통해서만' 그 흔적을 희미하게 드러낼 뿐이다. 나와 타자 사이의 관계를 통해서 신의 개념을 탐구했던 레비나스의 타자 윤리학이 영성에 대한 새로운 이해의 가능성을 제공하는 지점이다. "타인은 나의 신과의 관계에서 필요불가결한 형이상학적 진리가 나타나는 장소 자체이다."[13] 물론 이러한 레비나스의 진술을 문자 그대로 "타자=신"으로 받아들여선 곤란하다. 레비나스가 말하는 타자는 전통 형이상학이나 신학에서 말하는 실체이자 절대자인 신과 같은 그런 것이 아니다. 타자는 신이 육화된 존재는 더 더욱 아니다. 따라서 우리가 타자를 통해서 신을 만날 수 있다는 주장은 소위 대상이 우리 의식에 현전한다는 그런 의미에서의 '현상'으로서 신이 자신의 모습을 드러낸다는 것을 결코 의미하지 않는다. 언제나 타자가 나의 표상, 나의 기대, 나의 이념, 나의 욕구를 벗어나기 때문에, 즉 타자가 나에게 요구하는 윤리 가운데 어떤 절대성의 요소가 포함되어 있기 때문에, 나의 입장에서 타자는 신에게 다가가 있는 것이다.[14] 요컨대 타자와의 윤리적 관계 속에서 우리는 무한자에 대한 영감, 흔적처럼 어른거리는 모호한 신의 관념을 얻을 수 있을 뿐이다. 그토록 거의 부재에 가까울 정도로 희미하게, 이웃의 얼굴에 새겨진 고통과 희

12. 강영안, 『타인의 얼굴』, 문학과지성사, 2005, p.265
13. 박준상, 『빈 중심』, 그린비, 2008, p.222
14. 박준상, 같은 책, p.222

망을 통해 자신의 흔적을 남기는 하느님이라 할지라도, 아니 그렇기 때문에 우리로 하여금 영성 체험의 장소가 더 이상의 개인에 한정되는 것이 아니라, 윤리적 관점에서 나와의 관계 내에 놓여 있는 존재자인 타인으로 확장될 수 있음을 강력하게 환기시켜 준다.

잘 알려진 대로 레비나스에게 있어 타자는 특히 고통당하는 얼굴의 나약함, 헐벗음으로 나에게 호소해온다. 이 타자의 얼굴을 통해 존재 유지만을 추구하는 나의 이기적 폐쇄성은 깨어져나가고 나는 타자에 대한 '윤리적 책임을 지닌 주체'로 서게 된다.[15] '나(동일자)'라는 좁은 세계에서 탈출하는 것을 가능하게 하는 것은 주체의 자발성이 아니다. "동일자를 질문에 부치는 일은 타자에 의해 발생한다."[16] 고통 받고 있는 타자의 '얼굴'이 나에게 무언가를 호소할 때 거기에 응답response하는 방식으로, 타인에 대한 책임responsibility을 내가 떠맡는 방식으로 그 일은 가능해진다. 바로 그렇게 나라는 존재가 질문에 부쳐지는 순간, 나는 더 이상 이전의 나가 아니며, 그때에야 비로소 나는 진정한 '주체'가 되는 것이다.[17] 레비나스가 타자와의 관계를 신의 관념이 적합하게 이해되고 실현될 수 있는 문맥으로 보고 있다는 점은 사회적 영성에서 '사회적'인 것이 무엇인지를 밝히려는 우리의 맥락에서 매우 중요한 참조점이 될 수 있다.

---

15. 서동욱, 『차이와 타자』, 문학과지성사, 2000, p.189
16. Emmanuel Levinas, *Totality and Infinity: An Essay on Exteriority*, trans. Alphonso Lingis, Springer, 1980, p.43(신형철, 『몰락의 에티카』, 문학동네, 2008, p.164에서 재인용.)
17. 신형철, 『몰락의 에티카』, 문학동네, 2008, pp.164-165

다시 말해, 레비나스가 무한자의 관념, 즉 하느님에 관한 지식은 개개 타자의 '특정한' 현현 속에서만 발견된다고 본 것을 통해 우리는 이제 영성의 문제를 윤리의 문제와 결합할 수 있게 된 것이다. 신의 음성을 듣기 원하고 신의 얼굴을 보기 원하는 영성적 갈망과 타자의 고통에 책임 있게 응답하고자 하는 도덕적 충동이 하나의 지평에서 수렴될 수 있는 논리적 근거가 마련된 것이다. 고통당하는 우리의 이웃들, 즉 "가난한 자, 이방인, 과부와 고아"는 모두 신의 흔적을 가지고 있으며, 신의 명령을 따르듯 자아는 고통당하는 얼굴의 명령에 윤리적인 차원에서 복종해야만 한다.[18] 레비나스에 따르자면, 우리는 오직 '인격으로서의 타자와의 관계' 속에서만 신의 관념을 탐구할 수 있고 이야기할 수 있다. 우리는 타자[autre], 좁혀서 우리가 얼굴로써 대면하고 있는 타인[autrui]인 우리의 이웃[prochain]에게서 진정한 무한자의 흔적을 발견한다. 개인적·내면 지향적 영성에서 관계적·타자 지향적 영성으로의 전환은 바로 여기서부터 시작된다.

한편, 레비나스를 적극 지지하면서 나와 타인이 맺는 도덕적 책임의 관계를 근원적인 '사회성[sociality]'라고 주장했던 인물이 바로 유대인 사회학자 지그문트 바우만[Zygmunt Bauman]이다. 레비나스를 통해 우리가 영성적인 것과 윤리적인 것을 결합할 수 있게 되었다면, 다시 바우만을 통해서는 윤리적인 것과 사회적인 것을 결합할 수 있게 된 것이다. 다시 말해서 레비나스의 윤리학을 매개로 신학의 영성적인 것과 사회학의

---

18. 서동욱, 같은 책, p.201

사회적인 것 간의 접점을 찾음으로써 사회적 영성이라는 개념의 이론적 근거를 마련하게 된 것이다. 일단 바우만이 말하는 '사회적인 것'의 의미를 자세히 살펴보자.

바우만의 대표작인 『현대성과 홀로코스트』(1989)에서 '사회적인 것'the social은 나에 대한 타자의 근접성proximity과 타자에 대한 나의 도덕적 책임성을 원형으로 하는 상호주관적 관계의 기본구조로서, '사회체적인 것the societal'[19] 또는 '전체로서의 사회society as a whole'에 선행하는 인간 세계의 '불변의 실존적 영역'을 상징한다.[20] 그래서 바우만은 도덕성을 '전-사회적인pre-social' 것이라고 주장한 것이 아니라, 오히려 '전-사회 체적인pre-societal' 것이라고 말한다. 레비나스의 윤리학을 사회학적으로

19. 우리말로 그저 똑같이 '사회의' 또는 '사회적'으로 변역되는 영어의 형용사 social과 societal의 용법 사이에 존재하는 미묘한 의미상의 차이는 그 두 단어의 어원인 라틴어 socius와 societas 에서 유래한다. 미하엘 베그너Michael Wegner에 따르면, socius는 "어떤 활동이나 인간 혹은 사물에 대한 참조점이 되는 한 사람과 다른 사람(들) 사이의 상호부조적 동반자 관계"라고 정의되는 반면에, societas는 "특수한 목적에 준하는 맥락으로 형성된 파트너십이며 다양한 의무들로 정교하게 다듬어진 계약"을 뜻하는 것으로서 인간 세계의 구성이 고도화되면서 socius보다 더 조직적인 질서를 표현하기 위해 나타났다고 한다(R. M. Ogilvie, 'SOCIUS AND SOCIETAS' in The Classical Review 20/2, 1970., pp.209-211 참조). 유럽어 역사가 전개되면서 'social' 안에는 socius(사교적인)와 societas(개인 외적 질서의)의 의미가 모두 포함되었지만, societal은 social과 마찬가지로 사회를 형용하더라도, 그 사회를 좀 더 공동체에 준하는 실체적인 것으로 이해하는 배타적인 경향이 여전히 남아 있다(김성윤, 「'사회적인 것'의 귀환」, 자유인문캠프 2012년 여름학기 강의안, p.2 참조). 바우만이 자신의 저작에서 social과 societal을 명확히 구별하여 사용하는 것 역시 이러한 맥락과 무관하지 않을 것이다. 『현대성과 홀로코스트』의 번역자인 정일준은 바우만이 사용한 'societal'이라는 표현을 '전체 사회적'이라고 번역했지만, 이 글에선 위에서 설명한 어원적인 정황을 고려하여 '사회체적'으로 표기한다.

20. 지그문트 바우만, 『현대성과 홀로코스트』, 정일준 옮김, 새물결, 2013, pp.299-306

변용하여 바우만은 도덕성이란 나와 타자의 함께 있음[togetherness]의 한 형태, 즉 타자의 타자(제3의 타자)의 등장과 함께 사회[society]가 출현하면서 상실되어버린 보다 근원적인 사회성을 수반한다고 주장하는 것이다. 이렇게 그는 도덕성을 "존재론적으로나 인식론적으로나 '사회체적[societal]' 개입과 조작에 선행하는 함께 있음의 관계 안에 뿌리 박혀 있는"[21] 그런 것이라고 보았다.

이후의 저작에서 바우만은 '사회적인 것'을 인류학자 빅터 터너[Victor W. Turner]로부터 빌려온 '코뮤니타스[communitas]' 개념과 연결시킨다. 코뮤니타스는 '소시에타스[societas]', 즉 "정치적·법적·경제적 위치들이 구조화되어 있는, 구별 지어져 있는, 흔히 계층된 체계로서의 사회"라는 구름의 안감으로 정의된다. 한마디로 코뮤니타스가 소시에타스를 근거 지우는 조건이 된다는 얘기다. 그러므로 "코뮤니타스가 없다면 그러한 (소시에타스라는) 구름은 사라질 것이다."[22]

코뮤니타스의 생존과 번영을 통해서 "서로 돕고 보살피며, 타자를 위해 살고, 상호 헌신의 조직을 짜내며, 인간들 간의 유대를 단단히 하고 수리하며, 권리를 의무로 해석하고 모두의 운명과 행복에 대한 책임을 함께 나누는 것", 즉 '도덕 경제[moral economy]'가 만들어질 수 있다.[23]

물론 이러한 도덕적 능력의 존재에 책임 있는 요인들은 앞서 말한 '사

21. Keith Tester, *The Social Thought of Zygmunt Bauman*, Basingstoke: Palgrave Macmillan, 2004, p.145
22. 지그문트 바우만, 『리퀴드 러브』, 권태우·조형준 옮김, 새물결, 2013, pp.176-177
23. 바우만, 같은 책, p.178

회적인 것'의 영역, 즉 '타자들과 함께 있는' 사회적 근접성의 맥락에서만 발견될 수 있다. 따라서 타자들과 함께 있음, 사회적인 것, 사회성, 사회적 근접성, 도덕적 책임성, 코뮤니타스, 도덕 경제, 그 이름을 무엇이라 부르건 사회라는 구름의 안감을 이루는 그 어떤 것이 모든 인간적 관계의 근원이라는 것이 레비나스와 바우만의 공통된 입장이다. 이처럼 사회적 영성에서 '사회적'이라는 수식어는 레비나스/바우만식의 사회적인 것의 존재양식을 일차적으로 지시한다. 그렇기에 사회적 영성은 공존, '타자와 함께 있음'의 맥락, 즉 사회적 맥락 속에서 우리가 타자를 향한 나의 도덕적 책임을 촉발시키는 신의 흔적을 느낄 수 있다고 주장하는 것이다.

그런데 사회적 영성에 담긴 '사회적인 것'의 의미를 바우만을 좇아서 나와 타자가 서로 대면한 윤리적 관계로 규정하는 순간, 우리는 이론적으로나 현실적으로나 '사회적인 것'을 둘러싼 여러 난점들이 존재한다는 사실과 직면한다. 영성을 둘러싼 현재까지 우리의 논의 구도를 더욱 복잡하게 '문제화problematization'하는 상황들이 우리 앞에 펼쳐진다는 것이다. 마치 사회적 영성의 개념이 개인적·내면 지향적 영성에 대한 대안인 것처럼 이야기되고 있다 해서, 그것이 하나의 최종적인 답이나 결론이라고 생각해선 곤란할 것이다. 오히려 사회적 영성은 영성적인 것, 윤리적인 것, 사회적인 것이라고 하는 상이한 개념틀을 새로운 구도 안에서 접합articulation시킴으로써 각각의 것들에 대한 지배적인 가정, 생각, 관점, 또는 상황을 전면적으로 재배치하고, 쟁점이나 문제를 재규정하려는 비판적 문제설정에 가깝기 때문이다.

162

앞서 우리는 '사회적 영성'의 개념에서 '사회적'이라는 수식어가 함의하는 바를 새롭게 규정하려 시도한 바 있다. 영성적 경험이 발생하는 장소를 더 이상 우리의 내면이나 개인적 자아에 한정하지 않고, 레비나스를 따라서 "타인과의 대면적 관계", 즉 나의 '도덕적 책임성'이 요청되는 나와 타인 사이의 그 상호주관적 관계로 볼 것을 제안했던 것이다. 아울러 그러한 레비나스적인 관계의 구조, 즉 도덕적 책임성에 기초한 상호주관적 관계의 구조가 조직화되고 제도화된 계약적 삶의 양식인 '사회체적인 것the societal'보다 더욱 근원적인 '사회적' 삶의 존재양식이라고 보았던 바우만을 경유하여 영성적인 것을 사회적인 것과 접합할 수 있는 가능성을 모색했다. 그렇다면 바우만이 레비나스에 기초하여 이끌어낸 사회적인 것의 존재양식, 즉 나와 타자의 그 대면적 관계의 구조는 정말로 충분히 '사회'적이라 할 수 있을까?

영성과 도덕과 정치가 만나는 장소

●

레비나스에 따르면, 개인의 도덕적 책임감이 자연스럽게 나타나는 때는 나와 타자, 특히 고통당하는 나의 이웃이 서로 대면하게 되는 상황에서다. 바우만은 이를 '두 사람으로 구성된 도덕적 집단', 즉 '도덕적 2인moral party of two'이라고 표현한다.[24] 바로 이 도덕적 2인이 레비나스에게 도덕성이 나타나는 '주요 무대'라 할 수 있다. 레비나스적 의미의 도

---

24. Zygmunt Bauman, *Postmodern Ethics*, Oxford: Blackwell Publishing, 1993.

덕성의 '주요 장면'은 '직접 대면'의 영역이다. 나와 타자가 얼굴로서 만나는 강력한 조우인 것이다.[25] 바우만의 말을 빌리자면, 모든 도덕적 행위의 기초적 요소가 되는 도덕적 책임성은 나와 타자 사이의 근접성 proximity, 즉 타자가 나와 직접 대면적인 관계를 맺는 사람인 이웃으로 자신의 얼굴을 가까이에서 드러내는 그 순간에 발생한다. "근접성은 책임성을 의미하며 책임성은 근접성이다."[26] 다시 말해 "근접성의 도덕적 속성은 책임성이다." 오직 사회적 근접성의 상황에서 타자의 고통에 대한 나의 책임이 무한하게 느껴질 수 있다.

문제는 '도덕적 2인' 혹은 사회적 근접성의 상태에 언제나 제삼자가 끼어들 수밖에 없으며, 그로 인해 나와 근접하지 않은 다른 많은 타자들이 내 앞에 출현하게 된다는 사실이다. "다른 사람에 대한 대면적 환영을 방해하는 삼자의 '삼자성', 즉 근접성 또는 이웃의 접근을 방해하는 삼자성"[27]이 새로운 문제로 부상하는 것이다. 그리하여 바우만에겐 '도덕적 2인'의 상태가 '전-사회체적인 것'으로서 '사회', 즉 '소시에타스'보다 선행하는 '사회적인 것' 내지는 '코뮤니타스'에 해당하지만, 정작 우리의 현실에서 '도덕적 2인'의 상태는 끊임없이 위협당하며, 우리는 제3의 타자, 곧 제삼자들과 더욱 빈번하게 만나며 도덕적 책임성이 발휘되기 어려운 사회체적 질서 안에서 더 많은 시간을 보내게 된다.

홀로코스트와 같은 거대한 집단적 인종학살이 성공적으로 수행될 수

---

25. 바우만, 『방황하는 개인들의 사회』, 홍지수 옮김, 봄아필, 2013, p.285

26. 바우만, 『현대성과 홀로코스트』, p.307

27. 엠마누엘 레비나스, 『존재와 다르게』, 김연숙·박한표 옮김, 인간사랑, 2010, p.281

있었던 것도 결국 그 사회의 구성원들 간에 사회적 근접성이 사회체적인 요소들에 의해 체계적으로 억압되는 과정이 선행했기 때문이다. "홀로코스트는 태고의 도덕적 충동들의 영향을 중립화시키는, 살인 기계를 그런 충동이 발생하고 적용되는 영역으로부터 고립시키는, 그런 충동을 그러한 과업에 대해 주변적인 또는 전적으로 무관한 것으로 만드는 조건에서만 수행될 수 있었다."[28] 독일인들에게 있어 유대인들이 도덕적 충동에 의해 영향 받는 상호작용의 영역에서 사라졌을 때, 그래서 도덕적 책임성의 발휘되어야 할 '이웃들'이기를 멈추고 비인격화된 타자로 추상화되기 시작했을 때, 홀로코스트가 가능했던 것이다. 나치는 이 모든 일련의 사태들이 자연스럽게 이루어질 수 있도록 유대인들과 독일인들 간의 사회적 거리를 은밀히 확대해나갔다.

이는 세월호 참사 이후 한국사회에서도 그대로 반복되고 있는 현상이라 할 수 있다. 현재 우리가 목격하고 있는 것처럼 희생자 가족들을 시민들과 결합하지 못하게 하고, 가족들을 사회적으로 분리시켜 고립된 분향소 안에만 가둬두려는 국가권력의 기획은 '사회적인 것'이 시민사회 안에서 출현하지 못하게 하려는 시도에 다름 아니다. 희생자 가족들과 시민들 간의 사회적 근접성이 상실되고 사회체적인 조건들에 의해 거리두기가 확대되면 결국 도덕적 2인의 관계는 유지되기 어려우며, 고통당하는 타자들인 희생자 가족들을 향한 시민들의 도덕적 책임성 역시 발휘되기 어렵다는 것은 자명하다.

---

28. 바우만, 같은 책, p.313

주지하다시피 레비나스적인 의미에서 나와 대면하고 있는 타자는 언제나 이웃이다. 낯선 자로서의 타자, 이방인으로서의 타자도 내게 다가오기 위해서는 먼저 이웃이 될 수밖에 없다. 하지만 모든 타자가 동시에 나와 얼굴을 맞대는 관계를 맺는 것은 아니다. 사회 속에서 내가 맺는 관계는 도덕적 2인의 대면적 관계에 국한되지 않기 때문이다. 나에게는 대면적인 타자, 즉 이웃만 있는 것이 아니라, 나의 이웃의 타자가 있고, 그 타자의 또 다른 타자가 존재하고 있다. 결국 나에게는 수많은 타자들이 존재하고 있는 것이다. 그래서 레비나스는 "나의 이웃인 타자가 그 역시 다른 타자에 대해서 역시 제삼자라는 사실이 사유, 의식, 정의, 철학의 근원이다"[29]라고 재규정했던 것이다.

여기서 쟁점은 내가 먼저 대면했던 타자와 나중에 대면하는 타자 사이에 갈등과 분쟁이 있을 수도 있다는 사실이다. 나는 그 각각의 타자를 만날 때마다 매번 나에게 도덕적 책임을 요구하는 나의 이웃으로 받아들이고, 그래서 항상 내게 주어진 대면적 관계에 충실하고자 하는데, 만일 나의 타자들 사이에 해소할 수 없는 적대가 존재한다면 나는 어떤 선택을 해야 하는가? 대면적인 관계에 항상 충실하라는, 모든 타자를 절대적 타자로서 환대하라는 원론적인 수준의 해법으로는 이러한 문제를 현실적으로 해결하기 어렵다. 바우만 역시 "제3의 정체가 출현하면 모든 것이 변한다. 이때 진정한 사회가 나타나고, 순진하고 지배받지 않고 고분고분하지도 않은 도덕적 충동만으로는 더 이상 충분하지 않게

---

29. 레비나스, 같은 책, 243쪽.

된다"[30]라고 말하는 것은 그런 이유 때문이다.

따라서 현실의 사회 속에서 나는 타자와 맺은 대면적 관계를 떠나 다른 타자인 제삼자에게 나아가지 않을 수 없다. 사회가 만들어지는 것은 그 '도덕적 2인'에 제삼자가 개입하는 바로 그 순간이고, 우리는 도덕적 2인의 관계를 둘러싸고 있는 사회체적 관계, 즉 다양한 부분이 서로 기능적으로 통합된 사회체계 안에서 살아가고 있기 때문이다. '도덕적 2인'은 애정과 감정의 환경에서 이루어지는 상호주관적 관계로서 개인의 도덕적 감성이 싹트는 전제가 되지만 제삼자의 등장은 객관성과 호혜성을 특징으로 하는 이성 중심의 환경을 조성하고, 이는 도덕성이 기초로 삼는 정서적 환경을 파괴하는 것으로 이어진다.[31] 그리하여 제삼자의 등장은 타자에 대한 나의 무한한 책임의 불가능성을 나타내는 동시에, 나로 하여금 "나는 과연 누구에게 도덕적 책임을 다해야 하는가?", "어떻게 나의 도덕적 책임성을 분배해야 하는가?" 등의 새로운 문제적 상황을 개시한다.[32] 제삼자의 등장과 더불어 이제 나에게는 타자들에 대한 선택, 적정 비율, 판단, 그리고 비교의 영역이 펼쳐지는 것이다. 타자에 대한 도적적 책임의 감성을 억압하는 이성적 판단의 사태를 불러오는 제삼자의 등장으로 인해, 이제 나는 비교할 수 없는 타인들을 합리적으로 비교해야만 하는 상황에 놓이게 된다. 그런데 나와 대면한

30. 바우만, 『방황하는 개인들의 사회』, p.288
31. 이문수, 「근대성과 행정 윤리: Zygmunt Bauman의 윤리학에 대한 재검토」, 《정부학연구》 제17권 3호, 2011, p.121
32. 김도형, 「레비나스의 정의론 연구」, 《대동철학》 제55집, 2011, p.251

혹은 아직 대면하지 않았지만 곧 대면하게 될 각 타자들에 대한 비교나 판단의 행위만으로도 나는 그 타자들 모두에게 폭력을 저지르는 것이다. 타자의 유일무이함을 내가 부정한 것이므로.[33]

역설적이게도 내가 도덕적 책임감을 갖고 그 요구에 응답해야 하는 타자가 단지 한 명이 아니라면, 결국 타자들에 대한 나의 책임은 언제나 제한적인 것이 될 수밖에 없는 딜레마에 놓이게 된 것이다. 만일 그런 딜레마로부터 벗어나려면, 즉 도덕적 2인의 공간을 유지하려면, 나와 타자는 일체의 사회체적인 요소들, 이를테면 지위, 계급, 자본, 정체성, 신분, 이데올로기, 역할 등을 모두 벗어버려야 하는데, 그것은 현실적으로 거의 불가능에 가깝다. 이렇듯 도덕적 2인의 공간은 세상의 인간 존재를 모두 수용하기에는 너무 협소해 보인다. 생존 추구와 자기 과시, 목적과 수단에 대한 합리적 사리 판단, 이해득실의 계산, 쾌락 추구, 존경이나 권력의 추구, 정치, 경제 등의 모든 사회체적인 것들은 들어설 여지가 없는 것 같다.[34] 그렇다고 도덕적 책임성으로 맺어진 나와 타자 사이의 관계를 포기할 수도 없다. 나의 내면에서만 신의 음성을 듣겠다는 종래의 영성 관념을 거부하고 새로운 영성 경험의 장소를 찾기로 한 이상, 영성적 경험의 계기는 오직 나와 타자 사이의 그 관계 안에서 기대될 수밖에 없기 때문이기도 하지만, 도덕적 책임성에 입각한 절대적인 타자의 윤리학만이 기존의 사회체적 윤리의 한계를 극복하는

33. 바우만, 같은 책, p.294
34. 같은 책, p.293

새로운 윤리적 관계를 사회 안에 재도입할 수 있기 때문이다. 도덕적 책임성을 기반으로 한 '사회적인 것'은 계약적 교환 관계, 법적 의무, 호혜성, 대칭성, 유용성, 수단-목적 합리성과 같은 원칙들로 구축되어 있는 사회 또는 사회체적인 것의 근본적인 출발점이 되는 동시에, 그 한계를 규정하고 그 폐쇄적인 완결을 불가능하게 만드는 '규제적 이념 regulative idea'으로 계속 남아 있어야만 한다는 것이다.

그렇기에 고통당하는 타인의 얼굴을 통해서 나에게 자신의 흔적을 드러내는 무한자를 만날 수 있는 도덕적 2인의 공간을 재도입하기 위해, 우리는 '사회적인 것the social'의 활성화를 억압하는 일체의 '사회체적인 것the societal'과 대결하는 쪽을 선택하지 않으면 안 된다. 마치 폭스의 퀘이커 영성에서 침묵의 세계로의 진입이 곧 세상적인 지식과 이성을 죽이는 행위를 수반하듯이, 사회적 영성에서는 '사회체적인 것'이 만들어내는 사회적 거리를 극복하는 행위가 곧 도덕적 책임성을 회복하는 출발점이 되는 것이다. 다시 말해 개인적·내면 지향적 영성에서는 침묵을 통해 세상의 삶과 인간의 욕망을 가라앉히며 하느님을 체험하는 영적 체험에 도달했지만, 사회적 근접성과 도덕적 책임성을 기반으로 하는 사회적 영성에서는 사회체적인 것과의 정치적 대결이 고통당하는 타자를 통해 현현하는 무한자를 경험할 수 있는 결정적 계기로 등장한다.

사회체적인 것과의 대결은 구체적으로 어떻게 이뤄질 수 있을까? 일단 사회체적인 것이 타자가 나에게 자신의 고통을 말할 수 있는 위치와 권력을 박탈할 뿐만 아니라, 타자가 설령 자신의 고통을 나에게 호소하는 데 성공했다고 하더라도 이미 그렇게 말해진 것 가운데는 자신의 고통이 상당 부분 감추어져 있음을 유념할 필요가 있다. 타자가 나에게 끊임없이 자신의 고통을 말해도 들리지 않도록 만드는 것, 말할 자격을 박탈하여 말할 수 없게 만드는 것이 바로 사회체적인 것이 사회적인 것을 억압한 전형적인 결과라면, 타자의 말할 수 있는 권리를 박탈하고 있는 권력의 문제를 진지하게 고민하는 과정이 불가피하다. 하지만, 타자가 자신의 고통을 나에게 말할 수 있는 권리를 얻었다고 해서, 그때 타자가 선택한 언어가 과연 타자의 고통을 적절히 담아낼 수 있는 언어인가 하는 것도 여전히 미지수로 남아 있다. 타자가 자신의 고통을 나에게 전달하기 위해 선택한 언어가 어쩌면 자신의 고통을 충분히 담아낼 수 없는 언어일 수도 있다는 것이다. 특정한 형태의 그것 외에는 타자가 나에게 자신의 고통을 전달할 수 있는 언어가 마땅히 존재하지 않는 상황, 어쩌면 그 상황 자체가 타자에게는 가장 잔인한 폭력일 수도 있지 않은가?

이처럼 타자가 자신의 고통을 나에게 자유롭게 말할 수 있는 권리 및 자격을 얻지 못하고 있다는 문제의식, 그리고 타자가 자신의 고통을 나에게 전달하기 위해 사용할 수 있는 언어에 근본적인 한계가 내재하고 있다는 문제의식은 고통당하는 타자에 대한 나의 책임이 측정되거나 달성될 수 없는 상황, 즉 나의 도덕적 책임이 무한하게 느껴지고, 도덕성 자체가 무조건적인 명령으로 여겨지는 상황에 뒤따르는 것이 아니라 그 상황 앞에 이미 놓여 있는 문제를 반영하고 있다. 말하자면, 사회적 근접성 또는 도덕적 책임성에 의해 맺어진 나와 타자 사이의 대면적 관계 그 배후에는 타자에게서 고통을 말할 수 있는 조건과 자격을 근본적으로 빼앗고 있는, 나아가 타자로 하여금 특정한 형태의 언어로 자신의 고통을 말하도록 강요하고 있는, 그래서 결국엔 타자가 자신의 고통을 나에게 말할 수 없도록 만드는 권력의 힘이 동시적으로 작용하고 있다는 것이다.

도덕적 책임성의 보편적 문제가 대두될 때, 다시 말해 사회적인 것이 사회체적인 것을 다시 불러들일 때, 도덕적인 것을 매개로 결속되어 있던 영성적인 것과 사회적인 것의 관계 역시 중대한 변화를 맞이하게 된다. 사회적 영성의 장소에 권력에 대한 비판적 사유, 즉 정치적인 문제들에 대한 고민을 포함시켜야 하는 상황이 도래하는 것이다. 레비나스와 바우만이 우려했던 제삼자, 도덕적 2인의 세계로 침입하는 타자의 타자란 것도 결국엔 사회체적인 것이 구축하고 있는 사회적 거리두기의 장치들, 정확히는 차별과 배제의 질서 그 자체를 가리키는 것이라고 볼 수 있다. 과연 이와 같은 복잡한 문제적 상황 속에서도 여전히 영성적 경험이 일어날 수 있는가, 아니 그전에 우리가 그런 상황에서 영성을 계속 추구해나갈 수 있는가를 점검하고 성찰하는 것이 '사회적' 영성이라는 문제설정의 핵심이다.

타자의 고통에 책임적으로 응답하려는 도덕적 충동은 이성보다는 감성의 영역에 더 가까운 것일 텐데, 우리는 현재 도덕적 자아에서 비롯되는 그 주관적이고 비합리적이며 절제할 수 없는 감정적인 충동을 정말로 무가치하고 불필요한 것이라고 생각하게 만드는 제삼자의 원리가 지배적인 세계를 살아가고 있다.

특히 세월호 참사 이후, 우리는 그러한 상황을 더욱 실감나게 경험하고 있는 것 같다. 희생자와 그 가족들에 대해 정치적인 책임을 다하려는 시민들의 '도덕적 충동'을 억압하는 일에 국가권력이 가장 주도적으로 나서고 있는 형국이다. 도덕적 감정에 대하여 합리적인 이익을 판단할 수 있는 객관적인 기준을 들이밀면서, 이를테면 "세월호 문제로 소비 심리가 위축되고 있다"거나 "사회 불안과 분열을 야기하면 경제에 악영향을 끼친다"라고 겁박하는 식으로 말이다. 그러한 겁박의 맞은편에 자기 상처에 몰두하게 함으로써 고통당하는 이웃에 대한 무관심을 부추기고 사회의 부조리와 구조적 모순에 대한 비판적 사유를 회피하도록 만드는 개인적·내면 지향적 영성의 '자아 종교들'이 한없이 창궐하고 있다.

우리가 예상해볼 수 있는 최악의 그림은 이 두 가지 상이한 흐름이 하나로 결합되는 상황이다. 실제로 세월호 참사의 진상을 규명하는 일이 소비 심리의 위축과 경제 위기를 넘어 사회 불안과 사회 분열, 그리고 안보 위기로까지 이어진다는 우파들의 발상은 그동안 별개로 작동하던 두 개의 통치성이 하나로 결합되고 있는 양상을 나타낸다. 지금까지는 종북·좌파 담론과 같이 (북한으로 표상되는) 가시적이고 실체적인 수준의 불안과 공포를 해소해줄 우리 안의 '대리 표적' 찾기가 있었고, 그 맞은편에 박근혜 정부를 대표하는 브랜드라 할 수 있을 '4대 사회악 척결' 공약과 같이 도덕적 악의 수준으로까지 격상된 대중들의 실존적인 불안과 공포의 '대리 표적' 만들기가 나란히 있었다. 그런데 그렇게 서로 마주보고 있던 그 두 개의 통치성이 세월호 참사의 희생자 가족들을 타자화시키는 과정에서 절묘하게 합치되는 장면이 연출되었다.

'대학 특혜', '의사자 지정', '거액의 보상금' 등을 요구하면서 대중들의 삶에 불안과 공포를 안겨주는 비도덕적인 이웃이자, "이것이 국가인가?", 또는 "국가란 무엇인가?"라는 질문을 끊임없이 제기하면서 '진상규명'과 '(대통령을 포함한) 성역 없는 책임자 처벌'을 요구하는 (종북·좌파 세력들과 흡사한) 위험분자들, 그렇게 이중적인 형상으로 희생자 가족들을 타자화하면서 대중들은 분노의 감정을 그들에게 폭발시킨 것이다. "유가족이 벼슬이냐", "놀러가다 사고가 난 거 아니냐", "이제 그만 좀 요구해라" 같은 댓글들이 바로 그 증거라 할 수 있을 텐데, 이러한 초점이 빗나간 분노의 감정들은 개인이나 사회 안에 내재하는 근본적인 적대를 외부로 '투사project'한 결과물로 해석되어야 한다.

 영성, 힐링, 웰빙 등의 이름을 달고 있는 자아 종교를 통해 개인은 안정된 심리적 동일시를 추구하지만 정체성은 여전히 불완전한 것으로 남을 수밖에 없다. 자아의 정체성이 심리적 불충분, 결핍, 부재, 외상의 근본적인 감각들 위에서 세워진다고 주장하는 정신분석학에 따르자면, 개인은 심리적 삶의 심장부에 남아 있는 공허, 어떠한 개인적·내면 지향적 영성 수행으로도 끝내 채워지지 않는 결핍이나 부재를 덮어서 가리기 위해 자신들 안의 타자성을 외부의 누군가에게로 투사하게 마련이다. 마치 유대인이 오랫동안 근대 유럽 사회의 근본적인 적대의 징후로 봉사해오면서, 유럽인들의 투사된 부정적인 정체성을 압축적으로 표상해왔던 것처럼, 지금 한국의 대중들은 자신들 안의 타자성을 세월호 참사의 희생자 가족들에게 투사함으로써, 자신들의 '대한민국'이 그 어떤 적대나 갈등도 없는 조화롭게 통일된 세계여야 한다는 강박을 드러내고 있는 것이다.

아니나 다를까 최근 들어 보수 개신교 진영에서 세월호특별법 제정을 중단하라고 촉구하고 나서는 모습을 보면 그러한 예상이 점점 현실로 나타나는 것 같다. 덧붙여 "세월호 책임을 대통령에게 돌리고, 대통령 퇴진을 요구하는 종북·좌파 세력들 철저히 막겠습니다"라는 새누리당의 선거용 현수막은 유가족들보다는 그들을 선동하고 있(다고 믿어지)는 모종의 정치 세력들을 직접적으로 겨냥하고 있기는 하지만, 궁극적으로는 우리 사회의 안전과 안녕을 위협하는 모든 이웃이 곧 우리의 적이라는, 보다 강화된 이데올로기적 사고를 은밀히 전파하고 있는 것으로 보인다.

요컨대 나의 앞에서 타인의 얼굴이 지워지고, 나의 귀에 타인의 목소리가 더 이상 들리지 않게 될 때, 타자를 괴롭히는 고통과 악과 불의에 대하여 내가 책임을 다해야 한다는 충동이 일어날 수 있는 가능성도 사라진다. 그리고 그 충동이 사라질 때 우리가 우리의 '존재를 넘어서' 무한자에게 좀 더 가까이 다가갈 수 있는 길도 사라진다. 그러므로 이제 사회적 영성이 가야 할 곳은 도덕적 충동이 사라지는 곳이자 무한자를 향한 초월의 욕망이 좌절되는 바로 그곳이다.

'사회체적인 것'이 '사회적인 것'을 끊임없이 위협하면서도, 그것 없이는 자기 존재의 정당성을 확보할 수 없기에, '사회적인 것'을 정치적으로 무력화된 방식으로 포획하고 있는 그곳, 즉 '사회'를 향하여 영성은 나아가야만 한다. 필연성과 유용성, 계산 가능성과 (화폐적 가치로의) 교환 가능성이 유일한 척도가 되어 타자에 대한 인간 존재의 도덕적 책임성을 억압하고 있는 이 세계에서, 그러한 세계의 논리를 뛰어넘을 수 있는 신적이고 성스러운 그 무엇인가는 오직 이 세계의 가장 비천하고 비참하며 비극적인 존재들을 통해서만 주어질 수 있다고 영성은 여전히 믿기 때문이다. 이처럼 영성은 도덕을 부르고 도덕은 정치를 부르며, 정치는 다시 영성을 부르는, 결코 헤어나올 수 없는 아포리아, 바로 그 중심에 사회적 영성의 (불)가능성에 대한 우리의 물음이 놓여 있다. 사회적 영성에 관한 물음이 중단될 수 없는 이유다.

● 이 글을 쓴 **정용택**은 제3시대그리스도교연구소에서 상임연구원으로 일하면서 민중신학을 연구하고 있으며, 한신대 신학과 박사과정에서 기독교 사회윤리학을 전공하고 있다. 민중신학과 현대 비판이론 간의 대화에 관심을 갖고 있으며, 현재는 '사회적인 것'과 '종교적인 것'의 접합 가능성을 탐문하는 작업에 몰두하고 있다. 다른 이들과 함께 쓴 책으로 『잉여의 시선으로 본 공공성의 인문학』, 『교회에서 알려주지 않는 기독교 이야기』, 『아무도 기억하지 않는 자의 죽음』 등이 있다.

"공동체적인 영성이라고 할 때는, 그 경험은 다시 사회로 환원되어 그 사회를 변화시키고, 그 사회 안에 존재하는 한 개인과 함께 다른 사람의 삶의 질을 변화시키는 연대와 상호변화에 강조점이 있다. 그러므로 사회적 영성이란 한 개인의 경험을 신앙 안에서 해석해냄으로써 개인의 삶과 사회의 질을 동시에 변화시켜가는 과정을 의미할 뿐 아니라, 사회의 경험을 해석함으로써 사회 전반의 변화 뿐 아니라 한 개인의 삶의 질을 변화케 하는 상호적인 두 가지 축 모두를 의미한다."

사회적 영성의 정의와 방법론

박정은(영성학, 홀리네임즈대학 교수)

영성spirituality이란 말이 신학계를 초월하여 우리 사회에 키워드가 된 지 오래이지만, 아직도 그 정의나 개념은 정확하게 자리 잡히지 않았다. 영성 개념은 무척 애매모호하고 분명하지 않아서 필요에 따라 차용되어진다는 느낌을 지우기 어렵다. 교회의 기도원을 영성수련원으로 이름 바꾸는 것을 보니 영성이 기도와 비슷한 말 정도로 인식되는 것 같다. 이러한 모호함은 미국에서도 비슷한데, 최근 흔한 표현으로 어떤 사람들은 "나는 영성적이지만, 종교적인 인간은 아니다I am spiritual, but I am not religious"라는 말을 하곤 한다. 이는 영성이 기도 생활이라는 아주 개인적인 신심 활동 정도로 축소되어 이해되거나, 어떤 종교나 공동체에 대한 헌신 없이 개인적인 자아 초월을 추구하는 행위 정도로 사용되는 경우라 할 수 있다.

이 두 가지 일반적인 견해도 영성의 한 단면을 설명하는 측면도 있겠으나, 이는 진정한 영성의 의미를 가리는 위험도 있다. 즉 영성은 기도 생활과 신심 활동 등을 내포하며, 근본적으로 경험이란 차원 위에 놓여지므로 교회의 교의dogma에 매몰되지 않는다는 특성을 드러낸다. 그러나 이런 이해는 영성이 개인적인 성화에만 관심을 가진다든가, 헌신 없는 신앙을 추구하는 현대인의 경향을 합리화하는 도구로 사용하게 될 위험을 안고 있다.

영성은 총체적인 신앙 안에서의 경험을 인식하고 해석해가는 과정을 의미한다.[1] 영국의 영성학자 필립 쉘드릭Philip Sheldrake은 영성의 특성을 '세속적이며 변증법적'이라고 정의하는데, '세속적'이라는 것은 교의보다는 일상에 그 중심이 있음을 의미하며 '변증법적'이란 전통적인 영성적인 이론과 훈련들이 현재의 경험과의 관계 안에 놓인다는 점에서 그러하다고 설명한다.[2]

더 나아가 그리스도교 영성은 그리스도교 신앙의 삶 안에서 체험하는 모든 경험들을 해석하고 그 의미를 발견함으로써, 신앙의 차원을 넓히고 깊게 하는 모든 과정을 이야기한다. 학문적으로 영성은 한 인간이 신앙의 틀 안에서 갖는 경험, 즉 사회적·경제적·정치적 그리고 문화적인 체험을 신앙 안에서 통합하고, 의미를 찾아내는 과정을 기술하는 학

---

1. Sandra Schneiders, "Spirituality as an Academic Discipline: Reflections from Experience", *Christian Spirituality Bulletin*, Fall, 1993, p. 2. 그리스도인 영성과 아시안 영성의 연구 방법 및 이해에 대해서는 Jung Eun Sophia Park, "Doing Theology: Asian Women's Christian Spirituality", *Ewha Journal of Feminist Theology*, Vol.3., 2005, pp.150-173 참조.
2. Philip Sheldrake, "What Is Spirituality?" in *Exploring Christian Spirituality: An Ecumenical Reader*, ed. Kenneth J. Collins, Grand Rapids, MI: Baker, 2000, p.22

문이다. 그러므로 영성을 공부하는 가장 근본적인 접근법은 인간학적이다. 또한 한 인간의 신앙적 체험도 그 사람이 사는 환경과 구조, 즉 성gender, 계층, 인종 등에 따라 달라지고, 그 의미도 달라진다. 그런 면에서 영성의 사회적 측면에 관심을 두는 사회적 영성social spirituality에 주목할 필요가 있다.

그렇다면, 사회적 영성이란 무엇일까? 사실 엄밀한 의미에서 모든 영성은 총체적으로 사회적 영성이며, 비사회적 영성은 존재할 수 없다. 왜냐하면 인간의 체험은 비록 개인적인 것으로 인식된다 하더라도, 그것은 사회구조에서 오는 것이며, 그 해석은 그 개인의 주어진 삶의 자리 안에서 의미를 갖기 때문이다. 그러나 그럼에도 불구하고 우리가 사회적 영성을 따로 검토하는 것은 영성의 사회성이 매우 취약하다는 반증이 될 것이다. 그러므로 이 글은 사회적 영성의 정의와 연구방법에 관한 기본적 이론과 그 적용에 관한 기본적 자리매김이다.

사회적 영성의 개념

●

영성을 신앙적 경험에 관한 해석이라고 개념 지을 때, 가장 중요한 두 요소는 변화transformation와 과정process이다. 신앙 안에서의 경험이란 단순히 기도나 어떤 신비 체험에 국한되지 않는다. 일상의 삶의 자리에서, 하느님의 나라를 체험하고 확장하는 일련의 과정에서 체험하는 모든 것이다. 미국의 버클리연합신학대학원GTU, Graduate Theological Union의 영성 학파는 특별히 영성을 해석학적 차원에서 연구한다. 이 미국의 영성학은 특별히 서구의 페미니즘과 깊은 관련이 있다. 영성의 학문적 기초를 이룩한 샌드라 슈나이더스는 특별히 "억압을 경험한 자들이 갖는 해석학적 장점hermeneutical privilege"이란 표현을 쓰는데, 이는 주변화된 삶의 경험을 가진 사람들이 경험에 대한 날카로운 시각을 갖기 쉽다는 뜻이다. 그는 교회 안에서 여성이 갖는 주변인으로서의 경험이 새로운 해석적 경계를 열어준다고 주장한다.[3] 그러므로 영성은 타자의 경험, 즉 소외되고 고통 받는 자의 체험에 관심하며, 그 안에서 의미를 찾음으로써 변화를 추구한다.

그런데 이 설득력 있는 영성에 관한 견해는 서구의 개인주의적 성향을 깊게 반영하고 있다. 과연 여성의 소외 경험 같은, 타자가 갖는 해석적 특권은 개인의 것일까? 한 개인이 경험하는 주변인으로서의 체험은 그 사회의 구조 안에서 존재한다. 그러므로 그 경험은 사회적이다. 아니 엄밀히 말하면 공동체적communal이다. 다시 말해 사회적 영성은 개인 영성의 사회적인 측면이기보다는 영성의 공동체성이라고 보아야 할 것 같다. 사회적 영성이라고 할 때, 개인 영성의 사회적인 측면만을 강조할 때는 한 개인의 경험을 제공하는 원인이나 배경을 이해하는 데 그치는 듯한 인상이 있지만, 공동체적인 영성이라고 할 때는, 그 경험은 다시 사회로 환원되어 그 사회를 변화시키고, 그 사회 안에 존재하는 한 개인과 함께 다른 사람의 삶의 질을 변화시키는 연대와 상호변화에 강조점이 있다. 그러므로 사회적 영성이란 한 개인의 경험을 신앙 안에서

3. Sandra M. Schneiders, *The Revelatory Text: Interpreting the New Testament as Sacred Scripture*, second ed, Collegeville, MN: The Liturgical Press, 1999, p.183

해석해냄으로써 개인의 삶과 사회의 질을 동시에 변화시켜가는 과정을 의미할 뿐 아니라, 사회의 경험을 해석함으로써 사회 전반의 변화 뿐 아니라 한 개인의 삶의 질을 변화케 하는 상호적인 두 가지 축 모두를 의미한다.

또한 사회적 영성은 과정에 주목한다. 사회적 영성이 어떤 결과물이나 혹은 이미 결정되어 있는 이상을 향해 진행해야 하는 어떤 신앙 교육 프로그램이 아니라는 점을 주시할 필요가 있다. 사회적 영성을 말할 때 주의해야 할 지점은 이데올로기화다. 영성이 이데올로기가 될 때, 어떤 이념의 선전도구가 될 수 있다. 다시 말해 사회적 영성은 개인을 전체 사회구조 안에서 이해하고, 경험을 구조 안에 자리매김하며, 진정성을 가지고 경험을 연구한다는 점에서 고유한 방법론을 생각해 볼 수 있겠다. 또한 여러 가지 기도의 훈련과 영성의 원리들이 하나하나 검토되어서 이 과정 안에서 한 영혼이 자유를 향해 나아가도록 이끌어야 한다. 사회 운동은 때로 목적을 위해 폭력성을 수반하기도 하고, 전체를 위해 개인을 희생시키기도 하는데, 사회적 영성은 이런 전체주의를 거부하면서, 운동성이 어떻게 개인을 억압하는지 분석하는 과정도 포함한다.

사회적 영성의 방법론

●

사회적 영성에 접근하는 데는 우선 역사적 접근 방법과 주제별 접근 방법이 있겠다. '역사적 접근 방법'은 그리스도교 전통 안에서 사회적 영성을 찾아, 비판하고 재수용하는 것이다. '주제별 접근 방법'은 사회 정의, 가난, 기도, 물질 등 각 주제별로 연구를 추진해가는 것이다. 그러나 사회적 영성의 근본적인 방법론은 영성이 사회 안에서 갖는 경험을 근간으로 하는 해석학적 방법과 관련이 있다. 결국 역사 안에서 어떤 인물이나 운동, 사건을 공부하거나 주제를 두고 공부한다 하더라도, 궁극적으로 현재 어떤 사회 안에서 경험한 사건의 해석, 즉 체험의 의미를 찾는 과정이기에 그렇다.

그리스도교의 사회적 영성을 해석적 방법으로 접근할 때, 어떻게 그리고 무엇을 기초로 발전시킬 수 있을까? 앞에서 언급하였듯이 영성의 공동체적인 국면을 볼 때, 사회분석은 매우 중요한 방법론을 제공한다. 한 개인이 놓인 삶의 자리로서 그 사회를 이해하는 것은 특별히 공동체성을 강조하는 사회적 영성 방법론의 가장 기초가 된다. 사회분석은 특히 해방신학에서 발달했는데, '현장 체험→사회분석→기도 혹은 신학적 성찰→계획→현장 체험'이라는 사이클 안에 놓인다.[4]

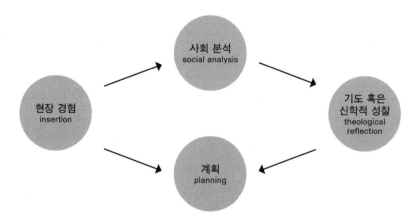

먼저 현장에 들어가서 체험하고, 그 체험을 분석한 후 어떤 행동을 취할 것인가를 놓고 기도하고 식별하는 것이다. 여기서 행동은 중요한 축이 되며 행동 없이 경험은 존재하지 않는다. 또한 행동이 가지는 위험성을 충분히 인지하며, 행동이 가져온 부작용이나 불완전성은 기도 안에서 화해되어지고, 희망을 보유한다. 한나 아렌트가 말하듯 인간이 행동할 수 있다는 것은 자신이 무엇을 하고 있는지 생각할 수 있는 능력을 발휘한다는 것을 뜻하기에 그러하다. 그렇다면 비록 같은 정황에 놓인다 하더라도, 선先 경험과 그 경험에 대한 분석을 토대로 기도하면서 계획된 행동은 다른 차원에서 놓인다. 설사 다른 사람이 볼 때는 비슷한 행동이라도 말이다. 그렇게 하다 보면, 결국 존재 양식은 "행동 속에 관상, 관상 속에 행동contemplation in action, action in contemplation"을 사는 것이 되고, 이는 하느님의 현존 안에서 행동하고 기도하는 자세를 배우는 일련의 과정을 의미한다.

물론 이 사이클에서 어떤 부분이 먼저 시작되는 지는 중요하지 않다. 어디서 시작해도 결국 경험을 분석하고, 기도하고 식별하고, 행동하는 기본 구조는 같다. 예를 들어, 어떤 사람이 직장에서 해고를 당했다면 본인의 감정을 감지하고 그 안에서 의미를 찾는 것도 중요하겠지만, 그것만으로 이해에 도달했다고 볼 수 없다. 누가 이 상황에서 피해자인가,

---

4. 최근에 사회정의와 영성과 관련하여 여러 모델들이 제시 되었다. 다양한 모델들은 정리한 논문은 John Trokan, "Models of Theological Reflection: Theory and Praxis", *Catholic Education: A Journal of Inquiry and Practice*, Vol. 1, No. 2, December 1997, pp.144-158이다. 나는 여기서 개인과 사회의 변화에 중점을 둔 Holland and Henirot 모델을 사용했다.

내가 경험한 일이나 상황은 사회의 어떤 구조에서 오는가를 분석해보는 것이다. 더 나아가 어떤 차원에서 구조조정이 일어났고, 그것은 어떤 면에서 사회정의에 어긋나는지, 혹은 더 크게 자본주의의 경제구조도 이해해야 하는 것이다. 그 후에 기도하면서, 하느님은 나에게 이 경험을 통해 무엇으로 이끄시는지 식별하고 다음의 행동을 결정해야 한다. 그리고 그 결정은 행동으로 이끌며, 이 행동은 또 새로운 경험을 제공할 것이다.

영성학자 엘리자베스 리버트는 사회적 식별에서 경험이 가지는 사회 구조적인 이해는 존재의 지평을 넓혀준다고 설명한다.[5] 그러니까 사회적 영성은 한 개인의 삶에서 갖는 체험이 개인주의적인 범주에서 멈추는 것이 아니라 타자와의 역동적 관계 안에서, 사회구조 안에서 발생하며, 그런 이해는 개인의 삶을 풍부하게 한 다는 것이다.

사회적 영성의 방법론은 다분히 여러 분야의 이론들이 함께 사용된다는 점에서 학제간interdisciplinary적 접근이다. 사회구조 분석은 사회학에서 나왔고, 정치학, 경제학, 혹은 인류학이나 철학이 풍부한 방법론을 제공할 수 있다. 만일 오늘을 사는 신앙인으로서 노동과 고용의 경험을 놓고 사회적 영성을 생각한다면, 글로벌주의나, 자본주의 경제, 그리고 정보화 사회 등의 연구에 귀를 기울여야 할 것이다. 가령 사회적 영성의 연구 사례로 제주 강정마을을 들 수 있겠다. 그곳에는 평화 운동, 생

---

5. Elizabeth Liebert, 2012년 5월 버클리에서 가진 저자와의 대담에서. 그의 책 『사회적 식별』은 근간 예정이다.

태 문제, 미국 군사제국주의, 그리고 제주라는 지역의 사회 문화적인 특성, 그리고 교회와 지역 공동체와의 관계 등이 아주 복잡하게 얽혀 있기 때문이다. 더구나 사회적 영성이 행동을 지향하고, 어떤 행동이 가장 선을 이루어내는가 관심을 기울인다고 할 때, 윤리학과의 연계는 매우 중요한 요소로 대두된다.

또한 사회적 영성에서 사회의 범주를 새로이 규정해보는 것도 중요하다. 사회의 범위는 가정, 마을, 국가가 될 수 있고, 더 나아가서는 전 인류도 될 수 있다. 만일 사회적 영성을 추구하는 사람의 시각과 신앙이 성장하는 것이라면 궁극적으로 지구 공동체의 생태정의, 분배의 정의가 주제가 되는 것은 당연하다.

그렇다면 사회적 영성을 공부하는 데 근간이 되는 자료는 어떤 것이 있을까? 일반적으로 영성의 근거가 되는 자료로는 성서, 교회의 사회교리, 교회 안팎의 텍스트들이 될 수 있겠다. 특히 성서는 신앙인들이 겪는 체험을 해석하는 규준이 되는 가장 기본적인 텍스트다. 예를 들어 「아모스서」나 「이사야서」의 사회적 비전, 즉 "공의가 물처럼 흐르게 하고, 정의가 마르지 않는 강처럼 흐르게 하여라"(「아모스서」 5:23)라든가, 하늘나라는 아기가 독사굴에 손을 넣고, 수사자와 함께 뒹구는 상황이라는 말씀(「이사야서」 11:6~8)을 기준으로 경험을 분석할 수 있을 것이다. 매일 양심 성찰을 할 때, 이런 성서 구절을 놓고 하루하루의 일상을 어떻게 살았는지 성찰하는 것도 사회적 영성의 감수성을 훈련하는 방식이 될 수 있다.

성서 텍스트가 규준이 된다고 할 때, 그것이 헌법 조항처럼 의미를 제한한다는 뜻이 아니라, 우리의 경험과의 대화를 통해 그 의미가 계속적으로 변화해감을 뜻한다. 필자가 처음 본 영화는 열 살 때 아버지와 본 〈사운드 오브 뮤직〉인데, 그 후에도 여러 번 보았다. 처음 그 영화를 볼 때 인상적으로 다가온 것은 손가락을 베었다고 손을 내밀던 꼬마 아이였다. 이 영화를 십대에 보았을 때는 첫째 딸의 사랑 이야기가 의미 있게 다가왔다. 이,삼십대에 영화를 보았을 때는 수녀원을 나온 마리아와 중령의 사랑 이야기가 아름답게 다가왔다. 그런데 사십대에 영화를 보았을 때는, 중령과 재혼을 하고 싶어 하는 중년 여인의 입장이 더 깊이 다가왔다. 이처럼 영화라는 텍스트는 변하지 않지만 그 의미는 언제나 새롭게 해석될 수 있는 것이다. 텍스트는 독자의 삶에 도전하고, 독자는 자신의 경험을 가지고 텍스트에 도전해야 한다. 이런 정직한 과정 안에서 의미는 발생하는 것이다.

필자는 최근에 「전도서」를 공부하다가 이 텍스트가 현대인의 삶의 공황 체험과 비슷하다는 점에서 깜짝 놀란 적이 있다. 「전도서」는 불안정한 경제 때문에 잘못된 투자로 하루아침에 가난에 빠진 이들이 많고, 선이 세상을 이기지 못하는 현실 속에서 종교가 삶의 지표를 제공하지 못한 채 방황할 때 쓰여진 혹은 최소한 편집된 책이다. 「전도서」를 사회적인 맥락에서 이해해보면, "'헛되고 헛되다'라고 전도자는 말한다"는 문구가 추상적이고 철학적이기만 한 문구는 아닐 수도 있다는 것이다. 21세기 자본주의의 폭압 아래, 가난한 혹은 자본을 가지지 않은 사람의 눈으로 이 「전도서」를 보면 그 안에서 풍부한 영적인 의미를 찾아낼 수 있다. 이렇듯 성서의 텍스트는 열린 자료로서, 독자는 그 텍스트와 대화하면서 새로운 의미를 도출할 수 있는 것이다. 우리의 경험을 성서라는 텍스트의 지평과 융합하면서(the fusion of horizon, 지평의 융합)[6] 이른바 그 경험을 해석하는데, 이 과정에서 이해understanding와 전용appropriation의 변증법적 과정을 거치게 된다. 이해는 텍스트가 뜻하는 바가 되겠고, 전용은 텍스트를 이해함으로써 독자가 삶의 경험에서 의미를 찾는다는 것을 뜻한다. 전용이라는 작업에, 경험의 전체 특히 사회구조적인 요소가 신중하게 고려되어야 한다.

사회적 영성의 또 한 가지 규준점이 되는 텍스트는 사회교리일 것이다. 첫 사회교리 문헌은 노동헌장(Rerum Novarum, 직역하면 '새로운 사태')으로, 19세기말에 새롭게 대두된 노동 문제, 특히 노동자들의 인권과 분배 문제에 대한 교회의 대응으로서 교황 레오13세가 1891년에 반포했다. 그 후로 가톨릭교회는 생명이나 가난, 그리고 환경에 관한 가르침을 천명해왔고, 글로벌화 되어가는 사회에서 '가난한 자를 향한 우선적 선택the preferential option for the poor'과 공동선의 추구를 재천명하고 있다.

그 외에도 여러 신비가들의 글도 풍부한 사회적 영성의 의미를 도출하는 대화의 창이 될 것이다. 특히 자서전이나 전기 등은 좋은 자료를 제공해 준다. 사실 여성주의 영성은 중세 여성 신비가들의 글을 분석하고 연구하면서 깊은 의미를 발견했다. 성녀 글라라는 도시화되는 후기 중세사회 속에 가난을 살고, 가난한 자를 섬기는 신의 부르심에 충실하

---

6. 가다머는 해석학의 원리로 지평의 융합을 이야기한다. Hans-Gadamer의 책, *Truth and Method*를 보라.

기 위해, 중산층적 안위에 머물라는 제도 교회의 명령에 의식적으로 불순명함으로써, 가난이 가지는 영적 권위와 순명에 대한 새로운 이해의 지평을 열어주었다. 또한 현대를 사는 사람들의 텍스트도 사회적 영성을 연구하는 좋은 텍스트가 될 수 있다. 권정생의 『강아지똥』이나 황선미의 『마당을 나온 암탉』 같은 이야기를 읽어보면, 오늘을 사는 개인의 참된 경험은 특정 사회라는 구도 안에서 좋은 대화를 제공하고 그 대화로부터 의미가 발생한다. 또한 텍스트의 범위는 책의 형태로 제한되지 않는다. 구연이나 몸짓, 춤, 예전 등도 사회적 영성의 텍스트이며, 물론 영화나 만화 등을 포함하는 대중문화도 텍스트로 채택될 수 있다. 더구나 특정 사회에서 일어나는 운동들, 예를 들어 세월호 참사 규명을 위한 전 국민적인 저항 운동이나 밀양 송전탑 반대 운동 등도 사회적 영성을 공부하는 좋은 텍스트다.

사회적 영성의 적용
●

모든 영성은 사회적이다. 다시 말해 모든 영성은 공동체로부터 출발해 공동체로 돌아오는 것이어야 한다. 물론 공동체는 과연 어느 범위까지 확대되는 건지, 각자의 삶의 자리에서 신중히 식별해야 할 문제다. 개인이 사는 지역 공동체, 국가, 더 나아가 세계, 혹은 인류까지 그 범위는 넓게 적용된다. 물론 개인적인 문제는 다른 모든 범주의 공동체와 궤적을 같이 한다.

필자가 특히 한국의 사회적 영성의 뿌리로 여기는 것은 민중신학이다. 서남동과 안병무 등 여러 신학자들은 민중신학의 신학적 기틀을 마련했다. 민중신학은 민중의 영원한 생명력을 이야기한다. 즉 한국의 역사 속에서 민초들은 끊임없이 짓밟혔으나 죽지 않았고 그 생명력은 면면히 이어져 왔다고 이야기한다. 민중신학은 바로 여기에서 예수의 삶과 영원성을 보았다. 그리하여 민중신학은 신학의 자원을 서구에 의해 폄하되었던 우리 고유의 문화, 무속이나 가면극 등에서 가져왔고, 가난한 사람들이 함께 공유하는 경험에 관심을 두었다는 점에서 가장 사회적 영성에 가까운 신학이다.

이제 우리는 국가의 영역을 넘어 가난한 자와 부유한 자로 극명히 나뉜 시대에 살고 있다. 놀랍게도 미국의 극빈층과 제3세계의 극빈층은 그 삶의 수준이 비슷하다. 그러나 제3세계 어디를 가보아도 자본가의 생활 수준은 대단히 화려하다. 이런 현실에서 사회적 영성을 견지한 민중신학은 새롭게 그 정의와 범위를 생각해야 한다. 글로벌 경제에서 민중은 누구인가? 한국 땅에서 열악한 노동 조건에 시달리는 불법이주노동자, 자연재해로 하루아침에 집을 잃은 인도네시아의 주민들, 정치적 갈등으로 죽어가는 시리아의 많은 사람들… 글로벌한 가난 속에 고통받는 이들이 바로 오늘의 민중일 것이다.[7] 사회적 영성은 무언가 행동하게 하고, 그 경험을 식별하고 기도하면서 자신의 삶을 변화하게 하고,

---

7. Jung Eun Sophia Park, "Jesus of Minjung on the Road to Emmaus (Luke 24: 13~32):Envisioning a Post-Minjung Theology", in *Galilean Jesus*, ed. Bob Lassal-Klein, New York: Orbis Books, 2013.

그럼으로써 세상을 변화시켜 가는 과정을 의미할 것이다. 새 하늘 새 땅을 꿈꾸면서.

● 이 글을 쓴 **박정은**은 1963년 생으로 버클리연합신학대학원(GTU)에서 영성학으로 박사학위를 취득하였고, 현재 캘리포니아주에 있는 홀리네임즈대학에서 종교학과 교수로 재직 중이다. 주된 연구 영역은 성서 영성과 영적 지도, 한국의 무속이며, 글로벌 사회 안에서의 문화, 소통, 그리고 이주 문제에 관심이 많다. 최근에는 글로벌화되는 세상 속에서의 수도 생활에 대해 연구하고 글을 쓰고 있다. 저서로는 『이주에 관한 해석학』이 있고, 논문으로는 「문화를 넘는 영성 지도: 야수와 춤을」, 「내 경계가 흔들릴 때」, 「십자가 아래에 예수가 세우신 공동체: 요한복음 19:25~27의 해석」, 「갈릴리의 예수: 엠마오의 길 위에 선 민중신학」 등이 있다.

"사회적 영성의 역할은 기억이 포섭되기 이전에, 균일화하기 이전에 표현될 수 있는 계기를 마련하는 것이다. 그러한 계기는 같은 기억을 공유하되 다른 공간에 살고 있는 이들이 서로 만나 기억과 기억이 부딪칠 때 발생한다. 그러므로 사회적 영성은 '우리'라는 테두리 밖에 존재하는 타자들을 끈질기게 불러낸다. 그리하여 기억의 파편들이 서로 부딪쳐 더욱 잘게 부서져 또 다른 이미지로, 언어로, 의미로 발화할 수 있게 한다. 그렇게 작고 불명확하고 불안정한 기억들의 느슨한 연대를 꾸려내는 것이 사회적 영성이 제시할 수 있는 비전이다."

무덤에서 사라지다, 그리고 함께 돌아오다 •————•
: 기억의 지속과 확장을 위한 사회적 영성

조민아(영성신학, 세인트캐서린대학 교수)

지독하게 잔인했던 2014년 4월. 그 4월은 과거가 될 수 없다.

삼백 명이 넘는 생명들이 바다에 방치되는 것을 우리는 보았고, 그렇게 삶과 죽음의 경계조차 흐릿했던 시간 안에 그들이 서서히 수장되는 것을 우리는 보았고, 자식을 잃은 부모들의 살려 달라는 호소가 불통의 바리게이트에 막혀 길바닥에 내쳐지는 것을 우리는 또 보았고, 인간에 대한 최소한의 예의조차 갖출 줄 모르는 무리들이 바닥에 주저앉은 그들을 가차 없이 짓밟는 것마저 우리는 지켜보았다.

우리 모두가 그렇게 '지켜보면서' 단 한 사람의 목숨조차 구할 수 없었던 믿기 힘든 현실. 공공의 안전과 인권이 국가와 공동체로부터 유기된 채 사적 이윤의 시장에 내던져져 물어뜯기고, 그것도 모자라 정권의 나팔수로 전락한 언론에 의해 나날이 유린당하는 이 참혹한 현실에 살아남은 우리는, 아마도 떠난 이들이 살아갈 수 있었을 날들만큼 긴 세월 속에서 슬픔과 수치를 감당해야 할 것이다. 1980년, 그해의 봄처럼 2014년 봄은 우리를 오래도록 짓누를 원죄가 될 것이다.

아니다. 사실 두려운 것은 그 가늠 되지 않는 치욕의 세월이 아니다. 정말로 두려운 것은 망각이다. 우리는 아마도 잊을 것이다. 망각은 이미 시작되었다. 아마도 지쳤을 것이고, 무능력을 인정하고 싶지 않았을 것이고, 그래 봐야 별 수 없다는 패배주의와 양비론에 젖어버렸을 것이다. 우리는 이미 그렇게 많은 일들을 잊어 왔다. 세월호의 비극은 사실 예견되고 있었다. 쌍용자동차 노동자들, 삼성반도체 노동자들, 한진중공업 노동자들의 죽음의 행렬과 생존 투쟁을 우리는 보았으되 잊어버렸다. 땀 흘려 일할수록 빚만 늘어나는 농민들의 한숨을 우리는 들었지만 귀를 막았다. 용산과 밀양과 강정마을 주민들을 향한 국가의 폭력을 알았지만 모른 체했다. 비정규직 노동자들의 하루살이 삶을 매일 목격하지만 매일 눈을 감는다. 입시 경쟁에 쫓겨 몸과 영혼을 망치고 있는 아이들의 하루하루를 심지어 내 집에서 지켜보지만 어찌 할 수 없어 묻어버린다. 세월호의 비극은 이 모든 비극들의 연장선상에 놓여 있다. 그리고 우리는 기억하기보다 잊는데 훨씬 익숙하다.

결코 아물지 않을 상처가 될 기억과, 어서 빨리 잊고 싶어 하는 욕구는 사고 후 전혀 개선되지 않는 현실에 어지럽게 얽혀 공존한다. 곧 구조될 것을 추호도 의심치 않았던 세월호의 천진한 얼굴들이 뭍으로 띄워 보낸 영상들과 월드컵을 선전하는 '즐겨라 대한민국' 포스터가 동시에 쏟아져나오는, 이 도저히 화해될 수 없는 이미지 덩어리들이 같은 공간을 둥둥 떠다니는 TV 속 현실은 그로테스크하기 짝이 없다. 그리고 그 가운데서 '영성'에 대한 질문을 던진다는 것이 나는 두렵다. '영성'이란 단어가 이미 상투어가 되었듯, 이 시점에서 던지는 내 질문 또한 상투적인 질문이 되어 습관적인 애도와 희망에 물 타기하며 결국 망각의 그물망을 넓히는데 기여하지는 않을까?

그러나 그저 슬퍼하는 것, 대상도 불분명한 어떤 것을 그저 희망하는 것은 이 글의 목적이 아니다. 나는 '기억'을 요구하며 이 글을 시작한다. 빠르게 미끄러질 그날의 기억을 붙잡기 위해, 그 기억에 단 한 점의 의미라도 더하기 위해. 그러므로 이 글에서 질문할 사회적 영성의 위치는 4월 16일의 상흔과 그것을 잊기를 종용하는 욕망 사이의 어느 지점이 될 것이다. 자극하지 않는다면 쉽게 망각으로 끌려가 버릴, 그 불균형한 힘에, 나는 개입한다.

상흔과 망각. 그 두 힘의 대립을 나는 예수의 시신이 사라진 무덤 앞에서도 발견한다. 예수의 제자들은 스승을 배반하고, 죽어 가던 그를 유기하고, 제각기 살길을 찾아 떠났다. 그날의 수치를 견디지 못해 서둘러 망각으로 도망치던 제자들을 제어한 것은 무엇이었을까? 나약했던 그들이 어떻게 망각을 멈추고 기억을 붙잡을 수 있었을까? 스승이 이미 떠난 자리에서 진리는 어떻게 잊혀지지 않고 살아남았으며, 어떻게 그 모래알과 같은 사람들의 입을 통해 퍼져나갈 수 있었을까?

나는 이 질문들을 '사회적 영성'이란 화두와 연결하고자 한다. 제도 교회의 교리로부터 상대적으로 느슨한 '사회적 영성'이란 사유와 실천을 통해 우리 시대의 빈 무덤, 세월호의 기억을 지속하고 확장할 언어들을 제안해보고자 한다. 그리하여, 빈 무덤 앞의 제자들처럼 혼란스럽

고 수치스러운 우리들 또한, 그들이 예수에 관한 기억을 놓지 않았듯,
그날의 기억을 공동체의 기억으로 재구성하고 공감의 에너지로 활용할
수 있기를 나는 바란다.[1]

"그러나 삶의 노래가 왜 멎어야 하겠는가, 이 세상에서"
●

신학자로서, 아니 그보다 신앙인으로서 느꼈던 무력감을 먼저 고백해
야겠다. 울부짖는 희생자 가족들 앞에서 신의 존재와 신의 정의와 신의
가호를 이야기한다는 것이 얼마나 부적절한 일인지 나는 세월호 참사
를 통해 처절하게 깨달았다. 영웅처럼 나타나 희생자들을 살려내는 기
적을 행사할 신, 책임자들을 낱낱이 찾아내 심판하고 벌하고야말 신은
진즉에 없었다. 그렇다고 차가운 바다 속에서 죽은 생명들과 함께 떨고
있을 신, 팽목항 부두에서 흐느끼는 가족들을 껴안아주고 있을 신은, 신
학을 연구하는 나 자신을 위한 민망스런 합리화는 될지언정 희생자 가
족들에겐 별로 쓸모가 없다. 신은 침묵했다. 사랑하는 이들을 삼켜버린
검은 바다가 떠올리는 무심한 태양을 매일매일 바라봐야 하는 고문을

---

1. 본 글의 방법론은 미셸 드 세르토Michel de Certeau의 저서 *The Mystic Fable, vol. 1: The Sixteenth
and Seventeenth Centuries*, trans. Michael B. Smoth(Chicago, 1992)과 세르토가 남긴 다수의 논
문들 중 특히 "How Christianity is Thinkable Today?"와 "White Ecstasy" in *The Postmodern
God*, ed. Graham Ward(Made, MA: Blackwell, 1997)과 "The Weakness of Believing: From the
Body to Writing, a Christian transit" in *The Certeau Reader*, ed by Graham Ward(Malden,
MA: Blackwell, 2000) 에서 착안되었다. 직접인용보다는 방법론적 인용이 많기에, 꼭 필요한 경우를
제외하고는 일일이 각주를 달지 않았다.

당하는 이들 앞에서 그 침묵을 정당화할 수 있는 논리는 없다. 침묵하던 신은 기어이 파렴치한 종교인들의 말에 의해 난자당한 채 쓰레기통에 버려지기까지 했다. 그렇다면 저 죽음의 바다 앞에서 신학적 상상력은 그만 용도 폐기 되어야만 하는가?

신학자들에게 위의 질문은 선택의 문제가 아니다. 절망의 심연 속에서 어떻게 신에 대해 사유해야 하는가 하는 질문은, 적어도 신학자들에게는 지극히 실존적인 질문인 동시에, 신학자이기에 감당해야 할 천형天刑이다. 살아야 할 이유를 찾아야 하기 때문이며, **그럼에도 불구하고**, 신에 대한 그리고 믿는다는 행위에 대한 사유를 멈출 수 없기 때문이다. 신학적 상상력을 포기할 수 없는 이유는 또한, 불필요하고 무능하고 때로 해로워 보일지라도 신학은 여전히 비인간화한 세상에 균열을 일으킬 파괴적 가능성을 지니고 있기 때문이다. 신학은 근본적으로 '타자성'을 근거로 하기에, 지배 사회질서 안으로 수렴되고 통치 이데올로기와 동일화하지 않을 잠재력을 지니고 있다. 모든 별이 꺼지고 모든 노래가 사라진 세상에서 "그러나 삶의 노래가 왜 멎어야 하겠는가, 이 세상에서"[2]라고 노래하는 시인처럼 모든 합리적 대안과 논리적 설명이 사라진 지평을 보며, 신학자는 "그러나 희망을 왜 포기해야 하겠는가, 이 세상에서"라고 매우 불합리한 질문을 던질 수 있다.

고통과 절망의 현장에서 신학적 상상력이 폐기될 수 없다면, 그러나 전혀 기능을 하지 못한다면, 고통과 절망에 응답해온 기존의 신학적 언

---

2. 김남주, 「희망이 있다」 부분, 『나와 함께 모든 노래가 사라진다면』, 창작과비평사, 1999.

어들이 부적절하다는 것을 의미할 것이다. 아도르노는 "아우슈비츠 이후 시를 쓰는 것은 야만적이다"라고 말했다.[3] 얄팍한 감성을 집어치우고 사랑 타령 따위나 하는 그 입을 다물라는 뜻으로 흔히 곡해되고 있는 이 말은, 사실 폭력과 죽음이 난무하는 세상에서 삶에 대한 일체의 긍정이 가능한지 역설적으로 일깨우는 말이다. 예술 행위 자체가 삶에 대한 욕구의 반영일진대, 죽음의 시대를 걷는 예술가는 무엇을 해야 하는가? 아도르노는 예술의 자율성이 전제하는 "절대적 자유"라는 것이 사회에 만연한 통제, 억압과 모순 관계를 이루는 한, 예술이 가진 창조적 자명성은 사라져버리며, 오히려 비인간화한 사회를 긍정하는데 기여한다고 말한다.[4] 삼백 명이 넘는 생명이 백주에 바다 속에 수장되는 세상에서 우리는 도대체 왜/어떻게 살아야 하는가. 이 질문을 거치지 않는 시 쓰기는, 그것이 어떠한 행위인지 판단을 회피한 자위행위에 불과하다. 시인이 죽음의 시대를 살고 있다면 그의 시는 몸을 이탈하여 아름다운 가상의 세계로 도피할 수 없다. 시인들은, 시 쓰기라는 숙명을 감당하는 이상, 이 야만의 세상에서 **왜 그리고 어떻게** 시를 써야 하는지에 대한 질문을 피해 갈 수 없다.

아도르노의 역설은 신학자들에게도 유효하다. 신의 초월성과 절대성 그리고 그것이 제시할 비전이 사회의 불의와 부조리와 접점을 찾지 못하는 한, 그 초월성과 절대성의 언어에 기반한 신학의 파괴적 잠재력은

---

3. Theodore Adorno, *Kulturkritik und Gesellschaft. In: Lyrik nach Auschwitz. Adorno und die Dichter*, Reclam, Stuttgart, 1995, p.49

4. Theodore Adorno, *Aesthetic Theory*, Bloomsbury Academic, 2004.

발휘되지 못한다. 초월성의 극단화는 비인간화한 사회를 향해 아무 상관이 없는 비판을 제시함으로써 역으로 비인간화를 긍정한다. 차안此岸 너머에, 물物의 세상 저편에 존재하는 신은 신을 대리하는 제도가 마련한 칙령으로 축소, 변질되거나(천주교), 현실을 자족적으로 이해하도록 명령을 내리는 내면의 환청으로 퇴행할 위험을 지닌다(개신교). 현실과 관계 맺기를 포기하는 신학은 망상에 불과하다. 신학자들은 신에 대한 사유라는 숙명을 받아들이는 이상, 야만의 세상에서 **왜 그리고 어떻게** 신을 사유해야 하는가라는 질문을 외면할 수 없다. 사회적 영성에 대한 논의가 필요한 지점은 바로 이 질문이 제기되어야 할 지점과 맞닿아 있다.

사실 고통을 대면하여 왜 그리고 어떻게 신을 사유하고 표현하는가 라는 질문은 던지는 것은 그다지 낯설지 않다. 해방신학, 민중신학, 여성신학, 탈식민주의 신학, 그리고 또 많은 신학들이 복음과 상황을 두 축으로 삼으며 각기 다른 방식으로 동일한 질문을 던져 왔다. 친숙하다면 친숙할 이 질문이 사회적 영성을 통해 낯설어질 수 있다면, 아마도 "영성신학" 분야가 갖고 있는 특수성 때문일 것이다. 샌드라 슈나이더스는 영성신학이란 그리스도교 신앙의 '경험'들을 연구하는 해석학의 영역이라 정의한다. 신앙을 근원적 질문으로 삼되 인간의 몸을 근거로, 인간의 경험을 통해, 인간의 경험을 위해 응답을 시도하는 학문이라는 말이다. 따라서 영성신학의 자료는 텍스트로 표현된 인간의 주관적인 신앙 경험이다. 영성신학이 다른 신학 분야와 구분되는 지점은 바로 주관적인 경험 자체에 주목한다는 것이다. 신학의 다른 분야들이 이 경험이 표현된 현상과 방식을 근거 삼아 이론을 도출해내거나 보편적인 구조를 찾는데 관심을 쏟는 반면, 영성신학은 텍스트를 통해 기록된 경험 자체, 그 경험이 말해주는 인간의 삶에 집중한다. 다시 말해, 신의 현존을 인식론적으로 이해하고 표현하는 분야가 아니라, 그 신이 인간의 삶 속에서, 또 인간과 인간의 관계 속에서 어떻게 경험되는가를 연구하는 분야다.[5] 그러므로 영성신학은 슈나이더스가 리쾨르Paul Ricoeur의 표현을 인용해 주장했듯 "인간에 관한 과학"이다.

이점에서 영성신학은 신에 관해 말할 수 있는 우회적이지만 가장 솔직한 통로라고 할 수 있다. 영성신학은 신의 현존을 완벽하게 표현할 언어란 없다는 것을 처음부터 인정한다. 그 대신 표현 불가능한 신비가 인간의 몸, 인간의 삶의 자리를 관통할 때 남겨지는 파장과 흔적들을 주목한다. 해변의 모래사장에 찍혀진 발자국처럼, 어린 시절부터 반복되는 꿈처럼, 형체도 없이 기억을 장악하는 향기처럼, 신비는 아스라하지만 강렬하게 우리 삶에 침투하며, 낯설고도 친숙한 흔적들을 남긴다. 영성신학은 그 흔적들을 집요하게 추적한다. 영성신학 연구의 "본질적 요소"라 일컬어질 수 있는 것은 따라서 언어와 시공간의 바깥에 있는 신, 흩어져 있는 신비의 흔적들을 집중시키고 단일화하는 신/대타자 the Other가 아니라, 오히려 흩어진 채로 존재하는 수많은 소타자들particular others, 그들이 저마다 다른 형태로 간직하고 있는 신/대타자에 대한 기

---

5. Sandra M. Schneiders, *Exploring Christian Spirituality: Essays in Honor of Sandra M. Schneiders*, edits by Bruce H. Lescher and Elizabeth Liebert, Paulist Press, 2006.

억이다. 영성신학은 신의 흔적을 제시하여 신에 대해 말할 수 있는 공간을 마련하되, 신의 무게를 강요하지 않는다.

흔적들, 그 흔적을 간직하는 기억들은 언제나 파편으로 존재한다. 인간의 몸과 삶의 자리를 뚫고 지나가는 신비는 그 어느 누구에게도 완전한 기억을 허락하지 않는다. 불완전하나마 (혹은 불가능하나마) 원래의 모습을 상상할 수 있는 가능성은, 또 그것이 단편적 이미지를 넘어서 하나의 의미로 발화할 수 있는 가능성은, 오로지 나의 경험을 다른 이들과 공유할 때 발생한다. 고유하고 독특한 한 개인의 경험인 것처럼 보이는 중세 신비가들의 신비 체험조차, 그 체험들이 언어를 입고 의미로 발전되어 우리에게 전달되기 까지는 기록자들의 ('번역'을 동반한) 손과, 공동체/교회의 검증, 첨삭, 신학화의 과정이 있었다.[6] 따라서 영성신학은 제도 교회와 교리에 얽매이지 않으면서도 언제나 공동체적이다. 영성신학은 신을 향한 체험자의 열망이 신에게 닿거나 혹은 미끄러지는 행위들을 포착하는 언어와 이미지에 관심을 갖는 동시에, 또 그 언어와 이미지들이 동시대 사람들에게 전달하는 충격과 그에 대한 반응으로 관심의 영역을 확장한다.[7] 그 공동의 경험을 통해 개인의 기억이 집단의 기억으로 재구성되고, 마침내 공감의 영역으로 확산되는 과정을 쫓으며, 영성신학은 신비에 관한 조각그림을 맞춰 나가기 시작한다. 그 조

---

6. 힐데가르트 성인[1098~1179]이 처음 비전을 보기 시작한 것은 3살 때였으나, 그녀가 팔마Volmar를 통해 자신의 체험을 기록하기 시작한 것은 1141년이다. 그 전까지 힐데가르트는 자신의 경험을 숨겼고, 그녀의 비전은 영성의 의미망 안으로 포섭되지 않았다.

7. Michel de Certeau, "Culture and Spiritual Experience", trans. J.E. Anderson, *Concilium*, 19, 1966, p.9

각 그림은 또 다른 기억과 경험이 개입될 때 언제나 균열되고 해체된다. 그러므로 완성될 가능성은 영원히 없다. 언제나 시작할 수 있을 뿐이다.

그러나 이렇듯 신에 관한 기억을 쫓는다는 것이 무슨 의미가 있을까? 고작 기억의 파편을 채집하여 할 수 있는 것이 무엇일까? 기억 속에 존재하는 신은 과연 살아 있는 신일까? 이미 숨이 끊어진 신의 몸을 해부하여 죽음의 원인을 밝혀내려는 검시관의 역할을 자청하는 것이 아니라면, 혹은 이미 떠나간 신을 애도하기 위해 그와 나누었던 추억을 공유하는 장례 절차를 마련하는 것이 아니라면, 기억 너머의 '실체'보다 기억 자체에 고착하는 영성신학의 목적은 과연 무엇일까? 단도직입적으로 묻는다면, 고통의 현장에서 **왜 그리고 어떻게** 신을 사유하고 표현하는가라는 질문과, 영성신학이 채집하는 신에 관한 기억에는 어떤 연관이 있을까? 위의 질문에 응답하기 위해 나는 신약성서가 기록하고 있는 고통과 혼란의 현장으로 들어가고자 한다. 어쩌면 세월호 이후 몇 달이 지난 오늘과 닮아 있는 그날, 죽음이 여전히 진행되고 있었던, 공포와 거부와 망각이 혼재하고 있었던, 그의 시체가 사라진 밤과 그것을 발견한 이른 새벽의 무덤가로.

빈 무덤: 붙잡지 말라, 대신 기억하라, 소문을 퍼뜨리라

●

1 안식일 다음날 이른 새벽의 일이었다. 아직 어두울 때에 막달라 여자 마리아가 무덤에 가보니 무덤을 막았던 돌이 이미 치워져 있었다. 2 그래서 그 여자는 달음질을 하여 시몬 베드로와 예수께서 사랑하시던 다른

제자에게 가서 "누군가가 주님을 무덤에서 꺼내갔습니다. 어디에다 모셨는지 모르겠습니다" 하고 알려주었다. 3 이 말을 듣고 베드로와 다른 제자는 곧 떠나 무덤으로 향하였다. 4 두 사람이 같이 달음질쳐 갔지만 다른 제자가 베드로보다 더 빨리 달려가 먼저 무덤에 다다랐다. 5 그는 몸을 굽혀 수의가 흩어져 있는 것을 보았으나 안에 들어가지는 않았다. 6 곧 뒤따라온 시몬 베드로가 무덤 안에 들어가 그도 역시 수의가 흩어져 있는 것을 보았는데 7 예수의 머리를 싸맸던 수건은 수의와 함께 흩어져 있지 않고 따로 한 곳에 잘 개켜져 있었다. 8 그제야 무덤에 먼저 다다른 다른 제자도 들어가서 보고 믿었다. 9 그들은 그때까지도 예수께서 죽었다가 반드시 살아나실 것이라는 성서의 말씀을 깨닫지 못하고 있었던 것이다. 10 두 제자는 숙소로 다시 돌아갔다.(「요한복음」 20:1~10)

예수의 부활 발현 설화와 함께 등장하는 빈 무덤 설화는, 아마도 가장 까다롭고 가장 표현하기 힘든 신학적 주제들 중 하나이겠지만, 대체로 부활 전승을 입증하거나 강화하는 증거로 채택되어 왔다. 가령, 칼 바르트Karl Barth는 빈 무덤이 직접 부활을 증언하지는 않지만, 부활이 실제로 일어났다는 것을 보여주는 "기호sign"라고 설명한다. 바르트에 의하면, 빈 무덤은 부정신학via negativa적인 방식으로, 부활한 예수의 몸이 목격자들의 시야에 드러났을 때 발생할 수 있는 모든 오해의 소지들을 제거함으로써, 오히려 부활 사건의 구체적이고도 객관적인 실재성을 입증한다.[8] 무덤의 공백이 역설적으로 부활 신비를 표현할 가장 적절한 이미지라는 바르트의 주장에 동의하지만, 나는 빈 무덤 설화와 부활 발현 설화의 연속성과 부활의 객관적 실재성을 강조하는 바르트를 비롯한 주류의 읽기에 일단 거리를 두며, 오히려 빈 무덤의 발견을 통해 발생한 '단절', 구체적으로 말하자면 진리 선포 방식의 급진적 변화에 주목하려 한다.

그날의 상황을 살펴보자. 빈 무덤 사건을 전달하는 「요한복음」의 문체는 숨 가쁘고 혼란스럽다. 바로 며칠 전, 제자들은 동료의 배신을 통해 무고한 스승이 잡혀 가는 현장을 목격했다. 그리고 그들은 공포에 질려 뿔뿔이 흩어졌다. 그들 대신 스승의 뒤를 따르던 여인들이, 무자비하게 매질 당하고 고깃덩어리처럼 십자가에 못 박혀 숨을 거두는 스승의 마지막 순간을 지켰다고 한다. 제자들은 다만 소문으로 들었을 뿐이다. 그들은 숨어 있어야 했다. 언제 그 폭력의 손길이 그들 자신에게 닥칠지 모르므로. 그러나 아무리 철저히 숨는다 한들 그들은 자유로울 수 없다. 스승이 죽어가는 모습이 상상 속에서 떠오른다. 악몽이다. 죽음의 적막이 오히려 평화로울지 모르겠다고 생각한다. 스승은 그렇게 사라졌다. 잔인한 기억만 남긴 채.

제자들은 스승을 따르던 여인 막달레나 마리아로부터 이른 새벽 황망한 소식을 듣는다. 스승의 시신이 사라졌단다. 새벽길을 재촉하여 달려온 그들은 무덤에 도착해 돌문이 열려 있는 것을 발견한다. 그러나 무덤에 들어가는 것이 어쩐지 내키지 않는다. 스승의 시신이 사라져버

---

8. Robert Dale Dawson, *The Resurrection in Karl Barth*, Great Britain: Ashgate Publishing Limited, 2007, p.131

렸다는 사실을 확인하는 것이 두려웠을 수도 있다. 아니면 스승을 남겨 두고 달아났던 죄책감이 텅 빈 무덤의 냉기를 타고 목을 죄어올 것이 두려웠을지도 모른다. 꺼림칙했지만, 급한 성격을 누를 수 없어 기어이 무덤에 들어가 보고야 만 베드로는 스승의 부재를 확인한다. 그리고 동료에게 그 텅 빈 공간을 낱낱이 묘사하여 일러준다. 수의와 수건의 위치까지 언급하며 아주 자세히, 그는 전한다. 스승은 이곳에 없다.

제자들이 예수를 잊기 시작했다는 사실이 이 지점에서 드러난다. 끌려가기 전 예수는 그들에게 "죽었다가 반드시 살아날 것"이라 했다. "나를 보지 못하게 될 것이나 얼마 안 가서 다시 보게 될 것이다"라고 했다. "너희가 근심에 잠길 것이나 그 근심은 기쁨으로 바뀔 것이다"라고도 했다.[9] 예수는 여러 번 반복적으로 이 말들을 남겼다. 불과 며칠 전의 일이건만, 베드로도 다른 제자도 스승의 그 말을 기억하지 못한다. 스승의 시신이 사라졌다. 누가 스승의 시신을 훔쳐갔는지 모른다. 파장이 적지 않을 사건이다. 어쩌면 불의한 세력들에 의해 스승이 살해당한 사건의 진상을 밝힐 결정적인 단서가 될지도 모른다. 무엇이든 기억했어야 했다. 되살아나리란 그 말이 기억나지 않았다면, 스승이 아무 죄 없이 죽어갔다는 사실이라도, 그것도 아니라면 스승과 함께 했던 시간들이라도 기억해내야 했다. 그러나 아이러니하게도 스승의 시신이 사라진 충격적인 현장에서 제자들은 기억을 포기했다. 상실의 상처가 너무 컸던 것일까? 혹은 죄책감이 너무 무거웠던 것일까? 아니면 시신이

---

9. 「마르코복음」 8:31; 「마태오복음」 17:22; 「루카복음」 9:22; 「요한복음」 16:16~33.

사라져 스승의 무덤가를 찾아올 이유가 없다는 사실에 실은 안도했던 것일까? 그들은 혼잣말로 되뇌었을지 모른다. 스승은 그저 사라졌을 뿐이다. 내가 할 수 있는 것은 아무것도 없다. 어깨를 늘어뜨리며, 혼란스러워 하며, 두려워하며, 근심하며, 그들은 숙소로 돌아간다. 그들은 그렇게 망각으로 도망친다.

직접 보았던 것, 직접 들었던 것들을 제자들은 그리도 쉽게 잊었다. 섣불리 그들을 비난하지 말자. 그들의 망각은 어쩌면 타당하다. 그들은 직접 보았기 때문에 믿었고, 직접 들었기 때문에 믿었다. 그러나 이제 그들이 보고 들을 스승은 없다. 스승은 사라졌다. 스승에 관한 이야기와 소문들이 사람들의 입으로 회자된다. 그러나 어느 것도 확실하지 않다. 도대체 무엇을 할 수 있다는 말인가? 무엇을 어떻게 해야 한다는 말인가? 스승 예수가 반反로마 정치범으로 처형된 이상, 제자들이 처한 정치적 조건 또한 위태롭다. 무슨 확신으로 죽음의 흔적만 남기고 사라져버린 스승의 말로를 따르겠는가?

흥미로운 것은, 이 불확실하고 의심스러울 수밖에 없는 상황, 소문만이 여기저기 떠도는 혼란스런 상황을 부활한 예수가 오히려 부추기고 있다는 것이다. 제자들이 숙소로 돌아간 후, 부활한 예수는 막달레나 마리아에게 그 최초의 모습을 드러낸다. 그런데 그의 말과 행동이 뜻밖이다.

16 예수께서 "마리아야!" 하고 부르시자 마리아는 예수께 돌아서서 히브리말로 "라뽀니!"[10] 하고 불렀다. 17 예수께서는 마리아에게 "내가 아직

아버지께 올라가지 않았으니 나를 붙잡지 말고 어서 내 형제들을 찾아가 거라. 그리고 '나는 내 아버지이며 너희의 아버지 곧 내 하느님이며 너희 의 하느님이신 분께 올라간다'고 전하여라" 하고 일러주셨다. 18 막달라 여자 마리아는 제자들에게 가서 자기가 주님을 만나 뵌 일과 주님께서 자기에게 일러주신 말씀을 전하였다.(「요한복음」 20:16~18)

마리아는 다시 살아나리라 했던 스승의 말을 기억하고 있었을까? 어 쨌든 그녀 또한 예수가 동산지기와 같은 평범한 모습으로 아무렇지도 않게 다시 나타날 줄은 전혀 상상하지 못했던 것 같다. 어느 틈에 뒤에 와 서서 이름을 부르는 예수를 보고 그녀는 놀라 소스라친다. 그리고 예수의 몸을 향해, 다시 달아날까 두려워서였을까, 황급히 손을 뻗친다. 그러나 예수는 그녀의 손을 뿌리친다. "붙잡지 말라."[11] 나를 건드리지 말라. 붙잡고 만져지나 확인하려 하지 말라. 왜일까. 애타는 마리아에게 손을 내밀어 따뜻한 피가 도는 몸의 온기를 전해주었을 법도 한데, 예 수는 그러지 않았다. 숙소로 돌아간 제자들을 쫓아가 당장에라도 모습 을 드러내며, '똑똑히 보아라. 내가 돌아왔다'고 말했을 법도 한데 예수 는 그러지 않았다. 오히려 그는 마리아의 안타까운 손을 거부했다. 대신 그녀에게 입소문을 내달라고 청했다. 어서 내 형제들을 찾아가거라. 그 리고 그들에게 내 말을 전해라. 나를 대신하여, 내가 곧 하느님께로 올

---

10. 이 말은 '선생님'이라는 뜻이다.
11. "붙잡지 말라"는 뜻의 라틴어 문장 "Noli me tangere"는 "만지지 말라"라고 번역되기도 한다.

라갈 것을 그들에게 알려라. 소문을 퍼뜨려라.

이 최초의 발현을 뒤따른 발현 설화 대다수 또한 기이하기는 마찬가지다. 예수의 부활 사건에 극적인 요소라고는 전혀 없었다. 그의 부활은 가까웠던 이들도 제대로 인식하지 못했을 만큼 초라했을 뿐 아니라 본인 스스로 부활한 자신의 존재감을 드러내거나 정체성을 천명하는 데 소극적이었다. 부활한 예수는 심지어 제자들과 함께 엠마오로 향하는 길을 오랫동안 같이 걸었음에도 불구하고 그들 중 어느 누구도 그를 알아보지 못할 만큼 낯설었다. 나타났다가 자취도 없이 사라지는 이상한 행동을 하기도 했다(「루카복음」 24:13~32).[12] 예수는 확신이 필요한, 진리를 붙잡고 싶은 제자들의 욕구를 만족 시키는 데 큰 관심이 없었고, 오히려 그런 시도를 불편하게 여겼던 듯하다. 그러나 이렇듯 가뭇없이 왔다간 예수의 행적을 묘사하는 복음서의 모든 발현 설화가 공통으로 기록하고 있는 것은 "소문을 전하라"는 예수의 부탁이다. 가서 내대신 전하라. 나에 관한 이야기들을 퍼뜨려라. 예수의 청을 받은 제자들의 반응은 다양하다. 누구는 적극적으로 팔을 걷어부치고 나서 그의 부탁을 행동에 옮기기도 하고(「마르코복음」 16:20; 「요한복음」 20:18), 누구는 그가 남기고 갔다는 말을 믿지 않기도 하고(「마르코복음」 16:11~13), 또 누구는 자

---

12. 예수의 부활 발현 설화가 등장하는 곳은 다음과 같다. 1)막달레나 마리아에게 나타나심(「마르코복음」 16:9~11; 「요한복음」 20:11~18); 2)두 명의 제자에게 나타나심(「마르코복음」 16:12~13; 「루카복음」 24:13~32); 3)11명 제자들에게 나타나심(「마르코복음」 16:14~18; 「마태오복음」 28:16~20; 「루카복음」 24:36~49; 「요한복음」 20:19~23); 4)승천과 선교의 시작(「마르코복음」 16:19~20; 「루카복음」 24:50~51). 이들 중 예수가 적극적으로 자신의 정체성을 드러낸 것은 11명 제자들에게 발현한 설화들이다.

기들끼리 추억을 나누며 그를 애틋하게 그리워하기도 한다(「루카복음」 24:32).

　부활 이후 예수의 모습을 제자들이 알아보지 못했다는 사실은 진리가 선포되는 방식(계시)에 중요한 변화가 일어났다는 것을 의미한다. 예수를 통해 직접 선포되던 진리는 이제 자취를 감추었다. 이제 진리는 그를 알았던 자들의 기억에 존재하고 그들의 증언을 통해 전달된다. 진리 자체(예수)가 명증성을 드러내지 않는 이상, 진리에 접근할 수 있는 유일한 길은 이제 나의 기억과 타인들의 증언을 믿는 것뿐이다.[13] 그 변화는 빈 무덤으로부터 시작되고 있다. 빈 무덤이 보여주는 공백을 좀 더 자세히 들여다보자. 죽음과 삶, 절망과 아주 미세한 희망이 어지럽게 얽혀 있는 그 블랙홀 같은 공간에 남아 있는 것은 예수의 수의, 죽은 이의 흔적뿐이다. 제자들이 처음 목격했던 당시, 빈 무덤은 그들이 이전에 눈으로 보고 귀로 들었던 예수, 진리 자체를 시선 밖으로 완전히 사라지게 하는 소실점이었다. 그러나 빈 무덤은 그와 동시에, 예수의 말과 행위들을 저장하고 있던 제자들의 기억이 예수가 하던 역할을 대신하게 되리라는 것을 알려주는 신호이기도 하다.

　빈 무덤 안을 엄습해오던 상처의 기억에서 벗어나 어서 빨리 망각으로

---

13. 이 부분은 미셸 드 세르토의 "The Gaze of Nicholas of Cusa"에서 주장하는 것을 적용한 것이다. 이 글에서 세르토는 니콜라스 쿠사Nicholas of Cusa의 "On the Vision of God"(1453)에 드러난, '보는' 행위에 따라 드러난 진실과 다수의 증언을 통해 표현되어지는 진실 사이의 괴리에 관해 논했다. Michel de Certeau, 「The Gaze of Nicholas Cusa」, trans. Catherine Porter, diacritics 17, 1987, pp.2-38

도망치고 싶어 하던 제자들을 붙잡은 것은 "나에 관한 소문을 내 달라" 하던 예수의 청이다. 혼자 그 청을 들었다면 어찌 되었을지 모른다. 막달레나 마리아와 같이 오해를 무릅쓰고 혼자라도 나서 스승이 되살아났다는 소식을 전할 용기가 제자들에게는 없었던 것 같다. 그러나 그들은 혼자가 아니었다. 스승을 함께 기억하는 동료가 있었고, 스승의 이야기를 듣고 싶어 하는 이름 모를 수많은 이들이 있었다. 기억은 이내 증언을 불러 일으켰고, 증언은 소문이 되었다. 너도 나도 단편적으로 가지고 있던 스승에 관한 기억들이 내 입과 동료들의 입을 통해, 그리고 이름 모를 수많은 사람들의 입을 통해 쏟아져나오기 시작했다. 스승에 관한 기억들은 빠르게 회복되고, 빠르게 살이 붙기 시작했다. 그리고 빈 무덤의 공백은 봇물처럼 넘쳐 흐르는 기억과 증언과 소문들을 담을 거대한 공백이 되었다. 기억은 마침내 진리를 대신하여 움직이기 시작했다.

시체가 사라진 무덤이 줄 파장을, 그의 실재가 아니라 오히려 그의 부재가 촉발시킬 엄청난 힘을 대사제들과 바리사이파 사람들은 이미 알고 있었던 듯하다. 「마태오복음」에는 그들이 빌라도에게 다급하게 몰려와 시체가 없어질 때를 대비해 경비를 삼엄하게 해달라 부탁하는 장면이 등장한다.

63 "각하, 그 거짓말쟁이가 살아 있을 때에 사흘 만에 자기는 다시 살아난다고 말한 것을 저희가 기억하고 있습니다. 64 그러니 사흘이 되는 날까지는 그 무덤을 단단히 지키라고 명령하십시오. 혹시 그의 제자들이 와서 시체를 훔쳐다 감추어 놓고 백성들에게는 그가 죽었다가 다시 살아

났다고 떠들지도 모릅니다. 이렇게 되면 이번 속임수는 처음 것보다 더 심한 혼란을 일으킬 것입니다."(「마태오복음」 27:63~64)

대사제들과 바리사이파들은 영리하게도 예수 부활의 소문이 예수가 살아 일으킨 소요보다 "더 심한 혼란을 일으킬 것"을 감지하고 있었다. 그리고 어느새 은연 중 그들이 파악했던 예수의 정체성을 제자들에게로 전이시키고 있다. 63절에서 그들은 예수를 "거짓말쟁이$^{\pi\lambda\acute{a}\nu o\varsigma}$"라고 부른다. 이어 64절에서는 제자들을 거짓말쟁이로 몰고 있다.[14] 진리 선포의 담지자가 예수 한 사람에서 제자들로, 익명의 다수들로 확장될 것을 그들은 진리 자체보다도 두려워하고 있었던 것이다. 기억, 그리고 그 기억을 움직이게 하는 소문 혹은 유언비어의 힘이 지배세력들을 위협하는 거대한 힘이 된다는 사실을 일찍이 주목하고 예수 사건의 전승 모체로 신학화한 민중신학자 안병무의 시각은 실로 날카롭다.[15] 예수를 따르던 이들은 부활 발현 이후 걷잡을 수 없이 퍼지던 소문들을 통해 예수에 대한 기억을 재구성했고, 그 기억을 통해 자신들이 누구인가 묻기 시작했고, 비로소 예수의 적대자들이 두려워 떨만큼 엄청난 파급력

---

14. "κέλευσον οὖ ἀφαλισθῆαι τὸ τάφον ἕς τῆ τρίτης ἡέρας, μή ποτε ἐθόντες οἱμαθητ αἰκλέψωσιν αὐὸ καἰεἴωσιν τῷλαῷἩέρθη ἀὸτῶ νεκρῶ, καἰἔται ἡἐχάτη πλάνη χείρω ν τῆ πρώτης.", 김근수, 『슬픈 예수』(「마태오복음」 해설 168) 「빈 무덤이 예수 부활 보증하지 않는다」, 《가톨릭뉴스 지금여기》 2014년 3월 13일 참고. http://www.catholicnews.co.kr/news/articleView.html?idxno=11999.
15. 안병무, 「예수 사건의 전승 모체」, 『21세기 민중신학: 세계 신학자들, 안병무를 말하다』, 김진호·김영석 편저, 삼인출판사, 2013.

을 갖춘 공동체의 기억으로 발전시켰다.

진리는 사라지고, 대신 진리를 경험했던 이들의 기억과 증언으로 채워진 빈 무덤은, 이제 어느 누구도 자신과 기억을 공유하는 다른 이들 없이 혼자의 기억에 의존해 진리를 선포할 수 없다는 사실을 일깨운다. 말하자면 빈 무덤 이후, 진리를 홀로 직접 대면하거나, 자신이 보고 기억하는 것만이 진리라고 주장할 수 있는 가능성은 폐기되었다. 빈 무덤의 공백은 또한 신학적 유비analogy의 가능성조차도 흔들어 놓았다.[16] 진리 자체가 모습을 감추고, 그 공간에 수없이 떠도는 명확하지 않은 기억들과 증언들을 통해서만 진리를 유추할 수 있는 한, 어느 누구의 기억이 더 원형에 가까울 것이다, 더 정확할 것이다 판단할 기준은 없다.[17] 좀 더 가까운, 좀 더 정확한 기억을 요구하는 열망들은 물론 존재한다. 그 열망들은 수많은 작고 소소한 기억들 위를 유영하며 어떤 기억들에게는 더 높은 위치를 부여하고, 어떤 기억들은 소멸시켜 버리는 권력을 행사하고자 끊임없이 시도할 것이다. 그러나 결국 다른 열망들과 부딪쳐 공중분해 되거나, 추락하여 다른 기억들과 뒤섞여버릴 뿐이다.

무덤은 비었다. 그는 사라졌다. 그러나 부재를 통해 그는 역설적으로 그 자신을 드러내는 불멸의 기호가 되었다. 이 불멸의 기호, 텅 빈 무덤

---

16. De Certeau, "How is Christianity Thinkable Today?"145; Fredrick Christian Bauerschmidt, "The Otherness of God" in *Michel de Certeau-in the Plural*, ed. Ian Buchanan, Duke University, 2002. p.358
17. 유비는 모든 유비들이 모방하는 원형이 존재하며, 특수한 어떤 형태의 유비는 원형을 더욱 가깝고 정확하게 반영한다는 것을 원칙으로 한다. 세르토가 유비에 관해 언급하는 부분은 De Certeau, Ibid., p.148 참고.

은 누구나 신을 상상할 수 있고, 누구나 신에 대해 말할 수 있도록 하는 급진적인 개방이요 허가permission인 동시에, 어느 누구도 완벽하게 신의 모습을 그려낼 수 없다는 준엄한 경고다.[18] 이제 예수는 오로지 "나도 그를 기억한다", "어쩌면 나도 그를 알 듯하다"라고 서로서로 조심스럽게, 끊임없이 의심하며, 그러나 그칠 줄 모르고 중얼거리는 수많은 이들의 증언 속에서만 그려질 수 있게 되었다. 다른 이들의 기억과 증언을 참고하지 않고서는 어느 누구도 홀로 예수를 "안다"라고 말할 수 없다. 그러므로 내가 "예수를 안다"라고 하는 말은 "나는 예수를 아는 다른 이들과 연관되어 있다"라는 말과 일치한다.[19] 세르토의 표현을 빌자면 "어느 누구도 혼자서 그리스도인이 될 수 없다. 오로지 다른 이들을 참고할 때만, 다른 이들과의 관계 속에서만, 나와 다른 그들의 생각을 기꺼이 인정할 수 있을 때만" 그리스도인이 될 수 있다.[20]

신이 침묵한 세상에서, 비어버린 무덤 앞에서, 스승의 시신이 사라진 흔적 앞에서, 제자들은 망각으로 도망쳤으나 결국 돌아왔다. 그들은 사람들의 기억이 자신의 기억을 지탱하는 한, 기억과 기억이 엮이는 한, 진리는 결코 사라지지 않는다는 것을 깨달았다. 제자들은 사람들을 통해, 사람들에게 돌아왔다. 이름 없는 이들이 기억하는 스승 예수를 만나러, 그들의 기억에 자신들의 기억 또한 얹기 위해.

---

18. De Certeau, "How is Christianity Thinkable Today?", pp.143-145
19. Bauerschmendt, pp.358-359
20. De Certeau, The Mystic Fable, p.231, p.258, and p.293

사회적 영성: 기억의 지속과 확장

●

그가 사라진 무덤, 이제는 그를 기억하는 이들이 만들어내는 북적거리는 소음으로 가득 찬 빈 무덤의 기억을 안고 팽목항으로 돌아오자. 실종자 가족들은 아직도 잃어버린 이들의 이름을 부르며 부둣가에 나와 앉아 있다. 서울과, 안산과, 진도를 오가며 유가족들은 울부짖는다. 우리는 마치 그날 빈 무덤을 찾아간 제자들처럼 하릴없이 희생자들의 영정과 가족들 주변을 배회한다. 예수의 시신이 사라진 자리를 보며 혼란스러워 무엇을 해야 할지 몰라 고개를 떨군 제자들처럼, 우리는 오늘 이 현실이 혼란스럽고 믿기지 않는다. 그래서 우리는 삼백 명이 넘는 생명들을 그렇게 허망하게 잃어버리는 동안 신이 과연 무엇을 했는지, 어디에 있었는지 묻고 또 묻는다. 우리는 예수의 몸에 손을 뻗어 붙잡으려 한 막달레나 마리아처럼, 신이 살아 있다는 확신이 필요하다. 신이 그저 손을 놓고 무력하게 혹은 잔인하게 바라보고만 있지 않으리라는 것을 증명하고 싶다.

믿음이 고통에 대한 처방이기를 간절히 바라마지 않는 우리는 신에 관한 인식론적인 존재 증명 자체가 곧 처방이 되리라는 환상을 갖고 있다. 그러나 빈 무덤 앞의 예수는 뜻밖의 제안을 하고 있다. 고통과 혼란의 현장에서 예수가 제시한 것은 명증한 진리가 아니었다. 존재 증명이 아니었다. 그는 붙잡히지 않았다. 머물지도 않았다. 어떠한 처방도 내리지 않았다. 대신 곧 떠날 것을 상기시키며, 진리가, 자신에 관한 기억이 공동체를 통해 재생되고 살아남아야 한다고 우리에게 일러주었다. 기억하라. 또 나를 기억하는 사람들에게 돌아가 그들의 기억을 자극하고, 소문을 퍼뜨리라.

빈 무덤 앞에서 예수가 건넨 부탁은 신을 사유하고 표현하는 방식에 대한 근본적인 도전이다. 그리스도인이 된다는 것은 더 이상 신이 존재하는지 아닌지 입증하기 위한 것이 아니다. 예수는 죽음으로써 기꺼이, 진리를 선포할 수 있는 유일무이의 권위를 모래알처럼 수많은 사람들에게 양도했다. 진리는 무덤에서 사라졌다. 산산이 흩어져 사람들의 기억으로 파고들었다. 그리고 마침내 수많은 사람들의 몸을 입고 돌아왔다. 이제 그는 오로지 다른 사람들의 몸을 통해서만, 그들의 기억을 통해서만, 그들의 말과 행동을 통해서만 존재한다. 그리스도인이 된다는 것은 그러므로 그에 관한 기억을 품고 산다는 것, 그 기억을 말로 꺼내고 행동으로 옮긴다는 것을 의미하며, 무엇보다도 그 기억을 간직한 사람들의 일부가 된다는 것을 의미한다.

또한 그리스도인들이 찾는 진리는 해체되고 재구성되기를 반복할 것이다. 우리가 살고 있는 현실 너머로부터 "주어지고" "제시"될 진리는 존재하지 않는다. 예수에 관한 동일한 기억이 존재할 수 없듯, 그 기억에 기반하여 재구성될 진리 또한 이견을 끊임없이 동반할 것이다. 그러나 어느 누구의 기억도 완전할 수 없다는 것을 인정한다면, 그 불일치와 소란을 통해 우리는 공동체로 성장할 것이다. 따라서 야만의 세상을 살아가며 예수를 만나고 싶다면, 세월호 참사 현장에서 예수를 만나고 싶다면, 예수가 부탁했듯, 사람들 속으로 들어가라. 그를 간직하고 있는 우리의 기억을 통해 우리는 서로를 알아볼 것이고, 마침내 그를 알아볼 것이다.

세월호 참사 현장에서 우리에게 필요한 것은 빈 무덤의 공백을 담아 낼 수 있는 신학적 상상력과 언어다. 공백을 재단하고 측량하는 규범들, 그 규범들을 담아내는 표현 양식인 선언과 교리와 변증적인 수사학…. 오늘 우리들의 신학적 사유와 언어를 지탱하고 있는 이들 견고한 표현 양식들은 빈 무덤의 공백을 담아내기에, 세월호의 상실과 절망과 혼란 과 불확실함을 담아내기에 적절한 그릇이 아니다. 선언은 입증된 기억 을 요구한다. 교리는 권위를 갖춘 증언을 원한다. 변증에 요구되는 수 사는 근원이 불분명한 말들을 혐오한다. 이들은 일관성^{unity}과 동질성 ^{uniformity}을 원칙으로 삼기에, 다수의 입을 통해 쏟아져나오는 고통스런 웅얼거림을 담아낼 수 없다. 불확실한 기억과 소문들이 움직이고 퍼져 나갈 공간을 허락하지 않는다. 그 기억과 소문을 확장하고 지속하기에 지나치게 단단하고 무겁고 매끈하다.

빈 무덤의 언어는 연약한 언어다. 수천수만의 서로 다른 기억을 감싸 안을 만큼 품이 넉넉한 언어다. 결이 성근 바구니처럼 소문이 들고날 수 있는 언어다. "우리가 진리를 갖고 있다"고 천명하는 언어가 아닌, 갖고 있지 않다고 인정하는, 그러므로 당신의 기억이 필요하고 당신의 참여가 필요하다고 말할 수 있는 언어다. 이 느슨하고 약한 언어는 질 서와 체계와 명령을 준행하는데 익숙지 않다. 대신 가뭇없이 흩어지고, 일탈하고, 꿈틀대고 싶어 한다. 홀로 높이 서서 희망을 선포하기엔 너무 가냘프다. 대신 군중들 속으로 낮게 숨어들어 희망을 추적한다. 원칙과 절차와 방식을 제시하며 기도를 가르칠 권위도 없다. 대신 탄식 속에서,

분노 속에서 기도를 듣는다. "기독교적인 것"이 무엇인지 끝까지 정의하지 못할 것이다. 그러나 아직 형체도 없이 웅얼웅얼 머릿속에서 맴도는 예수에 관한 기억들, 세상 밖에 나오기 두려워하는 기억들에 다가가기 위해 과감히 "기독교적인 것"을 포기한다. 그렇게 흩어진 제각각의 기억들을 모아, 느리지만, 영영 불가능할 수도 있지만 조금씩 예수의 흔적을 찾는다.

오늘 우리에게 필요한 빈 무덤의 상상력과 언어들을, 나는 사회적 영성이란 우회적이고 탈권위적인 신학 영역에서 발견한다. 사회적 영성은 관계적 영성이다. 그런 의미에서 사회적 영성을 개인적 영성과 대치되는 개념으로 사용하는 논의들과 차별을 둔다. 관계적 영성으로서 사회적 영성은 규범적 영성과 대치된다. '마땅히 지켜야 할' 판단 기준, 즉 교리와 교회법과 교도에 부합하기 위해 개인의 영성을 조율하는 것을 규범적 영성이라 정의하겠다. 규범적 영성은 연역적이다. 원칙과 목표, 가치를 제시하며, 그 기준에 따라 부적절한 것은 도태시키고 적절한 것을 양성하기 위해 존재한다. 규범적 영성에서 신학의 역할은 이미 제시된 가르침에 대한 주석exegesis이다. 가르침의 의미를 풀어 개개인에게 전달한다.

이에 반해, 관계적 영성은 사람과 초월 (일상적 상황의 반경 밖에 존재하는 초월적 가치, 존재, 혹은 지향)의 관계, 사람과 사람의 관계, 사람과 물적/영적 환경과의 관계에 주목한다. 그러므로 관계적 영성은 귀납적이다. 다양한 관계들 속에서 경험되는 초월, 그 경험에서 생산되는 개인과 공동체의 이야기들을 통해 영성을 표현할 단어와 이미지들을 만들어낸다.

그러기에 관계적 영성은 가르침과 지침을 제시하거나 그것에 의지해 개인과 공동체의 영성을 판단하고 교정하지 않는다. 관계적 영성을 연구할 때 신학의 역할은 해석hermeneutics과 번역translation이다. 경험을 통해 주어진 자료에 기반하여 의미를 찾고 그것을 신학의 언어로 번역한다.

관계적 영성으로서 사회적 영성은 빈 무덤으로부터 출발한다. 존재로부터 출발하는 영역이 아니라 부재로부터, 흔적으로부터 출발한다. 그리하여 사회적 영성은 오직 기억에 의존하여 모인 수많은 이들이 각기 다양한 방식으로 자신의 기억을 꺼내 놓을 공간을 허락한다. 그리고 채 언어가 되지 못한 그들의 웅얼거림에 귀를 기울인다. 흩어졌던 천 개의 바람들이 서로 얽힌다. 목적도 지향도 없는 것처럼 보였던 기억들이 뒤섞여 공공의 기억이 된다. 수동적이고 주어진 규칙에 의해 움직여질 뿐이라 생각되었던 사람들이 기억에 의지해, 마침내, 움직인다.

고통과 혼란의 중심에서 설득력 있는 해결책이나 정치적 행위를 제시하는 것은 사회적 영성의 영역이 아니다. 진리를 입증해 줄 권위도, 또 그 진리를 확인하고 선포해 줄 공식적인 언어도 가질 수 없기 때문이다. 그러나 사회적 영성은 사회와 교회의 제도적 장치로부터 상대적으로 자유로운 까닭에, 기민한 활동성이 있다. 부둣가를, 분향소를, 거리를, 학교를, 사무실을, 부엌을 넘나들며 게릴라적인 방식으로 기억을 채집하고, 개개인의 것으로 남아서는 의미 없을 그 기억들을 다른 경험과 연결시킬 수 있다. 그 기억을 통해 거칠더라도 새로운 상징과 개념을 만들어낼 수 있다. 기존의 신학 언어들이 그려 놓은 의미망에 갇혀 분출되지 못하고 있던 신학적 상상력을 자극할 수 있다. 이러한 의미에서 사회적 영성은 시인의 눈과 손을 닮아 있다. 시인은 직설적으로 대상을 표현하지 않는다. 명령지도, 입증하지도 않는다. 대신 사라져버릴 것들에 의미를 부여한다. 그리고 그저 그치지 않고 노래할 뿐이다.[21] "어지러운 현絃들 속으로" 손가락을 넣으며, "고통으로 부서진 가슴들을" 끈질기게 노래할 뿐이다.[22]

기억이 뒤섞이는 공간, 사회적 영성이 활동하는 이 공간의 가능성은 언제나 양가적이다. 파편으로 떠도는 작고 소소한 기억들이 지배이데올로기와 제도의 메커니즘에 의식적·무의식적으로 포섭될 가능성은 언제나 존재한다. 이 무질서한 공간은 끊임없이 정체성을 요구하고, 규칙과 위계를 만들어내며, 기억의 진위를 파악하려는 규범적 시도로부터 결코 자유롭지 못하다. 물론 조작되거나 재현된 기억을 자신의 기억이라 착각하고 살아갈 수도 가능성도 있다. 그렇게 지배이데올로기와 제도에 포섭되고 균일화한 기억은 이내 급진성을 잃어버리고 정치인들과 선동가들의 상투적인 레토릭으로 변질될 것이다. 마치 예수에 관한 기억이 그렇게 변질되어 왔듯 말이다.

사회적 영성의 역할은 기억이 포섭되기 이전에, 균일화하기 이전에 표현될 수 있는 계기를 마련하는 것이다. 그러한 계기는 같은 기억을 공유하되 다른 공간에 살고 있는 이들이 서로 만나 기억과 기억이 부딪칠 때 발생한다. 그러므로 사회적 영성은 '우리'라는 테두리 밖에 존재

---

21. De Certeau, *The Mystic Fable*, p.299
22. 이작 카츠넬손Yitzhak Katznelson의 서사시 〈살해당한 유대인들의 노래〉에서.

하는 타자들을 끈질기게 불러낸다. 그리하여 기억의 파편들이 서로 부딪쳐 더욱 잘게 부서져 또 다른 이미지로, 언어로, 의미로 발화할 수 있게 한다. 그렇게 작고 불명확하고 불안정한 기억들의 느슨한 연대를 꾸려내는 것이 사회적 영성이 제시할 수 있는 비전이다.

"기억하라" "잊지 말아야 한다"는 소박한 부탁은 예수가 그의 사람들에게 건넨 가장 최소한의 요구이면서, 가장 본질적인 요구였다. 그리고 이 부탁과 함께 예수가 가리킨 손끝에는 사람들이 있었다. 안락한 회당이 아니라, 완벽한 법전이 아니라, 사람들이 있었다. "기억해 달라" "잊지 말아 달라" 이 소박하지만 간절한 부탁을 오늘 세월호의 현장에서 우리는 다시 듣고 있다. 이 부탁이 향하고 있는 곳에서 사람들을 보길 바란다. 끈질기게 모여들 사람들을. 교회, 교리, 이념, 정치, 법, 제도, 체제가 아니라 사람들을. 망각으로 끌려가지 않기 위해 서로서로 기억을 지탱해주는 사람들을. 기억에서 의미를 찾고 변화를 만들려는 사람들을. 그리하여 언젠가, 머지않은 내일, 우리는 세월호가 잃어버린 생명들을 끔찍한 참사의 희생자들로 기억하는 것이 아니라, 마침내 사람을 사람으로 보게 하는 세상을 열어준 영웅들로 기억하기를 바란다. 그렇게 사회적 영성은 사람들 속에서, 사람의 목소리로, 요구한다. "잊지 말라. 한달 뒤에도, 1년 뒤에도, 평생, 잊지 말아 달라. 노란 리본을 가슴에 달고, 당신이 잊지 않고 있다는 것을 다른 이에게 보여 줘라. 잊지 않았다는 소문을 내달라."

● 이 글을 쓴 **조민아**는 미국 세인트캐서린대학교(St. Catherine University)의 영성과 신학 분야 조교
수다. 연구 주제는 기독교 영성, 페미니스트신학, 탈식민주의이론, 아시아 및 아시아계 미국인들의
종교와 문화다. 특히 개개의 그리스도인들이 그들이 속한 문화적 맥락 속에서 전통적인 교회 제도
의 영향을 고치고 다시 만들어나가는 방식에 관심이 많다. 저서로는 『21세기 민중신학』(공저), 최
근에는 『여성, 글쓰기, 신학: 배제의 전통을 변화시키기』(*Women, Writing, Theology: Transforming a
Tradition of Exclusion*, 2011)에 글을 기고한 바 있다.

"MB 정부를 거치면서 부자 되기 욕구는 날개 없이 바닥으로 내동댕이쳐졌다. 이제 남은 것은 빈곤에 대한 공포, 질병에 대한 공포, 가족 해체에 대한 공포뿐이다. 사람들이 집단적으로 정체성 유실 증상을 보이며, 누군가를 향한 그리고 종종 무력한 타자를 향한 분노와 증오의 감정이 무분별하게 확산되고 있는 지금의 상황은 어쩌면 전체 사회가 몰아붙인 가치에 편승하여 사람들이 각기 부자 되기 욕구에 맹목적으로 몰입하게 한 결과이고, 그것이 절망에 빠진 지금 공포심에 휩싸인 채 벌이는 비성찰적 반응일지도 모른다."

격노사회와 '사회적 영성'

분을 참지 못하는 사람들

●

인도 바로 옆 차선을 달리던 택시가 갑자기 섰다. 그 뒤를 따르던 경차를 운전하던 여자는 핸들을 급히 왼편으로 돌려 택시를 피해 가려 했다. 그 옆 차선으로 주행하던 승합차의 남자는 밀고 들어오는 경차에 황급히 핸들을 왼편으로 꺾으며 클랙슨을 거칠게 눌렀다. 놀란 경차의 여자는 얼떨결에 핸들을 반대로 돌리다 택시의 범퍼를 들이받았다. 택시 기사와 경차의 여자가 잠시 후 차 밖으로 나와 자기 차와 옆 차의 상태를 확인하더니 이내 말다툼을 벌이기 시작했다.

승합차의 남자는 방금 전 옆 자리에 앉은 아내와 싸움을 하던 중이었다. 한창 성이 나던 중에 경차의 여자가 그의 화를 더 치밀어 오르게 했다. 클랙슨을 거세게 울리고도 분이 가라앉지 않은 그는 창문을 열고 그 여자를 향해 욕설을 퍼붓는다. 한데 접촉사고를 낸 여자는 승합차의 남자가 내뱉은 쌍소리를 듣지 못했다. 그 순간 승합차의 남자는 자동차 급정거 소리에 고개를 왼편으로 돌린다.

차선을 갑자기 넘어온 승합차에 놀란, 그 왼편 차선 승용차의 남자는 급정거를 했다. 순간, 마시던 커피음료를 엎질러 와이셔츠와 바지를 온통 적셨다. 승용차의 남자는 갑자기 옆 차선으로 밀고 들어온 승합차의 남자를 향해 욕설과 거친 손가락질을 한다. 화가 치밀어 있던 승합차의 남자는 승용차 남자의 입모양과 손가락을 보자 왼편 창문을 열고, 경차의 여자에게 내지른 소리보다 더 격앙된 소리로 욕설을 퍼붓는다. 이내 승용차의 남자와 승합차의 남자 간의 몇 마디 격앙된 소리가 오갔다.

4차선 도로의 세 차선이 막혔다. 곧바로 그 뒤의 차들이 어지럽게 클랙슨을 울려댄다. 할 수 없이 승용차의 남자가 먼저 차를 뺀다. 승합차의 남자도 차를 운행했다. 십여 초에 불과한 시간에 벌어진 일이다.

하지만 이게 끝이 아니다. 승용차의 남자는 화가 풀리지 않았다. 그는 대학교수였고, 제자의 석사학위 논문심사를 위해 학교에 가던 길이었다. 그 논문은 논지도 허술하고 방법론도 다듬어지지 않았다. 심지어는 문장도 엉망이었다. 교수는 화가 치밀어 올랐지만 꾹 참으면서 질문을 던진다. 하지만 짜증이 나 있던 탓이어서 말투가 심하게 경직되어 있다. 심상치 않은 분위기에 학생은 완전히 얼어버렸다. 대답은 횡설수설했고, 교수는 폭발했다. 그날 그 학생의 논문은 통과되지 못했다.

약간의 해석이 덧붙여진 이 실화는 그때그때의 감정 상태가 일으키는 파급 효과가 엉뚱한 곳으로 연쇄반응을 일으키며 전이되고 있다는

224

것을 보여준다. 사람들은 때때로 마음의 균형 상태를 잘 유지한 채 합리적 판단을 내리며 행동하는 데 실패한다. 학력이 높고 지위가 높으며 자신의 행동을 잘 포장할 수 있는 언어능력을 갖춘 이라고 해도 별반 다르지 않다. 심지어 가장 합리적이고 객관적이며 이성적 판단이 예리하게 번뜩일 법한 학술 논쟁을 하고 있을 때라고 해도, 서로 오가는 말들이 미묘하게 감정을 건드리면서 논쟁의 흐름과 내용이 뒤죽박죽되어버리는 일은 전혀 낯설지 않다.

성서의 「잠언」에서 한 현인賢人은 "노하기를 더디 하는 사람은 용사보다 낫고, 자기의 마음을 다스리는 사람은 성을 점령한 사람보다 낫다"고 말했다. 감정, 특히 분노 조절이 세상사의 어떤 것보다도 중요하다는 뜻이겠다.

그렇지만 감정의 문제가 늘 그 현자의 권고처럼 개개인이 자기 조절만 잘 하면 되는 것은 아니다. 감정 조절의 이상 현상은 종종 그 사회의 집단 병리를 반영하기도 하기 때문이다. 지금 우리 시대가 그런 것처럼 말이다.

삼성사회정신건강연구소가 2007년 발표한 연구에 따르면 성인 남녀의 74.4%가 '정체성 유실identity foreclosure' 성향을 드러냈다. 이 연구소의 이동수 소장은, 이런 성향은 자존심이나 체면이 손상됐다고 느낄 때 타인을 비난하거나 분노를 격하게 표출하는 공격성을 띨 수 있다고 한다.

앞의 사건에서 볼 수 있듯이, 상대방의 상황을 이해하거나 자신의 무례함을 차분히 변명하기보다는 먼저 격한 분노를 표출하고, 그러고도 해소되지 않고 남은 분노감을 이후의 다른 상황에서 표출함으로써 부정적이고 폭력적인 방식의 관계가 이어지게 하고, 그로 인한 나쁜 기분氣分을 전염, 확산시키게 한다는 것이다.

여기서 정체성 유실 현상은 자기 정체성이 무엇인지에 대한 호기심 없이 타인 혹은 사회가 규정한 목표나 과제에 떠밀려 살아가는 삶의 모습을 가리킨다. 이 연구소는 이것을 권위주의의 부정적 부산물로 해석하였다. 가령 부모가 자식과 대화하기보다는 자식의 비전을 부모가 결정하고 거기에 몰두하도록 강제하는 권위주의적 가족 문화가 사회 전체적인 정체성 유실 증상을 심화시켰다는 얘기다.

하지만 이런 해석에는 이 연구가 진행된 2007년 직전, 그 어간이라는 시간의 문제가 거의 고려되지 않았다. 권위주의는 한국사회가 유교사회이던 때나 한창 돌진적 산업화rush-to industrialization를 드라이브하던 때, 그리고 신자유주의적 지구화의 질서에 광속으로 편입된 때를 통째로 관통하는 느슨한 변수다. 많은 연구자들은 이 연구가 반영하고 있는 것과 같은, 최근의 감성 현상의 변화를 설명하는 데 가장 적절한 기점을 '1997년'으로 잡는다. 알다시피 외환위기로 전례 없는 경제적 파탄을 체험하고, 국제통화기금IMF의 협박성 권고에 따라 신자유주의적 지구화의 질서 속으로 과격하게 편입되는 기점이 바로 이 해다.

결론을 먼저 얘기하면 이렇다. 그 직전까지 한국사회는 자기 취향의 표현 욕망이 급격히 높아졌고, 1997년 이후에도 그러한 현상은 욕망의 인플레이션이라고 할 만큼 치솟고 있었다. 그러나 동시에 1997년을 기점으로 그러한 과잉 욕망은 엄청난 압박을 받게 되었다. 삼성의 이건희 회장의 "마누라와 자식 빼고는 모조리 바꿔라"는 말처럼, 이 각박한 세상에서 살아남기 위해서는 자기 취향, 자기 성격 등 모든 것을 다 유보하고 생존을 위해 유리하다고 평가된 사회적 가치에 맞추어 내달려야 한다는 것이다. 요컨대 내적 욕망은 최고조에 올랐으나, 외적인 사회적 가치는 그 욕망을 억제하도록 강압하는 사회가 되었다는 것이다.

한데 사람들은 이 두 요소 간의 절충점이 어딘지를, 곧 사회 속에서 나의 존재의 자리는 어디여야 하는지에 관한 정체성의 문제를 고민할 틈이 없다. 욕망은 전례 없이 높아졌는데, 그것을 포기하는 데 갈등할 틈도 없는 상황, 이것이 사람들로 하여금 집단적인 정체성 유실 증상을 더 많이 드러내게 했다는 것이다. 바로 이 점이 최근 사람들이 더 많이 화를 내고 더 공격적인 양상을 드러내고 있는 이유라는 얘기다. 하여 나는 '1997년 이전과 이후'의 변화를 추적하면서, 이러한 시간성의 문제가 최근 우리 사회 대중의 집단 감정과 어떤 연관성이 있는지를 묻고자 한다.

1997년 이전, 우리끼리 공유하는 공감
●

많은 극우 파시스트 국가들이 그랬던 것처럼, 한국의 군부권위주의 정권도 국가가 주도하는 과잉 민족화 프로젝트hyper-nationalization project를 전략적으로 추진했다. 이것은 일종의 전체주의적 '국민' 만들기다. 이때 국민은 민족과 거의 동의어다. 개별적 존재가 아니라 집합적 존재로서의 민족/국민 말이다. 개별적 취향은 극도로 억제되고 집단주의적으로 과잉 스타일화hyper-stylization된 국민이 권위주의 국가에 의해 호출된 것이다.

하여 국민은 거의 같은 시간에 잠에서 깨고, 거의 같은 시간에 잠든다. 국민은 어디서나 열과 횡으로 줄을 서야 하고, 허용된 음악, 허용된 책만을 읽어야 하며, 허용된 옷, 허용된 머리 스타일만을 해야 한다. 그것을 위반하는 것은 불온한 것이며, 따라서 학교든 직장이든 군대든 위반자는 마땅히 벌을 받아야 한다. 하여 국민은 '동질화된 집단'이고, 그 동질적 집단 간에는 마치 가족처럼 서로 친밀함을 가져야 하고 서로 정서적 지지자가 되는 감정, 곧 공감sympathy을 가져야 한다.

이러한 과잉 민족화 프로젝트가 본격적으로 가동된 때는 1960년대 이후다. 그 이전까지 남한 사회에서 사실상 동질화된 국민은 없었다고 해도 과언이 아니다. 일제로부터 해방된 이후 몇 년간의 내전과 전면전은 일체의 공감할 만한 관계가 형성될 수 없게 했다. 전후에도 무능한 정부는 그러한 공감의 메커니즘을 가동시키는 데 별다른 기여를 하지 못했다. 하지만 1960년대 쿠데타로 집권한 정권은 과거 일본 군국주의 시대를 모범 삼아 전체주의적 국민 만들기 프로젝트를 강도 높게 추진한 것이다.

하지만 이러한 국민 만들기가 그 실효성을 드러낸 것은 1970년대 이후다. 정부가 주도한 산업화가 가속화되면서, 특히 매스미디어 산업과 인쇄 산업이 크게 발달하게 되는데, 이는 국가의 메시지가 '일상'의 공간으로 전달되게 하는 데 결정적인 기여를 했다. 또한 공교육 체계가 거의 모든 아동, 청소년에게 적용됨으로써 국가가 추구하는 균질적 인간이 대량 복제되기 시작했고, 한층 안정된 체계를 갖추게 된 군대도 이러한 현상에 중요한 기여를 하였다.

하여 '대한민국의 국민'이라는 범주 속에 엮인 이들은 비록 서로 모르는 사이라고 하더라도 괜한 친근감과 동질감을 공유하게 되었다. 즉 '국민'이라는 상상적 동일시에 의해 엮인 이들은 바로 그 이유 하나만으로 서로를 '공감'하게 된 것이다.

물론 이것은 이 시기에 대한 절반의 이해다. '우리는 모두 한민족의 일원'이라고 하는 국민 담론이 성공적으로 유포되면 될수록, 국민 범주에서 퇴출된 이들은 국민의 마음을 너무나 아프게 했다. 실제로 이 시기는 무수한 이들을 국민의 대열에서 이탈하게 했고 그들에게 체제는 너무나 가혹했다. 해서 많은 이들은 그러한 체제의 불의함을 비판했다. 여기서 우리가 주지할 것은 이 시기 민주화운동은 민족이라는 공감의 대상임에도 민족의 대우를 받지 못하는 이들이 겪는 고통에 대해 가슴 아파하고 그러한 국민의 이상을 스스로 위배하는 불의한 정권에 대해 분노하는 것에서 비롯된 것이다. 즉 민주화운동의 기저에는 이념이라는 이성적 가치보다는 공감과 분노라는 감성이 깔려 있다.

시간을 건너뛰어 1980년대 말로 가보자. 배제된 민중에 대한 공감과 불의한 체제에 대한 분노심에서 비롯된 민주화운동이 결실을 맺은 때는 1987년이라고 할 수 있다. 학계는 군부권위주의 체제에서 민주체제로의 이행이 본격화되었다고 본다. 물론 1987년 이후에 여전히 정부는 군부체제의 연장인 6공 정권이었다. 그럼에도 이때가 민주화의 기점이 된 것은 민주주의가 꿈꾸는 대상이 아니라 제도화를 실현하는 대상으로 전환된 기점이 그때이기 때문이다.

거두절미하고 이 시기 민주화를 논할 때 종종 간과되는, 그러나 반드시 함께 이해해야 하는 것은 소비사회적 제도화도 바로 이 시기에 시작되었고, 그것은 이 시기 한국에서의 민주적 제도화와 불가분 얽혀 있다는 점이다. 좀 무리하게 단순화시켜보면, 이 시기 한국의 민주적 제도화는 '국가 대 개인', 그리고 소비사회적 제도화는 '국가 대 시장'의 이분법을 전제로 하고 있다. 즉 과거에는 국가에 의해 모두 장악되어 그 존재감이 미미했던 두 요소가 민주화+소비사회화와 더불어 그 '미친' 존재감을 드러내게 되었다는 것이다. 그것이 바로 '개인'과 '시장'이다.

국민이라는 집합적으로 과잉 스타일화된 정치, 사회, 문화의 감옥에 갇혀 있던 '개인'이 '새로운 국민'의 주역이 된 것이다. 그 새로운 국민으로서의 개인이 그때그때마다 다른 개인들과 협상하고 결속하여 때로는 지연, 학연, 혈연적 연고망networks으로, 또 때로는 노동자로, 때로는 학생으로, 때로는 여성으로, 때로는 장애인으로, 때로는 성소수자로…, 다양한 연대로 뭉쳐서 국가와 거래하고 협상하는 권리를 쟁취한 것, 그것이 바로 민주화의 요체였다.

물론 이 개인들은 공공적 가치로 뭉친 존재가 아니다. 그들은 각기 자기 이해와 이익, 욕구의 주역이다. 국가가 그랬던 것처럼 말이다. 해서 그들은 때로 국가와 협상하고 거래하는 것만이 아니라, 다른 개인, 다른 집단과 거래하고 협상한다. 그리고 또한 협상력을 갖추지 못한 다른 이들을 배제하고 타자화한다. 국가처럼 말이다.

이때 협상의 권리를 얻은 개인, 그리고 그러한 개개인의 결속체를 '시민'이라고 한다면, 민주화는 '국민의 시민화' 과정이라고 할 수 있다. 즉

'누가 시민인가'를 둘러싼 경쟁과 협상의 마당이 민주화의 장^{fields}인 것이다.

그런데 이러한 넓은 의미의 정치적 민주화의 과정에서 협상의 지위를 박탈당하고 타자화된 이들도 생기게 마련이다. 나는 이들을 '민중'이라고 부를 것이다. 즉 '민중'은 '속하지 못한 자', 국민, 민족, 시민의 위상을 획득하는 데 실패한 자다. 「마가복음」의 용례를 따라 민중신학이 '오클로스^{ochlos}'라고 부른 이들이 바로 이 민중이다.

과거 권위주의 체제 아래서 민중은 국가가 배제하고 타자화한, 그러나 많은 국민은 공감의 대상으로 그 고통을 감정이입하는 대상이었다. 한데 민주화 시대에 민중은 국가와 시민의 협상과 담합 과정에서 배제된 이들이다. 그런 점에서 민주화는 '국민의 시민화'인 동시에 '타자적 국민의 비시민화/민중화' 과정이다. 하여 단순화시키면 민주화는 '국가정치'라는 고전적 개념 외에, '시민정치'라는 관점과 '민중정치', 이 정치들 간의 길항성의 관점에서 해석할 필요가 있다.

한편 소비사회화의 주체는, 근검과 절약이라는 에토스로 과잉 스타일화된 집합적 주체인 국민이 아니라, 시장에서 적극적으로 자신의 욕망을 표현하며 구매하는 자, 즉 '소비자'다. 국가가 억제했던 욕망이 풀렸다. 사람들은 갖가지 자기 취향을 적극적으로 표현하기 시작했다. 문제는 그 분출하는 욕망의 표현은 구매를 통해 실체화된다는 점이다. 즉 구매자가 아닌 자는 소비사회화의 주역이 될 수 없다. 그런 점에서 소비사회화는 '국민의 시장화' 과정이며 비국민의 탈시장화 과정이라고 할 수 있다.

그런데 말했듯이, 민주화와 소비사회화는 서로 얽히고설켜 상호 영향을 주고받으면서 제도화되었다. 이 민주화+소비사회화의 조합은 '포함된 부류'와 '배제된 부류'로 나뉘며, 양자의 포함과 배제에는 정치적 성격과 시장적 성격이 서로 뒤엉켜 있다. 즉 시민과 민중은 정치적인 동시에 시장적인 포함과 배제의 상황에서 나뉜다는 것이다.

여기서 우리가 물어야 하는 것은 한국의 민주화+소비사회화 과정에서 '시장화된 시민' 간의 '공감은 어떻게 나타나는가?'의 문제다. 우선 과거의 집합적 주체로서의 민족 관념은 현저히 약화되었다. 사람들은 동족에게 특별한 친근감을 덜 갖게 되었다는 것이다. 국가 대항 스포츠 같은 비일상적 이벤트에서나 그런 공감이 예외적으로 작동할 뿐이다. 반면 일상에서 공감은 동료 집단(직업별, 성별) 혹은 또래 집단이거나 학연·지연·혈연 같은 사적으로 친밀함과 지지 감정을 공유하는 장에서 실행되었다.

그러나 권위주의 시대의 공감과 민주화+소비사회화 시대의 공감 사이에는 큰 틀에서 유사성이 있다. 거의 구조변동이라고 해도 될 만큼 공감이 작동하는 장의 성격이 달라지긴 했어도, 이 두 장에서 작동하는 공감은 일종의 계보학적 유사성genealogical similarity을 지닌다는 것이다. 양자의 경우 모두 공감은 동질적이라고 생각하는 집단 '내부'에서 그들끼리 공유하는 감정이라는 얘기다. 이것은 동시에 이질적인 것, 곧 집단 '외부'가 이 공감의 대상에서 배제되고 있다는 의미를 포함한다. 집단의 외부자, 곧 '속하지 못한 자'(필자의 표현으로는 '민중' 혹은 오클로스)가 공감의 대상에서 배제되었다는 것은 제도적으로 복지나 경제민주화 같은 정책적 장치가 부재하다는 것을 뜻한다. 너무나 단순화시킨 해석이지만, 이런 정책적 장치들은 배제된 이들을 차별하고 그러한 박탈적 지위를 공고히 하려는 것에 저항하는 다양한 사회적 노력을 담고 있기 때문이다.

	산업화 시대 ⇒	민주화＋소비사회화 시대
국민	민족이라는 동질적인 집합적 주체	(민족의 동질성이 분절된) 시장화된 시민
공감	민족적 국민이 서로에 대해 갖는 친밀감과 지지 감정	사적 공동체 내부인들이 서로에 대해 갖는 친밀감과 지지 감정
	거시적이든 미시적이든 공동체로 엮인 '우리' 간의 친밀성과 상호 지지 감정. 이것은 타자의 배제를 제도화하는 집단 감정이다	

아무튼 이와 같이 내부자끼리 나누는 '공감'의 메커니즘은 이질적이라고 생각되는 이들('저들'/타자)에 대해서 경계심을 작동시킨다는 뜻을 내포한다. 이 경계심은 혐오감 혹은 공포감 같은 감정이 특정 대상에게 범주적으로 작동하는 것으로 드러난다. 가령 동성애자 혐오증 혹은 공포증 같은 것이 그렇다.

그렇지만 1980년대 말의 민주화를 이해하는 데 있어 한 가지를 더 이야기해야 한다. 이 시기 민주화의 지배적 측면은 위에서 본 것처럼 '국가 대 개인'의 이분법과 관련이 있고, 이는 소비사회화의 '국가 대 시장'의 이분법과 상응하면서 시장 친화적 제도화의 경향을 띠었다. 하지만 이러한 민주화의 배타주의적 속성에 문제를 제기하며 민주화의 진정성에 관한 논점을 편 다른 흐름이 있었다. 민주화는 '특권 대 비특권'의 이분법을 해소하는 데 더 방점이 찍혀야 한다는 주장이다. 가령, 위에서 논한 복지나 경제민주화 같은 제도적 요구도 그런 것이고 차별금지법도 이런 논점과 연결된다.

그러나 이런 사회민주주의적 제도화는 1990년대 말까지는 거의 체제 비판적 의제로만 존속했다. 이것이 제한적으로나마 제도 형성적 요소로 작동하게 된 것은 1997년, 외환위기 이후에 와서다.

1997년 이후, 도구가 된 공감

●

외환위기의 탈출 프로그램으로 IMF가 강제한 '구제금융의 이행 조건'을 단적으로 요약하면 '한국사회를 신자유주의적 지구화neoliberal globalization의 질서에 편입되게 하는 것'이라고 할 수 있다. 이것은 한국사회 내부에서의 다양한 저항에 부딪치면서 비대칭적으로 제도화된다. 저항할 만한 자원을 더 많이 가진 이들과 덜 가진 이들, 그리고 자원이 빈약한 이들과 거의 없는 이들이 극명하게 나뉘고, 전자로 갈수록 좀 더 유리하게, 후자로 갈수록 좀 더 불리하게 제도화되었다.

국가는 이런 상황에서 양편을 오가면서 오락가락하는 태도를 보인다. 한편에서는 좀 더 강자에게 유리한 정책을 펴고, 다른 한편에선 약자를 보호하려는 정책을 편 것이다. 위에서 말한 사회민주주의적 정책과 조치들이 그렇다. 그러나 후자의 노력은 미미했고, 사회의 격차성은 너무나 빠르고 심하게 악화되었다.

한국전쟁 이후 이와 같은 위기는 전례 없다. 국가는 물론이고 기업, 중소자영업자, 그리고 개별 가족과 개인에 이르기까지 행위자들은 저마다 몰락의 위기에 처했다. 누구든 살아남는 것이 무엇보다도 절실했고, 그러기 위해서 타자와의 무한 경쟁이 불가피했다. 민족이라는 집합적 주체는 스포츠에서나 유효했지, 개인들의 위기를 방어하는 데는 아무런 의미도 없었다. 사람들의 생존 게임은 공생共生과 공존할 수 없는 아생我生의 논리에 둘러싸였다. 하여 과거 돌진적 산업화 시대에 전 국민의 총력전이 강조되었다면, 이제 사람들은 저마다 '몸의 총력전'에 돌입했다.

자기계발, 스펙 쌓기, 그리고 재테크 열풍 등은 노동과 쉼의 시간과 공간의 이분법, 이성과 감성이라는 생산적인 고등한 속성과 소모적인 저등한 속성의 속설적 이분법도 여지없이 무너뜨렸다. 하여 모든 가능한 시공간 점유 능력과 인식의 내적 잠재력을 다 동원하여 생존에 유리한 조건을 만들어내는 것이 최선의 목표였다. 말했듯이 민족이라는 공감의 도덕 공동체는 이러한 생존 게임에 별로 유용하지 않았고, 그보다는 직접적으로 유리한 동료를 선택하는 것이 중요했다. 해서 공감이 있어서 서로를 돌봐주고 보호해주는 것이 아니라, 서로에게 필요해서 그들 사이에 공감이 형성되는, 도구적 친밀함과 지지 감정의 문화가 확산되었다.

매스미디어나 산업자본은 이러한 문화의 확산에 가장 결정적인 영향을 미쳤다. 2천년대를 풍미했던 이른바 '부자 되기' 열풍은 지구화 시대를 맞은 매스미디어의 가장 성공적인 상품의 하나였다. 부자들의 집, 삶의 스타일, 권력 등이 시각적으로 전시되었고, 젊고 매력적인 배우들이 그 전시된 것을 점유하는 '멋진' 모습을 연출하였다. 그리고 부자들의 성공 스토리가 컨설팅 전문가들과 심리학자들에 의해 분석되고 소개되었다. 여기에 주식투자, 부동산, 기타 여러 재테크 기술을 소개하는 다양한 전문가들이 쏟아내는 정보와 분석이 헤아릴 수 없을 만큼 제공되었다.

제공된 정보들이 많으면 많을수록 그 정보를 소비하는 사람들은 각자 전문가가 된다. 저마다 정보를 찾아내는 능력을 발휘하고, 그것들을 선별하여 선택적으로 연결함으로써 재테크를 위한 최적의 방법이 발견되었다. 그 과정에서 사람들은 무수한 책을 읽고 무수한 해석들을 섭렵한다. 그리고 많은 이들과 대화하면서 상대가 숨기고 있는 은밀한 비밀들을 캐낸다. 사람들은 각자 기업가가 된 것이다.

이런 노력을 하려면 시간이 부족하다. 소설을 읽고 시를 음미하며, 철학과 역사 교양서를 읽고, 영화를 관람하며, 커피 한 잔과 함께 '저녁이 있는 삶'을 향유할 여유가 없다. 그런 사고방식, 마인드로는 부자가 될 수 없으니, 온 사회가 공유하는 집단적 욕망의 해법에 자기 몸을 맞춰 일상을 노략질한다. 하여 일상은 사라졌고, 모든 삶은 투자이고 사업이다.

1997년 이후 집권한 두 번의 민주 정권들은 이런 '개인 기업가들'의 '부자 되기 욕구의 정치'를 부추기기 위해 엄청난 노력을 소모했다. 하지만 정작 이 시기에 이른바 부자 되기 상품을 팔았던 '진짜 부자들'은 엄청난 초과이윤을 획득했다. 더구나 그 와중에 부자의 횡포에 둔감해진 '가짜 부자들'인 평범한 시민들은 '조금씩 혹은 왕창' 자산을 털렸다.

많은 이들이 몰락의 위기에 처했고, 실제로 몰락했다. 매스매디어는 많은 전문가들을 동원해서 그 예감된 혹은 체험된 몰락은 세계경제의 악조건 때문이고 잘못된 재테크 기술 때문이라는 일방적인 해석을 제시했다. 빗나간 부자 되기 욕구에 대한 문제 제기나 가진 자의 공정하지 않은 횡포에 대한 고발은 묵살되기 일쑤였다.

이런 시민사회의 부자 되기 욕구가 절정을 맞이한 것은 MB 정부의 등장으로 나타났다. 이제 사람들은 부자의 도덕성도 정당성도 묻지 않았다. 단지 성공한 자를 선망했고, 그이의 성공만을 공유하고 싶어 했다. 부자 되기 열풍은 이렇게 극한을 향해 치솟았다.

그러나 MB 정부를 거치면서 이 욕구는 날개 없이 바닥으로 내동댕이쳐졌다. 한 조사에 따르면 2010년, 사람들의 77.4%가 부자가 될 수 없다는 절망감에 빠졌다. 이제 남은 것은 빈곤에 대한 공포, 질병에 대한 공포, 가족 해체에 대한 공포뿐이다. 앞에서 얘기한 삼성사회정신건강연구소의 연구보고처럼, 사람들이 집단적으로 정체성 유실 증상을 보이며, 누군가를 향한 그리고 종종 무력한 타자를 향한 분노와 증오의 감정이 무분별하게 확산되고 있는 지금의 상황은 어쩌면 전체 사회가 몰아붙인 가치에 편승하여 사람들이 각기 부자 되기 욕구에 맹목적으로 몰입하게 한 결과이고, 그것이 절망에 빠진 지금 공포심에 휩싸인 채 벌이는 비성찰적 반응일지도 모른다.

감정을 다스리지 못하는 오늘 우리 사회, 그것의 배후에는 이러한 빗나간 선망과 욕구, 그 속에서 형성된 도구적 공감의 문화가 있다는 것이 필자가 이 글에서 주장하는 중심 논지다. 그리고 이 글을 마무리하면서 이런 도구적 공감의 문화에 반대하는 '다른 시민성', 특히 타자화된 이들과 공감하고자 하고, 그들에게 비대칭적으로 가해진 차별에 반대하는 운동과 결합된 시민성을 주목할 것을 제안하려 한다.

그리스도교 신학은 이러한 타자화된 공감을 '사회적 영성'이라고 불렀다. 아니 실은 그것은 필자가 명명한 것이고, 해석한 것이다. 그것은 자기중심적이고 도구주의적인 공감을 문제 제기하고, '타자 되기'를 추구하는 신앙적 감정을 말한다. 감정의 타자적 성찰성에 관한 신학적 개념인 것이다. 몇 년 전 한 정치학자가 먼저 제시한 것을 곱씹으면서 다듬고 보충하여 만들어낸 하나의 신학적 가설이다. 이 글의 끝에 내가 처음 '사회적 영성'에 주목한 계기를 적은 칼럼을 붙여 두었다.

하지만 그것은 내가 이름 지은 것에 불과하다. 이미 그리스도교 신앙 전통 속에는 사회적 영성이 굳건한 전통을 형성하고 있었던 것이다.

'타자 되기'로서의 사회적 영성

●

서기 1세기 중반 고린도^{Korinthos} 시의 그리스도 분파 내에서 벌어진 최소한 세 가지 갈등 가운데 하나가 '방언^{glōssa}' 문제였다. 방언은 사람들이 말하는 일상의 언어와는 다른, 낯선 소리다.

그런데 일상의 언어는 그 사회가 추구하는 옳음과 그름, 착함과 악함, 아름다움과 추함 등의 가치를 담고 있다. 해서 사람들은 말을 하는 중에 자신도 모르게 그 말이 담고 있는 가치를 함께 말한다. 그리고 그 가치에는 그 사회의 위계질서가 내재되어 있다.

하지만 방언은 그런 언어 체계 속에서는 전혀 포착될 수 없는 말이다. 해서 이 일상 언어의 관점에서 보면 방언은 소리, 아니 소음에 지나지 않는다. 그러나 그 소리/소음을 적지 않은 이들은 신령한 소리로 받아들인다. 즉 어떤 사람들에게는 소음에 지나지 않는 소리가 다른 사람들에게는 신의 소리로 들리는 것이다. 대체로 방언을 소음으로 여기는 이들은 일상의 언어, 즉 지배적 언어 질서에 잘 안착해 있는 이들이 많은 반면, 방언을 신령스러운 것으로 여기는 이들은 대개 지배적 언어 체계의 소외자들이다. 해서 낮은 계층의 여성이나 노예, 그 밖의 여러 비특권층 사이에서 특별히 방언 현상이 더 많이 나타난다. 하여 방언은 항상 그런 것은 아니지만, 소리로서 표현된 민중의 신비 체험의 특징의 하나라고 할 수 있다.

바울은 「고린도전서」 12장에서 '톤 프뉴마티콘*ton pneumatikōn*', 즉 '영에 속한 것들'의 목록 속에 '방언'을 포함시킨다. 다른 항목으로는 지혜의 말, 지식의 말, 믿음, 치유 행위, 기적 행위, 예언의 말, 영 분별의 능력, 방언 통역의 능력 등이 있다. 이중 앞의 두 가지는 이성적 현상과 좀 더 밀접한 관련이 있는 것이라면, 나머지는 감성 현상과 깊은 관련이 있다.

여기서 우리는 '영'이라는 말이 감성 현상과 더 밀착된 표현임을 추측할 수 있다. 실제로 「고린도전서」를 포함한 바울의 용례 외에도 성서의 다른 예들, 그리고 고대의 여러 문헌들 속에서 이 용어는 감성 현상과 더 관련이 깊다. 한데 이미 기원전 3세기 경, 이 단어는 우주의 원리 같은 이성 중심적 개념으로도 사용되고 있다. 요컨대 영(프뉴마)이라는 용어가 사람들 사이에서 널리 쓰이고 개념화되는 과정에서, 원래 감성 현상을 나타내는 데 사용되었던 것이 이성적 현상을 나타내는 데까지 확장되었다고 추정할 수 있다.

아무튼 중요한 것은 일부 이성적 현상뿐 아니라 여러 감성 현상들이 1세기 고린도의 그리스도 공동체 내에서 물의를 일으키고 있었다. 그들 분쟁의 당사자들은 자신들의 이성적 혹은 감성적 능력을 영적인 것이라고 주장하면서 서로를 비하하고 공격했던 것 같다.

바울은 이런 상황에 놓인 그리스도 공동체를 향해 편지를 보내면서 소위 '영에 속한 것들'을 이야기한다. 한데 이것들은 한결같이 자기중심적 욕구의 표현들이다. 다른 이를 이기기 위해 그 영적인, 신비한 은사들이 사용되고 있다. 그런 점에서 이것들은 동시에 '타자 배제적'이다.

바울은 이 '영에 속한 것들'을 이야기하면서 그 결론부에 '사랑'에 관해 이야기한다. 영의 최고 덕목은 바로 '사랑'이라는 것이다. 「고린도전서」 13장은 사랑의 품성에 관해 길게 열거하는데, 하나로 요약하면 '타자를 배려하는 품성', 아니 '타자 되기의 품성'이다. 영의 진수는 바로 이것이라는 얘기다.

이것은 바울이 알고 있던 그리스도가 표상하는 의미의 결정체다. 그에 의하면 신이 사람을 구하기 위해 사람이 되었다는 것, 그것이 '그리스도'라는 기호의 핵심이다. 곧 '신의 타자화'가 그리스도인 것이다. 한데 바울은 그리스도를 '역사의 예수'와 직결시키기보다는 '영'과 직결시킨다. 이렇게 그리스도를 '영'의 개념과 연계시키면 신의 자기 해체, 신의 타자화의 의미는 한층 '극단화'된다. 신은 신의 형상을 해체할 뿐 아니라 예수의 형상까지 해체했다. 아니 모든 형상을 해체했다. 여기서 신의 타자화는 극한까지 간다. 세상에서 형상이 부정된 존재들에 이르기까지 말이다. 그리고 바울에게서 그 극한은 「갈라디아서」에 따르면, 주인(노예 소유주), 남자, 유대인을 넘어서 노예, 여자, 이방인에 이른다.

이 주장의 역사적 배후는 이렇다. 이스라엘 이민자 사회가 고대 로마의 여러 지중해 연안 대도시들에서 유력한 결사체였던 탓에, 많은 이들이 이스라엘 종교로 개종하고자 했다. 특히 자신을 보호해 줄 기반을 갖고 있지 못한 자들, 곧 '속하지 않은 자'들이 대대적으로 개종자가 되려 했다. 그 대표적인 예가 노예들이다.

로마 원수정의 지존인 아우구스투스가 '팍스 로마나'를 선언하면서 정복 전쟁의 중지를 실행에 옮기기 시작한 지 80년 가까이 지난 1세기 중반, 주공급원이 사라진 노예의 가격은 대단히 비싸졌다. 노예는 유지 비용이 많이 드는 반면 소작인보다 생산성이 낮았기에, 더 이상 비용을 감당할 수 없었던 많은 노예 소유주들은 노예를 무차별적으로 방면했고, 그들 중 많은 이들이 대도시로 떠밀려와 마치 유기견처럼 처참한 생활을 영유하였다. 바로 그런 이들의 다수가 가장 유력한 결사체의 하나인 이스라엘 종교로 귀의한 것이다.

이스라엘 교포 사회에서 가장 근본주의적이고 순혈주의적 성향이 강한 엘리트들인 유대주의자들은 이런 이방인 개종자들의 순수성을 의심했고 멸시했다. 반면 바울은 이들 이방인들, 심지어 노예들이나 여자들도 그들을 차별하는 엘리트들인 유대주의자들과 아무런 차별이 없는 존재라는, 당시 이스라엘 종교 사회에서 가장 창의적이고 파격적인 주장을 폈다. 그런 맥락에서 바울이 주장하는 것이 '신의 은혜'다. 그리고 그 은혜의 핵심은 신의 타자화, 곧 신이 구원받아야 할 이의 모습이 되었다는 것이다. 나아가 영은 그것을 가장 극한적인 대상에게까지 이르게 한다. 즉 영의 요체는 형체가 부정된 모든 이들, 하여 존재감을 박탈당한 가장 말단의 대상에까지 이르는 '무한한 타자화'에 있다. 「고린도전서」에서 영의 진수가 사랑, 곧 타자에 대한 배려라고 말한 것과 같은 맥락에서, 아니 그것보다 더욱 극한적인 논점을 펴는 맥락에서 「갈라디아서」의 영이 자리 잡고 있는 것이다.

정리하자면 「고린도전서」와 「갈라디아서」에서 바울은 영을 주로 감성 현상과 관련하여 이야기한다. 고린도 시에서 그것은 서로에게 분노하고 증오하는 감정들을 일으키고 있었다. 갈라디아 지역의 여러 이스라엘 교포사회에서는 더욱 극단적으로 '속하지 못한 자들'을 배제하고 증오하는 일이 벌어졌다. 바울은 그러한 배타적인 신앙을 문제 제기하면서, 영은 타자를 배려함, 나아가 '타자됨'에 핵심이 있다는 주장을 편다.

그렇다면 신학적으로 '영성'은 타자화된 자, '속하지 못한 자'에게 품는 배려의 감정이고, 그런 이들과 친밀함과 지지 감정을 나누며, 그러한 공감의 감정에 기반을 둔 모든 실천들을 함축하는 개념이다. 한데 이 영성은, 앞에서 말한 것처럼, 신의 형상 해체를 시사하는 신학적 기호다. 즉 영성은 신학적 개념인 동시에 탈신학, 반신학의 개념이다. 교회를 넘어서서 기독교를 넘어서서 타자 되기의 감성, 그러한 사회적 실천을 함축하고 있다.

그런 점에서 '사회적 영성'을 이야기하는 신학, 아니 반/탈신학은 두

가지 과제에 직면해 있다. 영성의 의미를 독점해온 교회로부터 영성을 수거하는 것이 그 하나고, 이 영성을 세상에 돌려주는 것, 특히 세상 속에서 타자 되기를 향한 감정과 그에 기반을 둔 실천에 이 이름을 부여해주는 것이 다른 하나다.

그가 준 생각의 힌트—사회적 영성

-《한겨레》 2011년 4월 4일 게재 칼럼

한 토론회에서 '사회적 영성'이 화두가 되었다. 그것을 제기한 이는 정치학자인 박명림 교수였다. 그에 의하면 진리, 계시, 말씀 등이 인간의 몸으로 침투하는 체험이다.

그런데 영성의 전문가여야 할 교회 지도자가 한 교회연합기관의 단체장이 되려고 수십억 원을 뇌물로 썼다. 이것은 비단 이번만의 일은 아니다. 내내 그래 왔단다. 각 교단장의 선출도 예외는 아니라고 한다. 한편 세계 최대 교회의 원로목사와 부인이 싸움을 벌이고 있다. 여기에 아버지 편의 아들과 어머니 편의 아들의 갈등이 얽혀 있다. 요는 재산권 분쟁이라고 한다. 또 있다. 서초역 근처에 몇 천억 원대의 교회당을 건축하려고 계획을 세우고 있는 한 교회는 공공도로 지하까지 파고 들어가겠단다. 정부의 중앙부처와 지방자치단체는 이 편법 공사를 승인해줬다. 이것이 끝이 아니다. 한 대형교회 목사는 교회 돈 수십억 원의 횡령 혐의로 재판을 받고 있다. 다른 대형교회 목사는 교회의 의결 절차 없이 백 몇 십억 원의 돈을 펀드에 투자했다.

그런데 이들이 공히 신주처럼 받들고 있는 믿음에는 설교할 때 하느님의 말씀이 자기 몸을 뚫고 들어와 대신 말하는 것이라는 주장이 들어 있다. 즉 자신은 신의 대언자다. 그들이 보기엔 이런 게 '교회적 영성'이다.

앞서 말한 토론회의 발제자인 박명림 교수는 우리 사회의 불평등의 격차가 세계 최악의 상황임을 수십 가지 지표를 조사하며 밝혔다. 국가복지는 후퇴하고 있고, 기업복지는 형해화되고 있는 실정이다. 그런데 사회적 도움이 필요한 이들은 점점 크게 늘어나고 있다. 하지만 '교회적 영성'은 뇌물, 사기, 편법 건축, 부당한 펀드 투자 등으로 수십, 수백억, 아니 수천억 원을 남용한다.

이참에 영성이라는 것에 대해 다시 한번 살펴보자. 교회가 말하는 영성이 자기중심의 배타적인 교리 도그마에 빠져 있는데다 대형교회들이 보이는 부적절한 행태들로 인해 많은 이들에게 영성이라는 말은 혼란스러운 것이 되었다. 게다가 교회적 영성이 아니라 사회적 영성에 대해 말하는 신학자가 별로 보이지 않는 탓도 있다. 정치학자 박명림도 이 말을 쓰기는 했지만, 그 말에 대한 일종의 저작권 같은 것을 가진 것처럼 공인되었던 신학자와 목사들의 침묵 탓에, 더 많은 설명을 하는데 난감해 했다.

신약성서에서 '영'은 언어로 통제되지 않는 감정 체험과 관련하여 처음 사용되었다. 한 공동체에서 종교 체험이 인플레를 일으키며 종교적 감성 현상이 분출하였는데, 가령 방언 같은 것이 그것이다. 박 교수의 말처럼 신적인 것 혹은 진리가 몸을 뚫고 들어왔다. 한데 영은 그러한 체험 중 감정적 체험에 국한한 표현이었다. 이해나 해석, 혹은 도덕의 차원이 아니라 감정의 차원이다.

한데 이 분출한 감정 작용이 공공성을 띠지 못하고 서로 헐뜯고 권력 게임에 몰두한다. 이에 바울이라는 지도자가 '영'이라는 말로, 그 종교적 체험들에 공공성을 부여하려 한다. 그가 말하고 싶은 영의 핵심은 '사랑'이다. 곧 타인을 배려하는 것이다. 체험이 타인을 배려하는 것으로 나타나지 않으면 그것은 영성이 아니다.

우리네 교회 지도자들이 보인 교회적 영성은 퇴색했다. 해서 정치학자 박명림의 말이 끌린다. '사회적 영성'이라고 다시 말해보자. 그가 이 말에서 생각했던 것 속에는 공공성, 곧 타인과 함께 수평적으로 나누는 관계의 품성이 필요하다. 물론 거기에는 지적·도덕적 성찰이 반드시 포함되어야 한다. 하지만 동시에 욕망의 분별없는 분출에 관한 공공성, 곧 영적 성찰이 수반되어야 한다. 이것이 박명림이 내게 준 영에 관한 생각의 실마리였다.

● 이 글을 쓴 **김진호**는 한신대학교 신학대학원을 졸업한 이후, 제도권 신학의 공간 밖을 떠도는 신학의 방외자로서 20여 년을 유랑하였다. 한백교회 담임목사를 지냈고, 한국신학연구소 연구원, 계간 《당대비평》 편집주간 등을 역임했다. 현재는 재야 신학 연구 단체인 제3시대그리스도교연구소 연구실장으로 일하고 있다. 민중신학 연구자이자 '역사의 예수'에 관한 연구자로서 여러 권 책을 냈으며, 다양한 영역의 매체에 많은 글을 썼다. 『반신학의 미소』, 『예수의 독설』, 『급진적 자유주의자들』, 『시민 K, 교회를 나가다』, 『리부팅 바울』 등의 책을 썼으며, 다른 이들과 함께 쓴 책으로는 『죽은 민중의 시대 안병무를 다시 본다』, 『우리 안의 파시즘』, 『무례한 자들의 크리스마스』, 『무례한 복음』, 『우리 안의 이분법』, 『함께 읽는 구약성서』, 『함께 읽는 신약성서』, 『21세기 민중신학:세계 신학자들, 안병무를 말하다』 등 다수가 있다.

"사람들은 저마다 생존하기에 급급할 뿐 공동 운명에 대한 공감 능력을 키워갈 수 없게 되었다. 2014년 4월 한국사회를 충격에 빠트린 세월호 사건이 우발적인 것이 아니라 불행하게도 필연적이었다고 할 수밖에 없는 것도 그 때문이다. 권력의 이동이 철저한 민주주의의 발전으로 귀결되지 못하고 단지 기존의 지배체제 내에서의 배분에 지나지 않았고, 급기야는 이명박과 박근혜 정부를 거치며 국가 자체가 전적으로 자본의 지배하에 놓인 기업국가가 된 우리 현실에서 빚어진 비극이다."

목사의 영성에서 장로의 영성으로 ●━━━━━━●

: 영성 권력의 이동

최형묵(천안살림교회 목사, 한신대 초빙교수)

기업국가로의 권력 이동
●

"대통령 못 해먹겠다." "권력은 시장으로 넘어갔다." 새삼 토를 달지
않아도 알겠지만, 노무현 대통령이 재임 중 한 이야기였다. 거의 기적과
같은 드라마를 연출해가며 노무현 대통령의 당선을 가능하게 했던 국
민들의 입장에서는 당혹스럽고 실망스럽지 않을 수 없었다. 권위주의
체제가 지속되던 상황에서 민주적 정권 교체를 이룬 김대중 정부에 이
어 지속된 노무현 정부는 미완의 민주주의를 완성시켜 줄 기대를 안고
있었기 때문이다.

유감스럽게도 그것은 사실이었다. 그것은 비단 노무현 정부 시절에
이뤄진 일은 아니었다. 사실은 이미 그 이전부터 자본으로의 권력 이동
현상은 나타나기 시작하였다. 1980년대 후반부터 한국의 자본은 그간

의 경제개발의 열매를 누리기 시작하였다. 주로 대기업을 중심으로 하는 현상이지만 한국의 자본은 막대한 유휴 자본을 형성하였다. 이것은 대기업 스스로 투자 계획을 수립할 수 있다는 것을 뜻했다. 여기에 국내적으로는 경제 자유화 조치가 점차 실현되기 시작하고, 세계적 차원에서는 경제 개방화의 물결이 가속화되는 상황 가운데서 한국의 대자본은 대내외적인 영향력을 확장했다.

1987년 정점에 이르기까지 지속되어 왔던 민주화운동은 정치적 절차상의 민주화를 요구하였을 뿐 아니라 경제적 불평등을 넘어서 경제적 정의를 이루는 실질적 민주화를 요구하였고, 그 요구는 당연히 민주화 과정에서 등장한 정부의 과제로 기대되었다. 다시 말해 국가는 정치적 절차상의 민주화를 실현할 뿐 아니라 민주화의 규범에 걸맞은 경제적 규율을 실현하여야 할 과제를 안고 있었다. 그것은 대자본에 대한 과거의 권위주의적 통제와는 다른 민주적 규율을 뜻하는 것이었다. 1987년 민주화항쟁 이후 개정된 헌법에 경제민주화 조항이 포함된 것도 이러한 시대적 요구를 반영한 것이었다.

하지만 그 기대는 실현되지 않았다. 노태우 정부, 김영삼 정부로 이어지는 과정에서 경제 정책은 민주화의 요구보다 세계적 차원의 신자유주의적 추세에 더 민감하게 영향을 받았다. 사실상의 정권 교체에 해당하는 김대중 정부의 등장으로 민주화의 기대는 한껏 높아졌지만, IMF 구제금융 위기와 함께 등장한 김대중 정부는 IMF 구제금융 위기에 대한 대응으로써 사실상 신자유주의 경제 정책을 본격화하였고, 이로 인해 정치적 민주화의 진전에도 불구하고 그 성과는 무색하게 되었다. 김대중 정부는 민주주의와 시장의 병행 발전을 표방했지만, 민주적으로 규율되지 않은 시장의 발전만이 두드러졌다. 미완의 민주주의를 더욱 진전시킬 것으로 기대되었던 노무현 정부 하에서 그 경향은 더욱 뚜렷해졌다. 대기업을 중심으로 하는 시장 권력은 점점 비대해졌고 사회적 양극화 또한 심화되었다. 민주화의 성과는 대기업에게 돌아갔을 뿐 일반 시민에게는 그 성과를 실감할 수 없게 되었다는 평가는 그러한 사정에서 비롯된다.

더욱이 정치적 민주화 역시 매우 취약한 기반 위에 있다는 것이 확인되었다. 노무현 정부의 권위주의 청산은 대통령의 고립을 가져왔을 뿐 우리 사회를 속속들이 지배하고 있는 권위주의의 청산으로 귀결되지 않았다. 선출 권력의 한 축으로서 국회가 과거 권위주의 세력의 우위 상태에 있었음은 물론 국가 관료체제 또한 민주화 시대에 걸맞은 변화를 이루지 못했다. 국가의 사법적 기능 또한 국민의 권익을 보호하는 방향으로 작동하기보다는 선출 권력을 오히려 제약하는 방향으로만 작동하는 것 같았다. 다수당의 횡포로 야기된 대통령 탄핵 사태 국면에서 헌법재판소의 판결에 절대적으로 기대어야 했던 상황은 사실상 민주화 시대의 역설적 현상을 단적으로 보여준 것이었다. 가까스로 탄핵 국면을 돌파했지만, 달라진 것은 없었다. 입법, 사법, 행정 모든 분야에서 구체제의 영향력은 수그러들지 않았고, 이와 결탁한 대기업의 지배력은 오히려 강화되었다.

기업사회라 불릴 만큼 사회 전반에 대한 기업의 지배력이 강화된 조건에서, 개인의 주체성을 전제로 공동의 운명을 결정하는 체제로서 민주주의는 퇴행하였다. 민주화 시대에 일인에게 집중된 권력은 분산되었지만 권력은 하나의 강고한 체제로서 자신을 재구축하였고, 바로 그 체제는 사실상 시장 권력에 의해 뒷받침되고 있다. 그 안에서 사람들은 저마다 생존하기에 급급할 뿐 공동 운명에 대한 공감 능력을 키워갈 수 없게 되었다. 2014년 4월 한국사회를 충격에 빠뜨린 세월호 사건이 우발적인 것이 아니라 불행하게도 필연적이었다고 할 수밖에 없는 것도 그 때문이다. 권력의 이동이 철저한 민주주의의 발전으로 귀결되지 못하고 단지 기존의 지배체제 내에서의 배분에 지나지 않았고, 급기야는 이명박과 박근혜 정부를 거치며 국가 자체가 전적으로 자본의 지배하에 놓인 기업국가가 된 우리 현실에서 빚어진 비극이다.

불길한 일화, 교회 안의 권력 이동
●

우리 사회 안에서 그와 같은 일련의 과정이 진전되고 있던 즈음이었다. IMF 구제금융 위기를 겪고 신자유주의의 물결 속에 기업 구조조정의 격랑이 일고 더불어 사회 전반의 구조조정이 필요하다고 입을 모으던 시점이다. 한 장로와 더불어 교회의 변화에 대한 이야기를 나누는 중이었다. 비교적 개방적이고 온건한 분이었던 까닭에 그 분의 주장에 대체로 공감할 수 있었다. 그러나 이야기 도중 한 대목에서 더 이상 이야기를 계속해야 할 의욕을 상실하고 말았다. 교회 개혁의 여러 방안들 가운데 하나로 목사의 성과급을 말한 대목에서였다. 말하자면 교인수의 증가에 따라 목사의 사례비를 늘리면 목회적 열정을 더욱 고취시킬 수 있으리라는 것이었다. 내 상식으로는 입에 올릴 수 없는 소리였지만, 한 치의 망설임 없이 그 이야기가 튀어나왔을 때 마음이 짓눌리는 느낌이어서 더 이상 이야기를 나눌 수 없었다.

당시로서는 그저 개인적으로 경험한 하나의 일화에 지나지 않은 것으로 여겨졌지만, 돌이켜보니 그 일화는 그 즈음 확연하게 드러나기 시작한 교회의 어떤 경향을 드러내주는 예표와도 같은 것이었다. 앞서 말한 바와 같이 민주화 이후, 아니 더 정확하게 말하면 정치적 민주화가 진전되고 있는 중에 IMF 구제금융 위기가 겹치고 이로부터 신자유주의 물결이 거세게 몰아닥칠 바로 그 즈음부터 한국교회 안에서는 주도권의 변화 현상이 감지되기 시작했다. 그것은 목회자의 카리스마적 지도력에 의존하기보다는 교회 내의 유력한 세력의 관리 체제에 의존하는 교회의 경향이다. 그 권력 이동 현상을 '목사에게서 장로에게로'라고 말한다면 지나친 단순화일까? 그럴 수도 있다. 그러나 '목사'가 교회 안에서 개별적 카리스마를 지닌 지도력을 나타내고, '장로'가 교회 안에서 유력한 집단의 세력 균형에 의한 지도력을 나타내는 것이라면, 교회 안의 권력이 '목사에게서 장로에게로' 이동하고 있다고 보는 것은 지나친 단순화일 수만은 없다. 그것은 현재 교회 안에서 나타나고 있는 하나의 현상을 살피는 데 그 나름대로 의미를 지니는 설명 방식이다.

이 일화가 도대체 어떤 문제를 함축하고 있는 것일까? 크게 보아 두 가지 차원의 문제를 함축하고 있다. 첫 번째는 교회 내 주도권의 변화 차원의 문제이고, 두 번째는 그것을 뒷받침하는 세계관 차원의 문제다. 그것이 교회 내 주도권의 변화와 관련되어 있다는 것은 목회적 지도력이 견제와 관리의 대상이 될 수 있다는 것을 말하고, 그것을 뒷받침하는 세계관 차원의 문제가 있다는 것은 목회적 지도력에 대한 관리가 업적에 따른 보상의 논리에 의해 뒷받침된다는 것을 말한다. 그런데 이 두 가지 차원 모두 사회에서 통용되는 나름의 합리성을 바탕으로 하고 있다. 그것은 적나라한 물리적 통제의 형식을 취하는 것이 아니라 사회에서 통용되는 상식, 그리고 더불어 상당 부분 교회 구성원들의 동의에 기반하고 있다.[1]

우선 첫 번째로 교회 내 주도권 변화의 측면에서 생각해보자. 한국교회가 급성장을 구가하는 한편 민주화와 인권운동에서 두드러진 역할을 하던 시절, 교회 안에서 목회자의 카리스마는 결정적으로 중요한 몫을 갖고 있었다. 성장을 주도하던 교회에서 목회자의 능력은 곧바로 교회 성장의 견인차 역할을 하였고 그만큼 그 권위는 절대적이었다. 숱한 부흥집회를 통해 교회가 성장을 거듭하는 상황 속에서 이를 이끈 목회자의 역할은 가히 눈부신 것이었다. 민주화와 인권운동에서 두드러진 역할을 담당한 교회 안에서도 목회자의 권위는 확고한 편이었다. 교회 회중들 사이에서 목회자의 사회적 활동을 불편하게 여기는 경향이 없었던 것은 아니지만, 권위주의 체제하에서 민주화와 인권운동이 갖는 도덕적 정당성이 인정된 만큼 그 운동에 참여하는 목회자의 권위 또한 인정되었다. 결국 그 동기가 다르다 할지라도 개발독재 시대 한국교회 안

---

1. 권력은 기본적으로 물리력에만 의존하는 것이 아니라 동의에 기반을 두는 측면을 지니거니와, 이 책이 전제하고 있는 '영성'이 '권력'과 결합할 수 있는 이유도 여기에 있다 할 것이다.

에서 목회자의 권위는 확고한 셈이었다. 그것이 교회의 바람직한 모형을 뜻하는 것은 아니지만, 교회의 현실이 그랬다는 것이다.

그러나 거의 절대적으로 보장되었던 목회자의 권위는 1987년 민주항쟁 이후 정치적 민주주의가 진전되고 그와 동시에 경제개발의 성과로 한국의 자본주의적 산업화가 최고조에 이르는 시점에서부터 점차 도전을 받게 되는 상황에 처하게 되었다. 정치·경제·사회의 변화만큼 극적인 성격을 띠지는 않았지만 교회 또한 그런 양상이 서서히 나타나기 시작했다고 할 수 있다. 여기에 1997년 IMF 구제금융 위기 또한 교회 안에 변화를 불러일으킨 중요한 요인으로 작용했다.

우선 정치적 민주화의 영향은 사회 전반에 영향을 끼쳤고 교회에도 일정한 영향을 끼쳤다. 사회 전반적으로 권력의 독점은 더 이상 정당한 것으로 간주되지 않고 권력의 분점을 전제로 하는 상호 견제와 조화가 바람직한 가치로 받아들여지게 되었다. 한국 자본주의의 발전으로 기업의 경영혁신이 이뤄지고, 기업 내에서도 저돌적 추진력보다는 참신한 창의력이 요구되기 시작했다. 또한 소비자에게는 다양한 욕구를 충족시키는 과제가 중요하게 부상하였다. 이러한 사회 전반의 변화가 교회에도 영향을 끼치고 따라서 교회의 권력 구조를 변화시키는 요인으로 작용했다는 것은 쉽사리 예측할 수 있다. 그것은 목회자 개인의 카리스마적 권위에 의존하던 교회에서 유력한 집단의 세력 균형에 의한 권력 분점의 방식으로 운영되는 교회로의 변화 현상으로 나타났고, 그것은 곧 목회자보다는 장로들의 입지를 상대적으로 강화해주는 것으로 귀결되었다. 게다가 1997년 IMF 구제금융 위기가 닥치면서 기업의 구조조정이 합리적 선택의 방안으로 위력을 발휘하게 되었을 때 교회에 대한 그 영향 또한 적지 않았다.

그 영향은 앞서 지적한 두 번째 측면을 생각해볼 때 더욱 분명해진다. 사회 전반의 변화와 더불어 기왕에 교회 내의 권력 구조가 변화되는 추세가 나타나기 시작한 터에 IMF 구제금융 위기와 함께 구조조정의 열풍이 밀어닥쳤을 때 교회만 이로부터 무풍지대가 될 수 없다는 인식이 상당히 광범위하게 확산되었다. 그것은 교회 개혁을 명분으로 하여 교인들에게 자연스럽게 수용되었다.

사실 기업 구조조정의 의미가 비용의 감소를 통한 효율성 제고, 그것도 노동자의 임금 비용 축소로 결코 동일시될 수 없는 것임에도 불구하고 한국사회에서는 그와 같은 의미로 받아들여졌고 사회 전반에서 그 가치를 공유해야 하는 것처럼 간주되었다. 그것은 생산력을 제고시키기 위한 기업 환경의 변화나 기술력의 향상 차원은 배제된 채 일차적으로 임금 비용을 줄이고 또한 나아가 개인의 업적과 능력을 강조하는 방향으로만 통용되었다. 그러한 추세는 사회적 연대의 가치보다는 개인의 업적과 능력에 따른 보상의 논리가 유난히 강한 한국사회에서 그 논리를 더욱 강화해주는 구실이 되었다.

그것이 교회 안에 수용되었을 때 여러 가지 형태로 나타나게 되었다. 어린이교회학교에서 각광받는 프로그램의 하나로서 '달란트 시장',[2]

---

2. 어린이의 출석 헌금 등을 체크하여 그 항목마다 일정한 '달란트'를 지급하고, 일정한 주기에 따라 그 달란트로 선물을 구입하도록 하는 것으로, 한국교회 어린이교회학교에서 매우 인기 있는 프로그램이다.

많은 교회들에서 운영되는 전도에 따른 보상 제도 등이 그 대표적 실례다. 물론 이러한 것들은 오래 전부터 시행되어온 것들이지만, 사회 전반에 걸친 구조조정의 열풍과 더불어 급기야는 목회자의 사례비까지도 그와 같은 보상 원리에 따라 지급하는 것이 교회 개혁의 일환이 될 수 있다는 인식에까지 이르게 되었다. 결국 기왕에 진행되던 교회 내 권력 분점 및 이동 현상에 더하여 이러한 추세는 그에 대한 이데올로기적 명분까지 더해주게 된 것이다.

자조적 세계관의 유행과 연대적 가치의 상실

●

이상과 같은 사회 전반의 변화 양상과 맞물린 교회의 변화는 사실상 많은 교회들에서 상당히 자연스럽게 일어나고 있다. 사회의 변화 가운데서 교회만이 무풍지대일 수 없다는 인식에 비춰보면 당연하고 정당하게 보일지도 모른다.

과연 그 변화의 추세에 어떤 문제는 없는 것일까? 앞에서 말한 대로 그 두 가지 차원에서 문제점을 생각해보자. 먼저 권력 분점의 문제를 생각하면, 권력의 분점은 독점이 지니는 문제를 극복한다는 점에서 그 자체로 긍정적 의미를 지닌다. 그러나 교회 안에서 '목사에게서 장로에게로' 권력 이동 현상이 권력 독점의 문제를 극복하고 권력 분점의 긍정적 방향을 살리는 방향으로 나아간 것인가 하는 점에서는 충분한 의문의 여지가 있다.

잘 알려져 있다시피 오늘날 개신교 교회의 장로 제도는 전통적인 사제 중심의 교회 구조에서 회중의 대표성을 강화하는 교회 구조로서 정착되어 왔다. 그런데 오늘날 정치사회적으로 대의제가 위기에 처해 있는 것과 마찬가지로 교회의 대의제도 또한 심각한 위기에 처해 있다. 목회자와 장로로 구성되어 있는 당회堂會는 교회 회중의 대의기구로서 역할하기보다는 사실상 통치기구로서의 성격을 강하게 갖고 있는 것이 사실이다. 교회법적으로 '치리회治理會'로 일컬어지고 있는 것 또한 그 성격을 일정 정도 말해주고 있다. 게다가 교회 구조상의 제도는 정치사회적 차원의 제도보다 어떤 면에서 훨씬 강고한 성격을 띠고 있어서 좀처럼 변화되지 않는 것이 사실이다. 장로가 중요한 역할을 하는 장로교 교회의 대의 구조를 살펴보면, 전체 회중이 참여하는 공동 의회가 일년에 한 차례, 집사 이상이 참여하는 제직회가 한 달에 한 차례, 그리고 목사와 장로로 구성되는 당회가 수시로 열리는 편이다. 이를 통해서만 보더라도 교회 안의 실질적 권력기관으로서 당회의 위상은 쉽게 알 수 있다. 대개 교회 안에서 그와 같이 일정한 위계적 질서를 갖추고 있는 대의 구조는 거의 요지부동이다.

따라서 이와 같은 위계질서를 갖추고 있는 교회 내의 대의 구조가 전혀 변화되지 않는 가운데 목사에서 장로로 권력 이동을 수반한 권력 분점 현상은 매우 제한적 의미만을 지닐 수밖에 없다. 이른바 목사에서 장로로의 권력 이동을 수반한 권력 분점 현상이 교회 전반의 민주적 구조 변화를 동반한 가운데 이뤄진 것이 아니기에 그것은 사실상 권력 분점의 긍정적 효과를 극대화하는 방향으로 나아가지 못하는 한계 안에 머무를 수밖에 없다.

교회의 대의 구조 자체가 근본적으로 변화되지 않은 데다 대체적인 장로의 사회적 신분과 그 가치관을 감안하면 목사와 장로의 권력 분점이 사실상 장로의 힘의 우위로 귀결된 현상을 더 쉽게 이해할 수 있다. 물론 교회의 장로층은 교회마다 매우 다양한 성분을 갖고 있지만, 대체로 소자산가 층에 집중되어 있고 따라서 그에 따른 가치관의 성향을 강력히 드러내고 있다는 것은 한국교회 안에서 일반적 경향이라 할 수 있다. 과거 목회자의 카리스마적 지도력이 중시되던 상황에서는 목회자가 어떤 성향을 갖고 있든 목회에서 그 영향력이 지대했다. 1970~80년대 보수적 교회의 압도적 우위 상황 가운데서도 진보적 성향 목회자들의 사회 참여 활동이 두드러진 것은 당시 민주화 인권운동이 도덕적 정당성을 지닐 수 있는 역사적 조건에 힘입은 것 뿐 아니라 진보적 성향을 가진 목회자의 상대적 자율성이 발휘될 수 있는 여지가 남아 있는 교회 안의 조건에 힘입은 것이기도 했다.

그러나 목사에서 장로로 권력 이동이 이뤄지고 교회 전반의 근본적인 민주적 변화가 없는 상태에서 사실상 목사가 장로들의 견제를 받게 되었을 때 그 여지는 사라지고 말았다. 1970~80년대 진보적 교회로서 몫을 하였던 교회들이 전반적으로 보수화되는 현상은 이런 맥락에서 이해할 수 있다. 최근 일부 교단에서 나타나고 있듯이 유력한 교회에서 젊은 목사를 담임목사로 선호하는 것도 일정 측면 그런 맥락에 있다. 젊은 목회자로 하여금 목회의 이상을 새롭게 펼치도록 보장하려는 진취적인 성격보다는 관리와 통제가 보다 용이한 목회자를 두려는 퇴행적인 성격이 강하다고 할 것이다.

두 번째로 교회 내의 주도권 변화와 동반한 주도층의 세계관 문제를 생각해보자. 교회 안에서의 권력 분점이 사실상 목사에서 장로로의 권력 이동을 뜻하는 제한적 의미를 넘어 더 중요한 문제는 현실 사회에서 장로층의 사회적 신분을 반영하는 가치관으로 교회를 운영하면서 야기되는 교회의 근본 정신의 퇴색 현상이다.

목사의 성과급을 교회 개혁의 일환으로 간주하는 의식의 실체가 과연 무엇인지 심각하게 물음을 던질 필요가 있다. 앞에서 한국교회 내의 권력을 장악한 장로층이 사회적 계층으로 볼 때 대체로 자수성가한 소자산가 층에 집중되고 있는 점을 주목했다. 목사의 성과급을 당연한 것으로 여기는 인식은 단순한 하나의 견해라기보다는 그와 같은 사회적 계층의 가치관을 단적으로 드러내주는 하나의 예표라 할 수 있다.

그것은 기본적으로 자본주의의 발흥기에 등장한 소자산가 층의 자조自助적 세계관을 압축적으로 표현하고 있다. 그 자조적 세계관은 오늘 자본주의 사회에서 끊임없이 재생산되는 가운데 사회의 여러 영역으로 번져나가고 있다. 특별히 신자유주의 시대에 그 가치는 더욱 맹위를 떨치고 있다. 미국의 레이건 대통령과 함께 신자유주의 정책의 기치를 선구적으로 이끌었던 영국의 대처 수상이 소위 '영국병'을 치료한다고 했을 때 그 치료 수단으로 내세운 것이 '빅토리아적 가치'였는데, 그것은 스마일즈Samuel Smiles의 『자조론』(1859)이 내세운 '자조self-help'를 핵심으로 하고 있다. 이에 근거하여 대처 수상이 "사회란 없다"고 한 데서 알 수 있듯이 자조론의 핵심은 사회적 관계를 실체 없는 것으로 간주하고 전적으로 개인의 노력을 강조하는 데 있다. 개인의 노력 여하에 따라 모든 것이 좌우된다는 논리다. 그것이 지니는 맹점은 사회적 관계를 인정하지 않은 만큼 사회적 연대의 가능성을 배제한다는 점이다. 여기서 개인의 능력과 업적이 강조될 뿐 사회적 연대는 무가치한 것이 된다. 결국 경쟁의 논리만이 유일한 진리로 남는다.

사실 한국교회 안에서는 이미 오래 전부터 같은 논리의 신앙 담론이 유포되어 왔다. '삼박자 축복'[3]으로 대변되는 현세적 물질주의 신앙, 그리고 교회 성장주의 담론이 그와 같은 논리의 기반 위에 서 있거니와, 그것은 미국 교회의 번영신학을 그대로 빼닮은 것이다. 근래에 '적극적 사고방식', '긍정의 힘', '승자의 길' 등 다양한 이름으로 불리고 있는 번영신학 담론은 1970년대에서 1980년대를 거치면서 부흥하는 가운데 자본주의적 삶의 방식과 사고방식을 정당화하면서 이른바 '아메리칸 드림'을 확산하는 효과를 발휘하였다는 것은 널리 알려진 사실이다. 앞서 말한 대로 개인주의적 자조의 정신을 바탕으로 하는 그 신앙 담론이 1970년대를 거쳐 1980년대에 광범위하게 확산된 것은 신자유주의 물결과 그 궤를 같이 한다고 할 수 있다.

급속한 성장기에 있던 한국교회에 이 담론은 사실상 그대로 이입되어 위력을 발휘했다. 이 때 그 부흥사는 당연히 목사들이었다. 목사들은 전혀 다른 가능성은 없는 듯이 개인적 축복과 교회의 성장을 강조하는

---

3. '삼박자 축복'이란 순복음중앙교회 조용기 목사에 의해 제창된 것으로 "사랑하는 이여 그대의 영혼이 평안하듯이 그대가 모든 면에서 평안하고 건강하기를 빕니다."(『요한3서』 1:2)라는 성구에 의거한다. 여기서 영혼이 구원을 받고, 모든 일이 잘 되어 재물과 영예를 누리고, 육신 또한 건강을 누리는 것이 삼박자 축복의 내용이 되었고, 이는 사실상 주류 한국기독교의 현세적 물질주의를 가장 분명하게 드러내는 구호가 되었다.

그와 같은 담론을 골자로 하는 메시지를 선포하였고, 그것은 주류 한국 교회 안에서 지배적인 담론이 되어 내면화되기에 이르렀다. 자본주의 발흥기 성공 신화를 믿고 내달린 소자산가 층의 이데올로기는 급속한 성장기에 역시 강력한 성공 신화를 믿고 내달린 한국교회 구성원 전반의 내면을 사로잡았다.

그러던 차에 한국 자본주의가 발전하고 마침내 신자유주의 논리가 사회의 지배적 이데올로기로 자리를 잡고 사회 전반에 걸친 구조 개혁의 정당성의 원천이 되었을 때, 교회 안에서도 그것이 구조 개혁 논리의 근거로 통용되는 현상은 매우 자연스러운 것이었다. 그런데 그것이 성장의 논리로서보다는 구조 개혁의 논리로 전용되었을 때, 그것은 사실상 그간 통제되지 않은 권력을 확보하고 있던 목회자를 겨냥하게 되었다. 그것이 성장의 논리이든 구조 개혁의 논리이든 개인의 업적과 능력을 강조하는 논리적 기반 위에 있다는 점에서 이데올로기적 효과 면에서 본질적으로 달라진 것은 없지만, 교회가 일방적인 성장을 구가하던 시대를 지나 교회 자체가 구조 개혁의 대상이 되는 시점에 이르렀을 때 교회 안에서 그 논리는 목회자들에게 부메랑처럼 다가온 셈이다.

교회의 권력 자원으로서의 영성, 그리고 영성 권력의 이동

●

교회의 권력 구조 변동의 경향과 함께 또 한 가지 주목해야 할 현상은 영성 권력의 이동 현상이다. 그것은 교회가 오랫동안 활용해왔던 감성적 자원의 동원과 배분에서 목회자의 배타적 역할이 상대적으로 약화되고 교회 내의 장로층으로 대변되는 사회적 엘리트 계층의 역할이 두드러지게 된 것을 말한다. 이 책이 전제하는 '영성'은 감성의 장치라는 차원을 함축하고 있거니와, 교회의 권력 구조 형성은 그것을 매우 중요한 하나의 자원으로 삼고 있다는 점에서 영성 권력에 주목할 수 있을 터인데, 오늘날 이른바 성공한 교회들에서 그 영성 권력의 이동 현상이 뚜렷하게 나타나고 있는 것이다.

잘 알려져 있다시피 교회는 조직 체계와 교리, 메시지만으로 구성되는 것은 아니다. 인적 구성체로서 교회는 오래 전부터 감정을 중요한 신앙의 장치로 활용하여 왔고, 이성적 차원에 대응하는 어떤 신념과 구별되는 의미로서 영성은 바로 그러한 경향을 반영한다. 그것은 어떤 조직적 체계에 대한 순종이나 교리화된 명제에 대한 확신과는 구별되며, 그러한 것들로 환원되지 않는 감성적 체험을 포괄하기에 적합한 개념으로 활용되어 왔을 뿐 아니라 명확하게 정의 가능한 신앙의 그 어떤 장치보다 더 우월하고 근본적인 것으로 여겨져 왔다. 그렇기에 교회의 권력 형성에서도 핵심적인 역할을 차지해왔다. 바로 그런 의미에서 영성이 교회 안 권력 형성의 핵심적 자원이 되고 있는 점은 예나 지금이나 다름없지만, 앞서 말한 바와 같이 교회의 권력 구조의 변화가 일어나고 있는 것과 같은 맥락에서 그 권력 구조를 형성하는 핵심으로서 영성 권력의 변화 양상이 분명하게 나타나고 있다.

예컨대 과거 한국교회가 급속한 성장을 이루던 시기 그 성장을 주도했던 순복음교회는 오순절 영성 또는 기도원 영성의 중심지 역할을 하였는데, 이때 그 영성 운동에 빠져든 사람들은 급속한 산업화 과정에서 주변화된 계층이 주를 이뤘고, 그 주역 또한 근대화된 교육과 엘리트 양성 체계와는 거리가 있는 자수성가형 엘리트들이었다. 여기서 영성은 사회적으로 상대적 박탈과 결핍의 고통을 겪은 이들에게 감성적 보상과도 같은 것으로 체험되었다. 그것은 뜨거운 것이었고 단순한 것이었다. 그 영성 체험을 통해 삶의 의지를 불태울 수 있으면 족한 것이었다. 그것은 성령의 은사로 언명되었지만, 실상은 험난한 삶의 한복판에서 삶의 의지를 불태우는 것에 다름 아니었을 뿐 고통을 야기하는 사회적 현실에 대한 자각과는 상관없는 것이었다. 또한 절대적 권위를 가진 카리스마적 지도자로서 목회자가 인도하는 대로 몰입하는 것만으로도 뜨거운 체험을 누릴 수 있었다는 점에서 매우 단순한 성격을 띠고 있었다.

반면 한국교회의 성장이 정체되고 있는 오늘의 상황에서 그러한 영성 체험은 다른 형태를 띠고 있다. 한국교회가 전반적으로 성장의 정체를 겪고 있는 상황에서도 일부 주요 대형교회들은 여전히 성장을 구가하고 있는데, 예컨대 온누리교회 같은 교회는 그 성장의 돌파구를 영성 운동에서 찾고 있다는 점에서 주목된다. 교회의 성장 동력을 영성 운동에서 찾고 있다는 점에서 과거 순복음교회의 경우와 다르지 않지만, 그 구체적인 양상은 다르다. 이 교회의 구성원 자체가 반영하듯이 새로운 형태의 한국교회 영성 운동은 주로 사회적으로 안정된 중상위 계층이 중심이 되고 있다는 점에서 구별될 뿐 아니라 그 중심 지도자가 목사가 아닌 교회 내 장로들이라는 점에서도 구별된다. 물론 목회자는 여전히 대외적으로 그 교회를 대변하는 카리스마적 지도자와 같은 역할을 맡고 있는 것으로 비치지만, 그 이미지는 상징적 성격이 강한 반면, 실제로 교회 내의 장로들을 중심으로 하는 지도력이 중심을 이루고 있다. 권력 분점의 형태는 영성 권력의 차원에서도 관철되고 있는 셈이다. 흥미로운 점은 그 영성 운동을 이끄는 장로들이 사회적으로도 성공한 엘리트 계층이라는 점이다. 그런 만큼 과거 순복음적 영성 운동이 단지 뜨겁고 단순하게 체험된 것과는 달리 보다 세련되고 풍부한 감성적 자원이 동원되고 있다. 여기에서 영성은 선택받은 사람들의 보다 나은 삶의 향유에 대한 갈망으로 체험되고 있다고 할 것이다.

영성이 한 인격에게서 신앙을 형성하는 근본적 차원을 함축한다면 그 적극적 의미는 마땅히 나로부터 타인으로 이어지는 공감의 능력을 말하는 것이요, 그로부터 비롯되는 어떤 삶의 정향이라 할 수 있을 것이다. 그러나 오늘날 한국교회에서 체험되는 영성에서 그 적극적 의미를 과연 발견할 수 있을까? 한국교회 안에서 체험되는 영성은 앞서 말한 의미 있는 변화에도 불구하고 그 적극적 의미를 발견하기 어려울 것 같다.

한국교회 안에서 체험되는 영성은 여전히 개인에게 체험되는 은사의 성격을 벗어나지 못하고 있다. 개인에게 체험되는 은사로서 영성은 개인에 대한 몰입의 감정을 더욱 강화시키고만 있는 것 같다. 영성 권력의 분점은 권력 분산으로서 어떤 의미를 지닐 수 있을지 몰라도, 오히려 사회적으로 성공한 엘리트층이 주도하는 영성 운동은 성공한 개인에 대한 선망의 감정을 더욱 강화시킬 소지를 안고 있다. 영성 운동에 참여하는 이들과 그 운동을 이끄는 지도자들의 감정적 유대는 당연히 그러한 결과를 초래하지 않겠는가? 그렇다면 그것은 영성의 적극적 의미를 구현하는 것과는 거리가 멀다. 자신의 고통을 치유 받고자 하는 열망 또는 자신의 선택받은 삶을 향유하고자 하는 갈망은 강하지만, 타인의 고통에 대한 연민과 타인과 연대하는 삶으로 이어지지 못하는 한계 안에 있을 뿐이다. 설령 그것이 이뤄진다 하더라도 그것은 같은 감성을 공유한 집단 내에서일 뿐 밖으로 이어지지 못하는 한계 안에 있다. 교회의 권력 분점에 대해 적극적 의미를 부여할 수 없는 것과 마찬가지로 영성 권력의 분점에 대해서 또한 결코 적극적 의미를 부여할 수 없는 이유가 여기에 있다.

민주적 구조의 변화와 공감 능력의 회복
●

앞에서 우리는 이 시대 권력의 분점이 갖는 적극적 의미에도 불구하고 실제로 한국교회 안에서 나타난 권력 분점은 사실상 권력의 이동이라는 제한적 의미밖에 지니지 못한다는 점을 주목하였고, 더불어 그 현상의 이면에 자리하며 실질적으로 교회 운영의 원리로 자리하게 된 가치관의 문제를 주목하였다. 그 두 가지 차원을 주목하였던 만큼 대안의 방향 역시 동일한 맥락에서 생각해볼 수 있을 것이다.

그 대안을 모색하는 데 신학적 차원에서 교회에 대한 이해가 전제될 필요가 있다. 교회 역시 하나의 사회적 실제로서 일반 사회에서 통용되는 상식에서 전적으로 벗어나기 어려운 현실을 안고 있는 것은 사실이다. 그러기에 일반 사회에서 통용되는 모종의 합리적 원칙들을 교회가 수용할 수도 있다. 그러나 그리스도인의 공동체로서 교회는 근본적으로 상식적인 사회적 통념과는 다른 원리에 기반하고 있다. 교회는 새 하늘과 새 땅을 지향하는 그리스도인, 곧 기존의 질서에 의해 인정되는 주체로서가 아니라 전적으로 새로운 세계를 꿈꾸는 공동체적 주체로서 성격을 지니고 있다. 교회의 그러한 성격은 현실로 존재하는 교회가 단순히 현실을 모방하는 것이 아니라 현실의 문제를 뛰어넘는 대안을 지향함으로써 그 존재 의의를 드러내야 한다는 것을 말한다. 그것은 당연히 현실적 존립 요건으로서 교회 구조의 문제와 관련되어 있으며 그 구조를 뒷받침하는 가치관의 문제와 관련되어 있다.

앞에서 교회 안에서의 권력 분점이 목사에게서 장로에게로 권력 이동 현상에 지나지 않는다고 지적한 것은 교회 안에서 근본적인 민주적 구조의 변화 없이 이뤄진 그 변화는 제한된 의미만을 지닌다는 것을 지적하려는 의도에서였다. 집중된 권력이 분산된 것은 긍정적으로 평가할 수 있지만, 근본적인 민주적 구조의 변화 없이 이뤄진 권력 분산은 또 다른 권력의 강화에 지나지 않은 것일 수 있다는 것을 지적하려는 것이다. 그것은 우리 사회에서 나타나고 있는 현상일 뿐 아니라 한국교회 안에서도 재현되고 있는 현상이다. 교회 안에서 재현되는 그 현상은 사회 전반적으로 나타나는 그 현상을 다시 강화하는 역할을 한다.

지배적인 사회 현실을 뛰어넘는 새 하늘 새 땅을 지향하는 공동체로서 교회의 성격을 전제한다면, 교회는 보다 철저하게 민주적인 구조를 지향해야 한다. 목사와 장로에게 그 운영이 맡겨지는 교회가 아니라 교회 구성원 모두에게 책임과 함께 정당한 역할이 부여되는 교회의 구조를 갖출 수 있다면, 교회는 사회적 병폐를 온존시키고 강화시키는 온상이 아니라 사회적 병폐를 넘어서는 대안적 공동체의 모형으로서 역할을 할 수 있다. 당연히 그 교회를 뒷받침하는 가치관 역시 사회의 지배적 이데올로기를 뛰어넘는 것이어야 한다. 성서는 사회적 약자의 생존을 정의의 척도이자 건강한 사회의 핵심적인 존립 요건으로 인식한다. 그것은 개인적 능력과 업적의 논리에 우선한다. 교회가 개인적 능력과 업적을 중시하는 논리에 사로잡혀 있으면서 사회적 약자를 돌보는 태도를 취할 수 있다는 것은 전적으로 형용모순일 뿐이다. 교회 스스로 개인의 능력과 업적을 중시하는 논리에서 벗어나 사회적 관계의 현실을 직시할 뿐 아니라 사회적 연대성의 원리를 구현할 수 있을 때 교회는 비로소 대안의 공동체로서 그 몫을 다할 수 있을 것이다.

기업사회라고 불릴 만큼 시장의 권력이 압도적인 한국사회 현실에서 사람들 사이에서 연대의 가치와 공감의 능력을 회복하는 것은 그 어느 때보다 절실하다. 오늘 한국사회 일상의 삶 가운데서 경험하기 어려운 연대의 가치와 공감의 능력을 교회 안에서 체감할 수 있다면, 교회는 꽉 막힌 우리 사회의 한 출구로서 그 역할을 다할 수 있을 것이다. 그것은 사회학자 김덕영이 지적하는 바와 같이 오직 경제적 성장만을 근대화 그 자체로 동일시한 '환원근대'의 전도사로서 기독교[4] 교회로부터 벗어나 자본의 이윤 추구만을 목적으로 하는 자본주의적 삶의 양식과는 다른 삶의 양식을 보여주는 공동체로서 몫을 하게 되는 것을 뜻한

---

4. 김덕영, 『환원근대 – 한국 근대화와 근대성의 사회학적 보편사를 위하여』, 도서출판길, 2014, 특히 pp.191–204 참조.

다. 교회의 그와 같은 변화는 우리 사회 안에서 연대의 가치와 공감의
능력을 제고시킬 수 있는 중요한 계기가 될 수 있다.

● 이 글을 쓴 **최형묵**崔亨默은 1961년 출생하여 연세대학교 신학과와 한신대학교 신학대학원을 졸업하고 한신대 대학원에서 「한국 경제개발과 민주주의에 대한 기독교윤리적 평가」로 박사학위를 받았다. 한국신학연구소에서 오랫동안 연구원 및 계간 《신학사상》 편집장으로 일했고, 현재는 천안살림교회 목사로 대안적인 교회 공동체를 형성하기 위해 애쓰는 한편 한신대학교 초빙교수로 학생들을 가르치고 있다. 또한 이론과 실천, 신학과 목회의 통일을 지향하며 교회 밖의 여러 활동에도 참여하고 있으며, 제3시대그리스도교연구소 운영위원, 한국기독교교회협의회 신앙과 직제위원, 한국민중신학회 총무, 계간 《진보평론》의 편집위원으로 활동하고 있다. 지은 책으로 『사회 변혁운동과 기독교 신학』, 『보이지 않는 손이 보이지 않는 것은 그 손이 없기 때문이다-민중신학과 정치경제』, 『뒤집어 보는 성서인물』, 『반전의 희망, 욥-고통 가운데서 파멸하지 않는 삶』, 『한국 기독교의 두 갈래 길』 등이 있고, 옮긴 책으로는 『예수시대의 민중운동』, 『무함마드를 따라서-21세기에 이슬람 다시보기』 등이 있다.

"오늘날 자본주의에서 노동(자)는 예쁜 구석은 있지만 돌봐야 할 대상이다. 여기서 예쁘다는 것은 노동(자)의 사회적 현실을 둘러싼 공평과 불공평을 따지는 정치적 물음이 거세된 상태에서 나온 윤리적 물음·영적 물음의 결과물이다. 노동(자)에 깃든 다문화주의는 세계시민으로서의 교양이자 미쁜 생활 감각으로 전환되었으며, 양심의 가책은 노동(자)에 대한 사회적 현실을 윤리적 희비극으로 소비함으로써 얻는 덕목이 되어버렸다."

뉘우치라, 더 뉘우치라는 망령을 거부하며 ●━━━━●

: 윤리적 자본주의의 시대, 사회적 영성이란

김신식(감정사회학도, 독서가)

윤리적 자본주의의 도래?

●

통신사 세 곳이 영업 정지를 당한 어느 날. 천편일률적인 컴백 예고의 포스터들이 검은 얼룩이 진하게 묻은 인형, 사은품으로 보이는 각종 생활용품 등이 어지러이 쌓여 있던 흔적을 가리고 있었다. 마치 '우리가 그리울 거야'라는 반응을 듣고 싶은 듯한 현수막 사이로 눈에 들어온 한 영업점이 있었다. ○○섬에 사회봉사 활동을 다녀오겠다는 요지의 게시물에는 진중하고도 밝은 기운이 물씬 풍겼다. 그런데 그 게시물의 대각선 아래 방향에 작게 붙어 있는 또 다른 게시물이 흐뭇함을 찰나로 만들어버렸다. 경쟁 통신사 F가 소비자를 우롱하고 있다고 전하는 이 격문은 왜소한 사이즈와는 달리 상대를 향한 비판인 건지, 비아냥거림인지 헷갈릴 정도로 어조의 농도가 짙어 금세 눈길을 사로잡았다. '우리만 죽을 수 없다'가 연상되는 작은 폭로가 '사회봉사'라는 커다란(부각시키고 싶은 표현들로 가득한) 뉘우침과 공존하는 영업점의 유리창 표면. 쓰던 휴대폰이 고장 나 이리저리 돌아다니던 나는 '아, 영업 정지 기간이지' 하는 뒤늦은 자책보다 더 강하게 '웃픈' 상태가 되고 말았다.

이런 상황에서 한 영업점의 순수와 불순을 가르고 따지는 건 쉽고 편한 (심지어 통쾌하다는 착각까지 불러일으키는) 대응이다. 근래 몇 년간 자본주의 앞에 붙이는 '윤리적', '박애', '문화적', '인간적인', '착한'이란 수사를 둘러싼 갑론을박에도 이런 프레임이 애용되었다. 이론의 두께가 보태어졌지만 이를 둘러싼 이론의 장광설과 그 귀결을 거칠게 요약해 보자면, 사람들은 자본주의의 본성에다 인간적/비인간적 요소를 넣거나 빼기에 바빴다. 이 문제가 중요하다고 여기면서도 급작스레 시시하다 평하고 밀쳐버린 데에는 인간적인 것과 비인간적인 것, 순수와 불순, 투명성과 불투명성에 깃든 '베일 벗기기'라는 프레임이 영향을 끼쳤다고 생각한다.

허나 진실은 베일을 벗겨 규명된 윤리적 미담이나 비극이 아니다. 물건을 훔칠 것 같지 않은 수도사가 도둑질을 했다고 고백했을 때, 이미 주인이 그 사실을 알고 있었다는 사실이나, 수도사가 물건을 제자리에 갖다놓았다는 사실은 진실 말하기의 목적이 아닌 것이다. 굳이 푸코의 긴 견해를 인용하지 않더라도 외려 진실 말하기란 윤리를 뚫고 일어선 복잡다단한 사회적 사실들의 배치도를 파악하는 일에 가깝다.

고로 우리는 봉사 '뒤에' 장사라는 계산에서 도출된 '속셈'을 밝혔다고 환호하거나 안주하는 일을 경계해야 할 것이다. 이는 고작 '그래, 그럴 줄 알았어. 자본주의가 더 영악해졌군' 말하고 마는 교훈극으로 우리를 초대할 뿐이다. 초대장을 거부하는 일은 속셈을 파악하는 데 필요한 물음이 과연 주효한 것인지, '물음을 향한 물음'에서 출발해야 할 것이다. 소위 윤리적 자본주의란 인간의 물음을 활용한 체제이기 때문이다.

정치적 물음·윤리적 물음·영적 물음

●

앙드레 콩트 스퐁빌Andre Compte-Sponville은 자신의 저서 『자본주의는 윤리적인가?』에서 시대·세대의 변화를 물음의 차원으로 설명한다. 스퐁빌이 보기에 윤리적 물음과 영적 물음은 정치적 물음을 물리치고 대세가 되었다. 세상의 공평과 불공평을 갈라놓은 부조리가 왜 발생했는지 뜨겁게 물어보던 시대는 지났다. 사람들은 세상에 대해 자신과 타인을 선하게/악하게 만들어버린 결과에 분노하는 것으로 만족했다. 조금 더 애를 써 인간적인 것/비인간적인 것이 무엇인지 물음을 던지는 데 몰두할 뿐이었다. "당신은 매우 가난한 사람들을 위해 무엇을 할 것입니까?"는 윤리적 물음의 표상이 되었다.

시간이 지나 사람들은 영적 물음에 관심을 쏟기 시작했다. 스퐁빌은 오늘날 달라이 라마를 향한 세계적인 열광을 보면서 "인생의 의미는 무엇입니까?"라는 물음의 형태에는 삶의 의미와 무의미가 무엇인지 궁금해 하는 사람들의 영적 물음이 자리잡고 있다고 설명한다. 스퐁빌은 종교가 더 이상 힘을 발휘하지 못하는 시대에 개개인의 영적 물음이 인기를 얻는 것은 당연하며, 윤리적 물음과 영적 물음이 서로 혼재된 시대적 분위기 가운데 윤리적 자본주의 또한 빚어졌다고 보는 듯하다.

윤리적 물음과 영적 물음이 최상위에 놓이는 시대에 소비는 기여로, 목표는 사회적 사명으로 둔갑했다. '우리가 먼저 스스로를 변화시키지 않는다면 사회를 변화시킬 수 없습니다' 같은 구호는 두 물음을 좇는 이들을 향한 명확한 대답이 되었다. 허나 이 대답을 얻기 위해서는 여정이 필요하다. 모험적 여정. 자본주의의 추진력은 무엇인가, 질문할 때 모험적 여정은 곧 자본주의가 가진 모순이 추진력임을 알리는 서사가 된다. 모순을 모험하는 일을 위해 자본주의는 소비자라는 위치에 있는 시민(이하 '소비자-시민')에게 '민감성'이라는 윤리적 자원과 세계시민이라는 여행자적 감각을 챙기길 제안한다.

상품을 경유한 민감성은 익히 알다시피, 환경에 대한 배려-환경 친화적 경영, 생산자에 대한 사회적 책임-양심적 노동 조건, 이를 통해 마련된 공동체의 삶에 참여할 장소 마련으로 나타났다. 세계시민이라는 여행자적 감각에서 세계란 경험의 질과 의미가 동원되고 거기서 추출된 정보가 집적된 터다. 이 터에서 책정되는 것은 실질적인 비용과 함께 따라 나오는 '불편'이라는 부가가치세다. 내가 커피 한 잔을 마시면서 얼마나 큰 불편을 끼치는가라는 물음은 소비자-시민의 민감성을 건드린다. 기회비용은 소비의 사회적 비용으로 대체되어 버린다.

구매가 기여로 둔갑하는 과정에서 '자선적 가격'이라는, 기업의 실질 가격 인상 정책이 나오기도 한다. 『자본주의를 의심하는 이들을 위한 경제학』에서 저자 조지프 히스Joseph Heath는 이렇게 따져 묻는다. 기업이 그렇게 많은 커피 생산을 위해 착취되고 있는 커피 농민을 걱정한다면 수요량보다 1,000만 자루나 더 생산되고 있는 상태를 중단하면 되지 않느냐고. 그러면서 공정무역 커피라고 불리는 상품이 생산자의 처우 개선을 위해 보탬이 되는 것이 아니라 커피 원두의 폐기 비용으로 충당될 수도 있음을 생각해보길 권한다. 이처럼 소비자-시민은 염려를 구매한 것이지 변화를 구매한 것은 아니다.

중간계급의 노동-서사는 왜 문제적인가
●

자본주의에 윤리를 덧대는 과정에서 노동-서사는 노동을 둘러싼 변화의 촉구보다는 소비자-시민의 염려만 투사될 수 있는 경계로 작용한다. 단, 노동-서사의 계발은 기업 측의 일방적인 전략으로만 볼 수는 없다. 중간계급이라고 불릴 수 있는 소비자-시민이 갖고 있는 노동(자)에 대한 특수한 감정은 윤리적 자본주의의 한 지점을 보여준다.

『일의 기쁨과 슬픔』은 알랭 드 보통의 섬세함이 돋보이는 노동 현장 관찰기다. 보통은 물류창고부터 회계 회사까지 다양한 일터를 다니면서 노동을 향한 경건한 마음을 드러낸다. 책에 기술된 노동 현장에서의 기쁨과 슬픔은 '신성함'으로 모아진다. 보통은 늘 소비하며 곳곳을 돌아다니는 이들에게, 소비 이전의 과정을 알고 사는 일이 우리네 삶에서 멀리 두었던 "경이, 감사, 죄책감"을 불러일으키는 소중한 여정임을 줄곧 강조한다. "상자에 담긴 물품의 잊혀진 오디세이를 관찰"하고, "노동 현장을 관찰하는" 것이 "무대나 교회 벽을 구경하는 것만큼이나 흥미로울 수 있다"고 생각한다는 보통의 언사는, 그가 이 책에서 꿈꾸는 18

세기 도시 풍경화에 가닿는다. 허나 보통의 기법touch은 사실주의적 풍경을 견지하면서도 노동을 미와 추의 아름다움에 가둔다. 그는 "노동하는 세계에 깊은 존경심을 표현하면 이상하게 여기는 근거 없는 편견"이라는 문제의식을 드러내면서도, 이는 소비자–시민으로서 당연히 가져야 할 덕성이자 교양에 가깝다는 느낌을 선사한다.

『일의 기쁨과 슬픔』에서 보통은 마치 '자아의 신화'를 찾으러 나선 양치기 산티아고의 임무를 수행하는 듯 보인다. 파울로 코엘료의 『연금술사』의 그 모험적 여정에 담긴, 꿈이란 실은 멀리 있는 것이 아니라 가까운 낡은 교회 터에 있었다는 신비로운 교훈극이란 형식은 『일의 기쁨과 슬픔』에 고스란히 적용된다.

저녁식사로 참치스테이크를 먹으려는 주부 린다 드러먼드를 발견한 보통은 참치스테이크가 식탁에 등장하기까지 거친 물류 여행에 관해 이야기한다. 아울러 참치 포장 재료를 준비하는 노동자 아이샤 아즈다의 미소가 담긴 사진 및 사연과 함께 마르크스의 『1844년 경제철학 수고』에 담긴 소외이론도 꺼낸다. 뒤이어 나오는 것은 저녁 식탁에 올라와 있는 참치스테이크를 먹는 린다의 여덟 살짜리 아들 샘의 식사 모습이다. 보통은 이 인물화에 "샘은 물류의 경이로운 면을 잊지 않고 있다"라는 자막 달기를 잊지 않는다.

'경관이 된 노동'에서 새어나오는 친밀감은 마치 인류학자들이 연구를 수행할 때 첫 단계로 거치는 '라포rapport' 형성과도 같다. 친밀한 관계라는 뜻의 이 목적 지향적인 개념은 인류학자 자신의 연구에 깃든 객관성과 해석의 깊이를 담보해준다고 하나 한계가 있다.

즉 보통이 마주치는 현장에서 노동(자)의 서사는 그 현장을 바라보는 생활자-생존자로서의 '나'가 지키고 싶은 기쁨과 슬픔을 건드리지 않는 한에서만 의미가 있다. 다시 말하자면, 그가 노동(자)를 향해 갖는 성찰은 성찰을 도모하는 그 자신이 생활과 생존에서 안전하다는 경계선에서만 효력을 발휘하는 것이다.

『일의 기쁨과 슬픔』에서 보통이 표현하는 노동(자)를 향한 '매개된' 친밀감 혹은 '매개된' 아쉬움은 노동(자)에 대한 감상법을 잘 지켰을 때 얻을 수 있는 감정의 유형으로 다가온다. 고로 자본주의를 통해 자신과 타인의 위치를 가로지르는 노동의 입체적 현실을 관찰하는 데는 여행자의 감수성이 큰 역할을 차지한다. 노동(자)가 감수성으로 처리되면서 담론의 공간은 '노동자가 노동자를 외면하는 시대'라는 진단이 얼마나 구시대적이며 게으른가 생각하게 만든다. 외려 오늘날 노동(자)의 과한 신성화가 또 다른 외면과 배제를 낳고 있다는 사실은 중간계급이 주도하는 노동-서사의 계발을 통해 나타나고 있다. 한 사회를 살아가는 사람으로서 갖춰야 할 교양으로 자리매김한 '노동 감수성'은 노동-서사를 통해 노동(자)의 현장에 대한 민감성이라는 윤리적 자원만을 챙길 뿐이다. 자본주의의 윤리화를 통해 노동(자)를 향한 물음은 빈자를 도울 방법을 강구하는 물음으로, 노동의 아름다움이라는 종교적 신비스러움과 미적 가치가 내재된 삶의 의미를 캐묻는 영적 물음으로 환원되었다.

노동(자)를 향한 물음이 자아의 신화를 찾아나서는 모험의 여정과 맞물리면서 노동-서사는 돌봄을 둘러싼 전형적인 희·비극을 고안해나갔다. 이때 소비자-시민은 인류학자적 감각과 함께 사회복지사적 감각을 일깨운다. 단 소비자-시민과 윤리적 자본주의가 공유하는 노동-서사에서 돌봄이란 삶의 의미를 충족시킬 대상을 만났을 때라야 효력을 발휘한다. 노동(자)는 일상에서 미처 내가 경험해보지 못한 미지의 영역이며, 그 앎의 과정에는 위험이 동반되어도 좋다. 허나 여기서 위험은 안전의 반대말이 아니다. 생활선과 생존선에서 충분히 예측 가능한 불안전은 외려 소비자-시민이 살면서 한 번쯤 맛보고 싶은 '안전한' 정서 상태다. '불안전의 안전화'라는 비문적 실천을 감행했을 때 소비자-시민이 노동-서사를 통해 얻고 싶은 덕성은 돌보고 싶은 노동(자)이다.

자본주의의 윤리적 자동 장치: '알아서 할 테니 내버려두라!'
●

돌봄의 정신이 새겨진 조력이 노동(자)라는 사회적 현실과 만났을 때, 윤리적 자본주의와 이를 받아들인 소비자-시민은 실천적인 이웃 사랑을 지향한다. 허나 이것이 오용될 경우 이웃이란 범주 안에 든 타인에게서 곤란함을 즐기는 조력 중독증이 발생할 수 있다. 이 증상은 노동(자)에 대한 사회복지사적 감각을 체득한 소비자-시민에게 스며든다. 불안전의 안전화를 통해 소비자-시민은 '곤란함을 경험하게 해주세요'라는 무의식 속에서 노동(자)를 향한 자신의 실수를 과하게 부풀린 듯한 서사를 내놓기도 한다. 여기서 노동 윤리란 곧 노동(자)에 대한 실수를 우리 자신의 모습에 받아들이는 것으로 축소된다. 이러한 노동-서사의 특징은 '평소 관련이 없었다고 여긴' 유의 거리감을 활용한다. 즉 노동

(자)를 향한 일방적인 도덕적 침윤은 노동-서사를 전개하는 이가 노동
(자)의 현실과 먼 삶을 살았다는 것을 강조할수록 깊어진다.

인류학자적 감각과 사회복지사적 감각이 겸비된 소비자-시민은 '동정
피로'를 내세우며 노동(자)를 향한 사회의 비참을 꾸짖기도 한다. 사회학
자 리처드 세넷이 가중되는 공감의 소모를 주시하며 명명한 이 개념은
훌륭한 비판의 언어 같지만, 윤리적 자본주의 시대에서 동정 피로는 노
동(자)를 동정-공감-관심-가르침으로만 틀 지우는 한계에 부딪힌다. 이
런 한계는 윤리적 자본주의와 적절한 유비 관계를 맺는다. 반성-평가-
선택 목표-설정의 자본주의의 윤리적 자동 장치 대 동정-공감-관심 가
르침의 소비자-시민의 노동 감수성이라는 항이 설정되는 것이다.

기업이 추구하는 윤리적 자동 장치란 사회의 불안을 안전과 보장으
로 바꾸는 사회국가 안에서 작동하는 행정적 자동 장치의 명목만을 가
져왔을 뿐이다. 노동(자)를 향한 세련된 온기는 세계에 대한 사회적 개
입이 아니라, 자기 조정적 시장경제라는 특성을 완고하게 내세우는 자
본주의의 메시지, '알아서 할 테니 내버려두라!'에 가깝다. 고로 윤리적
자본주의가 역설하는 '사회' 혹은 '사회적'이란, 경제와 사회의 조화로
움이 아니라 '경제 사회economic society'라는 독립체를 선언하는 것이다.

정치 영역과 경제 영역의 분리를 꾀하며 경제라는 고유의 형식을 만
들어갔던 산업혁명 직전과 직후의 상황을 돌아보자. 시장 중에서 가장
늦게 태동했지만 가장 많은 변화와 문제를 보인 '노동 시장'을 통해 서
구의 여러 행정가와 사상가들은 돌봐야 하는 노동(자)에 대한 법을 구상
하고 만들어 집행했다. 허나 이런 실천이 가져다줄 긍정적 효과와 달리

사람들은 노동자를 예쁜 구석이라곤 없지만 돌봐야 할 짐승이란 존재로 여기게 되었다.

오늘날 자본주의에서 노동(자)는 예쁜 구석은 있지만 돌봐야 할 대상이다. 여기서 예쁘다는 것은 노동(자)의 사회적 현실을 둘러싼 공평과 불공평을 따지는 정치적 물음이 거세된 상태에서 나온 윤리적 물음·영적 물음의 결과물이다. 노동(자)에 깃든 다문화주의는 세계시민으로서의 교양이자 미쁜 생활 감각으로 전환되었으며, 양심의 가책은 노동(자)에 대한 사회적 현실을 윤리적 희비극으로 소비함으로써 얻는 덕목이 되어버렸다.

윤리적 뉘우침은 결론이 아니다
●

윤리적 자본주의 시대의 노동-서사는 윤리적 물음·영적 물음을 통해 뉘우쳐라, 계속 뉘우치라고 강변한다. 이 속에서 소비자-시민은 사회에 참여하고 있다는 감각을 얻길 갈망한다. 노동(자)라는 현실은 노동-서사의 어떤 유형으로 정의되면서 제대로 된 삶의 의미란 무엇인가를 알려주는 훌륭한(?) 교재가 되어간다.

앞서 이야기했지만 진실 말하기는 베일을 벗겨 얻는 윤리적 미담이나 비극이 아니다. 그것은 오늘날 무엇이 사회를 사회이게 하며, 무엇이 노동(자)를 노동(자)이게 하는지 그 사실들이 현실에 어떻게 배치되고 있는지 여러모로 따져 묻는 일이다.

이때 사회적 영성은, 민감성이라는 윤리적 자원으로 참여라는 감각을 얻는 과정을 구축한 자본주의와 소비자-시민의 관계에 비판적인 물음을 던져야 할 것이다. 윤리적 뉘우침이 마치 자본주의의 정언명령이 되어버린 시점에서 뉘우침 자체가 현실에 대한 마땅한 귀결이 되어버린다면, 윤리적 자본주의가 조장하고 있는 괴리는 노동과 삶의 거리를 더 멀게 할 뿐이다. 자본주의자는 악하되 자본주의는 괜찮다는, 노동 현장은 열악하되 노동(자)는 아름답다는 그 괴리의 작동 말이다. 사회적 영성은 이러한 사실들의 괴리와 거리의 배치도를 그리면서 노동(자)에 대한 정치적 물음을 복원하는 '물음을 향한 물음'이 되어야 하지 않을까. 이 물음을 향한 물음은 오늘날 자본주의와 감정의 얼개를 파악하는 단초이기도 할 것이다. 이제, 우리는 지금 어떤 물음을 갖고 있는가?

● 이 글을 쓴 **김신식**은 대학과 대학원에서 문화연구와 사회학을 공부했고, 《당대비평》 기획위원회 편집간사로 활동했다. 현재는 인문사회 비평지 《말과활》 기획위원을 맡고 있으며, 음악웹진 《weiv》와 네이버에 대중음악에 관한 칼럼을 쓰고 있다. '감정사회학' 1인 연구기관 김삭삭연구소를 차려 문화 기획과 출판 활동을 묵묵히 진행하고 있다.

"삶의 규범을 강제하고 그 기준에 맞춰 주체를 배제하는 것, 바디우 식으로 말하자면 인간동물로 살아가는 삶에 만족하게 하는 것이 이를테면 경제학적 유물론이 요구하는 것이다. 자기계발은 바로 이런 상황에서 무의식의 침입을 받는 자아 또는 자기를 끊임없이 '합리적'으로 재구성하게 만드는 삶의 규범이다. 이런 규범을 바꿀 수 있는 것은 이에 반하는 주체를 호명하도록 만드는 것이다. 무엇이 이 호명을 가능하게 만드는가. 바로 사건이다. 세월호 참사나 후쿠시마 원전 사고 같은 거대한 부정성이 주체를 불러낸다. 이 주체를 대접하는 방식은 여럿일 수 있겠지만, 그 중 하나가 사회적 영성이지 않을까."

사회적 영성과 주체의 정치학 ●────────────●

: 민주적 유물론의 패러다임을 넘어

경제적 인간
●

사회적 영성이라는 말이 오늘날 유효성을 가질 수 있는 근거는 무엇일까. 이 글은 이런 문제의식을 주체의 정치학과 관련지어 탐색하기 위한 시도다. 정치학자 박명림이 제시한 사회적 영성이라는 용어를 곱글리며 김진호는 '교회적 영성'과 대립적인 개념으로 사회적 영성을 공공성과 영적 성찰의 결합으로 파악한다.[1] 여기에서 공공성은 "타인과 함께 수평적으로 나누는 관계의 품성"과 "지적·도덕적 성찰"이자 "욕망의 분별없는 분출에 관한 (…) 영적 성찰"이다. 나에게 김진호의 구상은 교회라는 제도의 이름으로 배제된 기독교의 실재, 다시 말하면 종교적

---

1. 김진호, 「그가 준 생각의 힌트-사회적 영성」,《한겨레》 2011년 4월 5일. 이 책의 244쪽에 옮겨 실었다.

사건으로서 존재하는 진리들에 대한 환기로 들린다. 이렇게 하나의 진리가 아닌 종교적 사건으로서 현현하는 진리들은 무엇인가. 그 진리들을 애써 배제하기 위한 제도가 바로 교회라고 한다면, 사회적 영성은 종교적 사건의 진리들로 교회에 갇혀 있는 신학적 문제의식을 개방하려는 개념일 수도 있다.

그렇다면 사회적 영성의 의미는 종교적 차원에 머무는 것이 아니라, 주체의 정치학을 통해 새롭게 호출될 수도 있다는 생각이다. 유물론을 통해 전일화되어 있는, 자본주의 바깥이 없는 세계, 바로 '세계없음 worldlessness'의 상태에서 주체를 다시 호명하는 것이 사회적 영성이라는 범주를 일상정치의 차원으로 끌어들이는 문제일 수도 있지 않을까.

이런 요청이 구체적 현장성에 맞닿아 있는 것처럼 보이는 오늘날, 이 세계의 특징을 한마디로 정의한다면 아마도 유물론의 승리라고 말할 수 있지 않겠는가. 이 승리의 의미는 모든 정치적인 차원을 소거시키는 세계없음의 도래이기도 하다. 경제를 위한 공학적인 관리만이 존재할 뿐, 정치는 오히려 경제를 방해하고 훼손할 수 있는 기제로 배척당하기 일쑤다.

모든 것은 경제로 시작해서 경제로 통한다. 심지어 교회에 나가고 인문학 서적을 읽는 이유도 경제활동에 더 적합한 자기self를 완성시키기 위한 노력의 일환이다. 어떤 형이상학이나 신학적인 진정성도 허락하지 않는 완벽한 유물론의 세계없음이 펼쳐지고 있는 것이 지금 현실이다. 한때 존 스튜어트 밀이 '경제적 인간homo economicus'이라는 부르주아에 대한 힐난을 차용해 경제의 바탕으로 과학이라는 무신론을 설정했던 시도는 하나의 현실로 완성된 것처럼 보인다. 한때 진보주의를 추동했던 근대적인 유물론은 이제 자본주의와 생명의 경계마저 무의미하게 만들면서 이윤축적의 무한경쟁 논리를 삶의 규범으로 강제하고 있다.

당연한 추측이지만, 인간을 이기적 존재라고 규정했던 밀이라도 지금 벌어지고 있는 현실에 결코 찬성하지 않았을 것이다. 어쩌면 지금 한국의 진보주의자들처럼, 그도 이런 문제들을 해결하기 위해 더욱 정교한 '정치경제학'의 필요성을 주장할지도 모른다. 밀에게 '정치경제학'은 사회적 국가social state를 통해 변형된 인간의 본성이나 사회 행동 전체를 다루는 것이 아니라 "부를 소유하고자 욕망하는, 그 목적을 달성하기 위한 수단의 효율성을 비교할 수 있는 판단능력을 가진 존재로서 독자적으로 개인을 취급하는 과학"이었다.[2] '정치경제학'은 부의 추구 결과로 발생하는 사회적 현상을 예견하는 것으로서, 이런 관점에서 보면 인류는 오직 "부의 획득과 소비로 충만해 있는 존재"다.[3] 이렇게 부를 축적하는 것을 지상명령으로 삼는 개인의 삶을 보장하고 각자 다른 이해관계를 조정함으로써 사회제도가 갖춰지는 것이다.

밀이 옹호했던 '경제적 인간'은 이기적인 속성을 본성으로 삼는 욕망의 존재이다. 이런 까닭에 '경제적 인간'은 일반직으로 집단주의에 맞선 개인주의에 대한 옹호로 읽힌다. 그러나 밀이 염두에 둔 이기적인 인간은 결코 제멋대로 자신의 이익만을 추구하는 존재가 아니다. 개인의 이

---

2. John Stuart Mill, *Essays on Some Unsettled Questions of Politics Economy*, London: Longman, 1874, p.97.
3. John Stuart Mill, 같은 책, p.97.

익 추구는 무한대로 허용되지 않고, 타인의 이익 추구를 방해하지 않는 합의의 범위 안에서 가능한 것이다. 말하자면 '경제적 인간'은 경제적인 이익을 추구하지만, 동시에 규범이나 관습에 제약을 받는 존재이다. 따라서 이기적 인간을 '국가의 부'라는 최종적인 목적을 달성하기 위한 도구로 인지할 수도 있다는 것은 당연한 논리적 귀결일지도 모른다.

한국에서 박정희 체제가 추진한 경제개발의 과정을 보더라도 '정치경제학'이 설정하는 개인과 국가의 모순은 큰 무리 없이 봉합될 수 있는 것이다. 박정희 체제가 잘 보여주듯이, 국가의 발전이라는 명분에 개인의 이익 추구를 복속시키는 것은 그렇게 어려운 일이 아니었다. 말하자면, 자유주의의 논리 내부에 자유주의를 배반하는 예외성의 아이러니가 숨어 있는 것이라고 볼 수 있겠다. 사회적 영성은 바로 이 예외성의 지점에서 주체를 호명하는 방식으로 출현하게 될 것이다. 과연 어떻게 그것은 가능할 것인가. 이 문제를 고민하기 위해 몇 가지 이론적 논의를 거쳐가야 한다.

공리주의와 주체성의 문제
●

'정치경제학'이 마치 이익을 통해 개인의 범주를 옹호하는 것처럼 보이지만 실상은 그 개인의 자아^{ego}를 규범이나 관습에 고착시킬 수밖에 없는 이유를 밝힌 이는 다름 아닌 카를 마르크스였다. 마르크스는 부의 속성을 유용한 재화나 상품의 축적으로 생각하지 않고 가치의 축적으로 파악했다. 부는 단순하게 재물을 쌓아두는 것이 아니라, 그것을 시장에 팔아서 이윤을 얻는 교환 과정이었다. 자본주의에서 부는 자본이다. 자본은 "처음 단계부터 화폐의 형태로-말하자면, 그것이 상품시장이든, 노동시장이든, 또는 금융시장이든-무대에 오른다".[4] 부가 자본의 문제라면, 관건은 결국 화폐가치의 양이다. 더 많은 화폐를 가질수록 더 많은 부를 유지한다. 마르크스가 적절하게 지적했듯이, 이런 부의 양에서 차이를 가늠하는 척도는 무한하다. 어떤 물건의 유용성이 아니라 가치의 양이 부의 척도이기 때문에, 누구나 화폐 가치를 많이 소유하면 부자가 될 수 있는 것이다. 따라서 자본주의에서 개인은 기껏해야 자본의 인격화에 지나지 않는다고 볼 수 있다.

자본의 인격화로서 개인의 이익 추구가 존재하는 것이라면 결과적으로 '정치경제학'에서 주체성의 자리는 마련되어 있지 않은 것이 아닐까. 그리고 그 '정치경제학'이라는 것이 근대라고 불리는 합리성rationality의 출현 국면에서 중요한 역할을 수행한 자유주의의 '국정 철학'이었다고 한다면, 정작 자유liberty를 중심으로 통치체제들을 이론화하는 과정에서 결여되어 있는 것은 주체성일 수밖에 없을 것이다. 이것은 분명 아이러니다. 개인의 자유를 보장하는 것이 자유주의의 명분인데, 그것을 위해 필요한 것은 주체성의 제거다. 제러미 벤담이 '판옵티콘'을 구상했을 때, 그 목적은 다중multitude을 인민people으로 거듭 나게 만드는 것이었다. 여기에서 인민은 혼자서 자율적으로 최저생계subsistence를 해결할 수 있

---

4. Karl Marx, *Capital: A Critique of Political Economy*, trans. Ben Fowkes, London: Penguin, 1976, p.247.

는 개인의 집합이었다. 이렇게 개인의 최저생계를 보장하는 문제야말
로 고전경제학의 쟁점이었다. '판옵티콘'은 이런 경제학의 가설에 의지
해서 구상된 건축물로 볼 수 있는데, 벤담은 다음과 같이 주장한다.

> 강제 노동은 처벌이기 때문에 이곳에서 노동은 반드시 강제적이어야 한
> 다. 같은 이유로, 그리고 인간의 환경이 허락하는 어떤 종류의 편안함을
> 허락하지 않는 것도 처벌이기 때문에, 진지하게 응하는 한에서, 이런 편
> 안함을 자유롭게 허락 받는 것이 거부되지 않거나, 간수가 이런 거래의
> 일부로 자기 자신을 연루시키는 것이 허가되어서, 다른 거래자들을 통해
> 이루어지는 것보다 더 많은 이익을 보게 만드는 일이 허락되지 않아야
> 한다.[5]

여기에서 벤담은 처벌의 문제를 효용성의 관점에서 해결하자는 제안
을 하고 있다. 인용문에서 확인할 수 있듯이 '판옵티콘'이 제대로 작동
하려면, 감옥 전체를 관장하는 간수가 개입하는 일이 없어야 한다. 간수
가 개입하지 않는 조건에서 수감자들은 공평하게 이익을 나눌 수가 있
고, 이를 통해서 자율적으로 노동을 통해 최저생계를 유지할 수가 있
다. 왜냐하면 모든 개인은 자기이익을 추구하는 본성을 내면화하고 있
기 때문이다. 따라서 벤담의 '판옵티콘' 논의에서 핵심적인 것은 감시체
계에 대한 것이라기보다 어떻게 간수의 개입을 최소화할 것인지에 대

---

5. Jeremy Bentham, *The Panopticon Writings*, London: Verso, 1995, p.78.

한 문제였다. 두말할 필요도 없이 이런 벤담의 논의는 최소정부론이라는 자유주의의 정치철학을 그대로 옮겨놓은 것이다. '정치경제학'은 이처럼 정부의 직접 개입을 최소화하기 위해 정치를 감시와 감독의 영역으로 후퇴시키는 방식에 대한 이론화였다.

경제학의 입장에서 본다면 감옥은 평상시 군대와 마찬가지로 아무런 수익을 만들어낼 수가 없는 '쓸모없는 장치'다. 그래서 근대 이전의 군주국가에서 감옥은 존재할 필요가 없었다. 감옥은 처벌을 앞둔 상태에 있는 죄수가 대기하는 임시 공간이었을 뿐이다. 그러나 근대 이후에 자유의 개념이 도입되면서 모든 개인은 자유로운 존재여야 한다는 것이 정언명령으로 받아들여진다. 따라서 근대 이후 감옥의 의미도 단순하게 인신을 구속하는 차원을 넘어서 교화와 교정을 목적으로 하는 규율 장치로 변화하게 된다. 이 과정이 미셸 푸코가 지적한 '정상화'를 뜻한다는 것은 익히 논의되어 온 사실이다. 이 '정상화'는 공리주의적 기준에 적합하지 않는 비합리적인 주체성의 요소를 제거하는 과정이었다.

자유주의의 위기와 사회다원주의

●

'판옵티콘'에 대한 푸코의 논의에서 주목해야 할 지점은 감시와 시각성의 관계인데, 이것이야말로 벤담이 내세운 효용성의 문제에 관련되어 있는 사항이기도 하다. 중앙의 감시탑을 중심으로 방사선으로 펼쳐져 있는 '판옵티콘'의 구조는 수감자에게 보이는 것과 감시자가 볼 수 있는 것을 분할한다. 분할의 원칙이 벤담과 같은 급진적 자유주의자들,

말하자면 공리주의자들에게 필요했던 근대적인 기술^{techonolgy}이었다.[6] 이런 건축 구조로 인해 감시자가 볼 수 있는 것을 수감자는 볼 수 없다. 따라서 감시자는 감시당하고 있다는 사실을 인지하지 못한다. 있지만 없는 것처럼 간섭과 개입을 최소화한 정부의 모습을 벤담의 구상에서 읽어내는 것은 어렵지 않다.

이렇게 공학적인 방식으로 "군중, 조밀한 대중, 다양한 교환의 장소, 함께 뭉쳐 있는 개인성들, 집단적인 효과를 폐기하고 대신에 분리된 개인성의 집합을 들여세우는 것"이 바로 벤담의 기획이었다.[7] 실제로 벤담의 감옥은 건축물로 탄생하지 못했지만, 그의 설계도는 공리주의의 의미를 상징적으로 보여주는 증거물이 되었다. 그러나 벤담의 '판옵티콘'에서도 확인할 수 있듯이, 경제를 통해 정치를 제한하고자 했던 공리주의적 통치성은 경제적 효율성이라는 명목으로 주체성을 제거하는 결과를 초래한다. 푸코도 지적하듯이, '판옵티콘'의 구조는 개인을 정보의 대상으로 만들 뿐, 의사소통의 주체로 간주하지 않는다. 중요한 것은 개인의 신체와 언어를 교정하고 교화하는 규율의 장치였을 뿐이다. 주체성의 문제는 '판옵티콘'에 대한 구상에서 고려 대상이 아니었다. 이 사실은 무엇을 의미하는 걸까.

---

6. 급진적 자유주의자는 푸코의 용어법으로 시장의 진리로 정부의 비합리성을 비판했던 영국 공리주의자들을 의미한다. 자세한 논의는 다음을 참조. Michel Foucault, *The Birth of Biopolitics: Lectures at the College de France 1978-79*, trans. Graham Burchell, London: Palgrave, 2008. pp.30-40.

7. Michel Foucault, *Discipline and Punish: The Birth of the Prison*, trans. Alan Sheridan, New York: Vintage, 1995, p.201.

자유주의의 자유야말로 개인성을 절대적인 지평으로 내세우지만, 실제로 주체성 없는 자유라는 진실이 이런 벤담의 구상에서 적나라하게 드러난다고 할 수 있다. 말하자면, 자유주의에서 말하는 개인의 자유는 규범적이면서 동시에 합리적인 것이다. 자유는 합리성의 구성에서 핵심을 차지한다는 점에서 이른바 근대성을 규정하는 중요한 요소다. 그러나 이런 자유주의에 내재한 규범성과 합리성이야말로 주체성의 자리를 제거한 유물론을 암묵적으로 인준하는 것이다. 벤담의 '판옵티콘'에서 중요한 것은 행복을 삶의 전제로 설정하는 도덕철학의 명제다. 그러나 이 도덕철학의 명제는 종종 경제적 현실과 충돌을 일으켰다. 이해관계의 충돌을 조정하는 복잡한 과정에서 경제적 활동을 도덕적 동기에서 찾았던 해결책은 위기에 봉착하게 마련이었다. 이 위기야말로 푸코가 일찍이 지적한 자유주의 통치성의 붕괴와 생명정치biopolitics의 전면화를 의미했다.

허버트 스펜서의 사회진화주의 또는 사회다윈주의는 이런 공리주의의 문제점을 비판하면서 등장했다. 스펜서의 주장은 자유주의의 역사에서 획기적인 계기를 마련했는데, 이처럼 "생물학적인 진화의 법칙을 정치적인 결과로 전환하게 만든 결정적인 요소는 바로 사회적인 삶에서 목격할 수 있는 생존 투쟁의 확산이었다".[8] 스펜서는 찰스 다윈의 "자연 선택"이라는 개념을 적절하게 설명하는 말로 최적자생존survival of

8. Pierre Dardot and Christian Laval, *The New Way of the World: On Neo-liberal Society*, trans. Gregory Elliott, London: Verso, 2014. p. 64.

the fittest이라는 개념을 만들어서 헌정하기도 했다.[9]

스펜서의 최적자생존론이 기존의 공리주의와 다른 점은 경쟁 개념의 도입이었다. 이런 스펜서의 사회이론은 오늘날에도 여전히 위력을 발휘하고 있는 자유지상주의의 전신이기도 하다. 자유주의에서 핵심적인 것은 바로 노동분업이었지만, 스펜서는 이것을 경쟁의 필연성으로 대체했다. 이제 경쟁은 경제에서 필수불가결한 요소였다. 이런 스펜서의 이론이 힘을 얻은 것은 당시에 국가경제와 기업 사이에 첨예한 이해관계의 충돌이 일어났기 때문이었다. 그러나 여기에 덧붙여 스펜서의 자연주의는 진보의 개념을 전문화에서 선택의 문제로 완전히 전환되게 만들었다.[10] 이 변화는 무엇을 의미하는 걸까. 생각보다 더 심층적인 차이가 발생한다. 전문화에서 중요한 것은 바로 시장의 매개였다. 시장은 다양한 전문가들의 상호협력을 가능하게 만들었다. 경제를 관장하는 정교한 정부의 통치 기술이 요청된 것도 이 때문이었다. 경제의 전문성이 강화될수록 생산성도 높아져서 많은 이들이 같이 이익을 나눠가질 수 있다는 발상이었다. 여기에서 중요한 것은 수준 미달의 생산자를 축출하지 않고 함께 발전을 도모하는 일이었다.

그러나 스펜서의 최적자생존론은 자연선택이라는 법칙에 따라 경쟁의 과정에서 누구도 생존을 보장 받을 수 없다는 주장이 핵심이었다.

---

9. Dardot and Laval, 같은 책 1장에 있는 주31 참조. 스펜서는 1864년에 발간한 『생물학의 원리 Principles of Biology』라는 책에서 "이 최적자생존이야말로 (…) 다윈 씨가 '자연 선택, 또는 생명을 위한 투쟁에 적합한 종이 보전되는 것"이라고 부른 것이다"고 적었다.
10. Dardot and Laval, 같은 책, p.65.

강인한 의지와 성실한 노력, 그리고 출중한 능력을 갖춰야지만 최종적으로 살아남을 수 있다는 논리였다. 역사적인 관점에서 본다면, 스펜서의 경쟁 개념은 위기에 처한 자유주의를 극복하기 위한 하나의 대책이었다고 할 수 있다. 고착에 빠진 산업자본주의와 국민경제의 난국을 돌파하기 위해 경제에 과학적인 관점을 도입한다면 계속해서 진보를 이룰 수 있을 것이라는 것이 기본 취지였다. 이런 맥락에서 스펜서는 공리주의의 기초이기도 한 도덕철학을 비과학적인 신학이라고 비판했다.

> 도덕철학은 엄밀하게 내포하고 있는 것에 관해 어떤 정확한 관념도 존재하지 않는 것처럼 보인다. 도덕주의자들은 선행되었어야 하는 작업을 통한 어떤 엄밀한 정의에 따른 연구도 개괄하지 않거나, 느슨하게 무차별적으로 특성들을 뭉뚱그려 틀지웠다. 정당한 방식으로 어떤 본질적인 원리의 발견이나 응용에 자신들을 한정시키는 대신에, 그들은 모든 가능한 환경 아래에서, 모든 가능한 행동들에 대해 규칙들을 부여하고자 시도했다.[11]

결론적으로 스펜서가 공리주의를 비판하는 까닭은 경제적 이익을 추구하는 인간의 속성을 애매하게 도덕적 동기에서 찾는 방식이 비과학적으로 보였기 때문이다. 이 때문에 자기 이익의 추구라는 이기적 속성과 도덕적 규칙이 서로 충돌을 일으킨다는 것인데, 그에게 인간은 진화

---

11. Herbert Spencer, *Social Statics*, London: John Chapman, 1850, p.55

에 따른 경쟁이라는 본능의 권리를 가지고 있다. 이 본능의 권리가 이기적 속성으로 나타나는 것이고 이 속성을 자유롭게 신장하도록 만들어주는 것이 사회 진보의 원동력이라는 것이 스펜서의 주장이었다. 경쟁을 통한 진보라는 발상은 이렇게 스펜서의 자연주의에서 일찌감치 발견되는 것이다. 따라서 이런 스펜서의 생각이 후일 프리드리히 하이에크 같은 경제학자를 통해 변주되고 있다는 사실은 상당히 의미심장하다. 자유주의의 위기에 대처하기 위한 스펜서의 사회다윈주의는 경제에 대한 유물론적 관점을 더욱 강화하는 결과를 초래했다. 지금까지 논의한 것처럼 공리주의의 사회다윈주의는 지금 현재 지배적인 유물론적인 상상을 만들어낸 거대한 뿌리다. 자유주의에 대한 대안으로 등장했던 사회주의 역시 이런 한계에서 크게 벗어나지 못했다. 여전히 심심찮게 환기되고 있는 변증법적 유물론의 문제는 주체성에 대한 고민을 결여했기 때문에 발생했던 것이라고 볼 수 있다. 자본주의와 사회주의가 서로 만났던 그 지점은 바로 서로 분리되었던 시스템이 하나로 완성된 순간을 나타낸다. 이 통합을 가능하게 만든 것이 경제학적인 유물론이 아닐까 한다. 사회적 영성에 대한 고찰은 바로 이렇게 모든 것을 하나로 만들어내는 기존의 유물론적 패러다임에 대한 반성에서 출발해야 하는 것이다.

주체의 정치학과 사회적 영성

●

슬라보예 지젝에 따르면, 오늘날 목격할 수 있는 유물론은 크게 두 종류다. 첫째, 다윈주의나 뇌과학 같은 과학적 자연주의이고, 둘째, 푸코나 해체주의 같은 담론적인 역사주의다.[12] 지젝이 이런 식으로 유물론을 양분하면서 그에 대응하는 뉴에이지 문화와 서구화된 불교, 그리고 선험적 유한성에 대한 하이데거주의를 항목으로 각각 설정하는 까닭은 지그문트 프로이트가 '충동Trieb'이라고 명명한 실재에 대한 고찰이 앞서 말한 유물론에 빠져 있다는 것을 상기시키기 위함이다. 이런 지젝의 정의는 스스로 밝히고 있듯이 알랭 바디우의 논의에서 유래했다. 이런 지젝의 분류법에 지금까지 논의한 경제학적인 유물론을 새로운 항목으로 추가할 수 있을 것이다. 자유주의의 위기 이후에 출현한 신자유주의는 스펜서의 자연주의를 변주한 것이라고 볼 수 있는데, 이런 유물론들은 주체에 대한 고찰을 빠트리고 있다는 점에서 공통적인 문제점을 노출하고 있다.

바디우는 민주적 유물론democratic materialism이라는 용어를 통해 지금 현재 지배적인 유물론의 입장을 "신체들과 언어들 이외에 아무 것도 없다"는 말로 정리한다.[13] 이런 유물론의 관점에서 개인은 신체들의 객관성만을 존재의 근거로 삼는다. 바디우는 '포스트모던'이라는 용어야말로 이런 민주적 유물론에 붙여진 대표적인 이름이라고 본다. 생산적인 개인을 위한 구체적인 조건으로 오직 신체만을 설정하는 것은 인간성

---

12. Slavoj Žižek, *Less Than Nothing: Hegel and the Shadow of Dialectical Materialism*, London: Verso, 2012. p.13.
13. Alain Badiou, *Logics of Worlds: Being and Event 2*, trans. Alberto Toscano, London: Continuum, 2009, p.1.

이라고 통칭되는 어떤 성격을 동물성^{animality}으로 환원하는 것이라고 바디우는 진단한다. 이런 문제의식에서 바디우는 민주적 유물론에 대한 반대항으로 유물론적 변증법^{materialist dialectic}을 병치시킨다. 인간성을 동물성으로 귀속시키는 민주적 유물론과 달리, 유물론적 변증법은 '진리들'이라는 예외성을 신체와 언어에 추가한다. 유물론적 변증법의 명제는 그러므로, "진리들이 존재한다는 것을 제외하고 오직 신체들과 언어들이 존재한다"이다. 물론 이 말은 "진리들이 존재하는 한에서 오직 신체들과 언어들이 존재한다"는 명제로 바꿔 쓸 수 있다.

바디우가 말하는 주체는 자유주의나 관념론에서 전제하는 자아 또는 자기가 아니다. 그렇다고 주체라는 용어가 자아와 자기에 대한 다른 명명법인 것도 아니다. 앞서 제시한 명제에서 알 수 있듯이, 주체는 신체들과 언어들을 존재하게 만드는 예외성이다. 예외성이기에 배제되지만, 동시에 이 예외성이 없다면 신체들과 언어들도 존재할 수가 없다. 바디우는 잠재적인 것이나 현실적인 것으로서 주체를 설정하고 있는 것이 아니다. 언어적인 차원에서 본다면 주체는 발화상의 주어다. 발화를 규정하는 문법에 따라 주어는 술어와 조응하면서 하나의 문장으로 모든 것을 현현한다. 게다가 언어적인 차원에서 구현되는 주어는 인간이라는 범주와 무관하다. 이른바 공공적인 것이라고 부를 수 있는 사회적인 공리계로부터 출현하는 주어는 인간적인 것이 아니다. 헌법의 문장에 등장하는 주어는 '모든 국민'이라는 기호이지 결코 특정한 인간일 수가 없다. 이 기호가 개인적 발화로 바뀌면 기표를 얻게 되는 것이다. 이런 생각을 발전시킨 이론이 구조주의라고 한다면, 바디우의 주장은 여기에서 한 발 더 나아간 것으로서 사회적 영성과 주체성의 문제를 연결시킬 수 있는 단초를 제공한다.

주체는 언어적인 기표에서 드러나는 것처럼 보이지만 실제로 거기에 속하지 않는다. 오히려 주체는 언어적인 기표에서 배제되면서 발화를 지탱한다. 교회라는 기표에서 영성적 주체는 흔적으로만 남는다. 정확하게 말하면 영성적 주체는 교회의 공백^{void}이다. 이 공백을 무의식의 침입이라고 할 수 있을 것이다. 김진호가 묘사한 것처럼, "진리가 몸을 뚫고 들어온 것"을 영성이라고 부를 수 있다면, 주체의 공백이야말로 신체에 새겨진 진리들의 흔적이다. 도대체 이 진리들, 다시 말해서 무의식의 침입은 무엇을 의미하는가. 이 문제를 풀 수 있는 실마리는 바로 언술 행위에 담겨 있다. 자크 라캉이 말하듯이, 주체는 언술 주체와 언술행위 주체로 분열^{Spaltung}되어 있다.

시니피에가 시니피앙을 재현한다거나 시니피에 자체가 자기 존재를 정당화한다는 환상을 버려야 주체의 장소로서 언어의 본성을 파악할 수 있다는 것이 라캉의 주장이다.[14] 이런 라캉의 전제에서 언술 행위 주체는 발화 이후에 사라지는 공백이다. 언술을 위해서 필수적이지만, 그럼에도 그 언술에 남아 있지 않는 무의식의 흔적이 언술 행위 주체인 셈이다. 라캉의 생각에서 중요한 것은 바로 이런 무의식의 차원에서 작동하는 언술 행위 주체의 자율성이다. 이 주체는 기표와 다르게 움직인다. 이 주체는 분명 자아를 통해 말하지만, 그렇다고 완전하게 자아로

---

14. Jacques Lacan, *Écrits*, trans. Bruce Fink, New York: Norton, 2006, p.416.

수렴할 수 없는 다른 것, 말하자면 무의식에 속하는 것이다. 이 주체야 말로 푸코가 말년에 '무의식의 유희'라고 불렀던 "합리성이나 필연성을 통해 정당화될 수 없는" 진리의 출현일 것이다.[15] 이 진리는 '나'를 구성하지만 그 '나'로 재현되는 것에 속하지 않는다.

이와 같은 주체에 대한 정의는 분명히 앞서 논의한 '정치경제학'의 유물론과 대립적인 것이라고 볼 수 있다. 자유를 구속해야만 개인의 자유를 공평하게 보장할 수 있다는 자유주의의 정언명령은 주체를 배제한 상태에서 구성되는 언술기표의 규칙만을 합리성으로 받아들이게 만든다. 삶의 규범을 강제하고 그 기준에 맞춰 주체를 배제하는 것, 바디우 식으로 말하자면 인간동물로 살아가는 삶에 만족하게 하는 것이 이를테면 경제학적 유물론이 요구하는 것이다. 자기계발은 바로 이런 상황에서 무의식의 침입을 받는 자아 또는 자기를 끊임없이 '합리적'으로 재구성하게 만드는 삶의 규범이다. 어떻게 생각하면 이런 주체의 분열이라는 조건이야말로 자기계발의 무한 반복을 가능하게 만드는 것인지도 모른다. 무의식을 배제하고 자신의 신체와 언어를 자본의 이윤 축적에 맞게 정립하는 것이 자기계발의 정언명령이라고 한다면, 이런 규범을 바꿀 수 있는 것은 이에 반하는 주체를 호명하도록 만드는 것이다. 무엇이 이 호명을 가능하게 만드는가. 바로 사건이다.

세월호 참사나 후쿠시마 원전 사고 같은 거대한 부정성이 주체를 불

---

15. Michel Foucault, *Subjectivité et vérité: Cours au Collége de France, 1980-1981*, Paris: Seuil, 2014, pp.224-225.

러낸다. 이 주체를 대접하는 방식은 여럿일 수 있겠지만, 그 중 하나가 사회적 영성이지 않을까. 부정성에 기초한다는 점에서 사회적 영성은 기존의 규범에 맞춘 합리성을 벗어난 것일 테다. 사회적 영성을 통해 종교라는 언술 주체를 다시 쓰게 만드는 새로운 언술 행위 주체가 출현하는 것은 종교와 연결되어 있는 사회적인 것을 재구성하게 만드는 계기이기도 하다. 신체와 언어만 존재한다고 전제하는 유물론이 아니라, 그 신체와 언어에서 배제되어 있는 진리들에 대해 사유하는 것, 말하자면 사회적 영성은 앉아서 영성을 받아들이는 것이 아니라, 신체와 언어에 공백으로 남아 있는 진리들을 지금 여기로 불어내는 적극적 행위일 것이다.

● 이 글을 쓴 **이택광**은 1968년 출생하였다. 부산대학교 영문학과를 졸업하고 영국 워릭대학교와 셰필드대학교에서 각각 철학과 문화이론으로 석사와 박사학위를 받았다. 현재 경희대학교 영미문화 전공 교수로 재직하면서 대중문화비평가로 활동하고 있다. 주요 관심 영역은 현대철학과 정신분석 이론이다. 지은 책으로 『박근혜는 무엇의 이름인가』, 『반 고흐와 고갱의 유토피아』, 『마녀 프레임』, 『이것이 문화비평이다』, 『인문좌파를 위한 이론가이드』, 『한국 문화의 음란한 판타지』 등이 있다.

"병역거부자, 성소수자, 양성애자, HIV/AIDS 감염인, 그들을 만나는 시간은 그들의 영성을 듣는 시간이 된다. 누구에게도 말하지 못했던 이야기를 들으며 그들의 영성을 체험하는 시간이 된다. …나와 타인을 감싸고 있는 순간(때로는 세상)의 공기에 대한 감각이 남다르게 예민해질 수밖에 없는 이들. 오랫동안 자신을 물끄러미 보았던 순간은 타인의 감각을 포착하는 훈련이 된다. 하나의 질서를 바깥에서 이해한 사람은 만 개의 질서를 다르게 이해할 기회를 갖는다."

영성을 듣는 시간 ●━━━━━━━━━━━━━━━●
: 말하지 못하는 이들의 영성을 듣다

'그것'을 하지 못한다. '그것'을 말하지 못한다.

앞의 그것은 병역, 이성애, 성애性愛 같은 '보편'이다. 뒤의 그것은 '앞의 그것을 하지 못하는 이유'다. 세상은 그것을 하지 못하는 그들을 병역거부자, 성소수자, 무성애자라 부른다. 그들은 도저히 그것을 하지 못하지만, 그것을 하지 못하는 이유를 말하지 못한다. 자신에게 가장 절실한 것을 남들에게 말하지 못하는 사람은 끝없이 자문한다. 그들에게 세상은 자문/자책을 강요하는 시스템이다. '남들은 다 하는데 너만 왜?' 혹은 '남들은 다 하는데 나만 왜?'

보편에 포함되지 않는 이들은 보편에 질문을 던질 수밖에 없는 존재다. 이것은 짧은 질문이 아니라 끝없이 반복되는 자문이다. 질서는 보편을 벗어난 존재의 몸에도 각인된다. 그래서 질문은 자신을 향한다. 자나

영성을 듣는 시간 | 신윤동욱 301

깨나 질문은 자신의 몸을 떠나지 않는다. 세상의 질서가 분명 나의 몸에 맞지 않는데, 나의 몸에 맞지 않는 이유는 세상에 없다. 고착된 질서 속에 그런 답은 예비 되어 있지 않다. 불면의 밤들에 스스로 답을 찾아야 한다. 아무도 없는 곳에서 혼자서, 아무도 없는 시간에 홀로이, 답을 찾아야 한다. '아무도 나의 얘기를 듣지 않아요.' 혹은 '아무에게도 말할 수 없어요.'

세상은 그들에게 침묵을 강요하는 공간이다. 적막한 곳이다. '여기 사람이 있어요.' 그들의 존재는 날마다 속으로 외친다. 그러나 그것은 들리지 않는다. 들리지 않아야 하니까 들리지 않는다. 질서에 속하지 않는 언어는 말해져서는 안 된다. 단죄의 대상이 되니까. 그것은 이해 불가의 영역이고, 왕따의 위협이고, 고립이 자명한 길이다. 이렇게 말하면 안 되니까, 말해도 들리지 않는다. '여기 나의 이유가 있어요.' 그렇게 이유를 말하는 것은 '커밍아웃'이라고 불리기도 한다.

기자記者는 기록하는 자다. 기록하는 자로서 기자는 보이지 않는 존재의 언어를 들을 기회를 드물게 갖는다. 기자란 직업의 유일한 은총은 말하지 못하는 이들의 말을 들을 기회가 있다는 것이다. 말하지 못하는 이들은 말하지 못하는 이들을 만난다. 이렇게 침묵 속에서 연결된 이들이 자신의 이야기를 말하기 시작한다. 아무리 질서가 이들의 존재를 내쫓고 어둠의 영역에 가두어 두려고 해도 존재의 언어는 언젠가는 새어 나올 수밖에 없다. 그것은 근대적 인권의 언어를 빌린다. 이런 말들이 터져나오고 한참 뒤에야 언론은 말하지 못하는 이들을 권리의 이름으로 호명해, 말하지 못했던 이유를 듣는다.

병역거부자, 성소수자, 양성애자, HIV/AIDS 감염인, 그들을 만나는 시간(다시 말해서 인터뷰)은 그들의 영성을 듣는 시간이 된다. 누구에게도 말하지 못했던 이야기를 들으며 그들의 영성을 체험하는 시간이 된다. 그것은 때로 기자의 마음을 흔드는, 그 후로도 오랫동안 기억되는 한두 마디 말들로 남는다.

질서에서 벗어나는 것은 손가락질을 당하는 것으로 끝나지 않는다. 차라리 대중의 공포는 나중의 일이다. 가장 사랑하는 사람에게 가장 상처를 주어야 하는 고통이 먼저다. 세상은 그들에게 그토록 잔인한 역할을 맡기는 곳이다. 병역거부자는 말한다. '차마 총을 들 수가 없어요.' 성소수자는 말한다. '저는 그들이 생각하는 남성/여성이 아니에요.' 그리고 무성애자의 이야기를 들었다. '차라리 혼자가 나아요.' 그들도 사랑하는 이들이다. 사랑을 원하는 존재다. 그러나 사랑의 보편적 형식으로 간주되는 성애性愛를 그들의 감각은 거부한다. 당신을 사랑하지만 당신을 사랑하는 일반적/보편적 행위를 하지 못하는 이유를 사랑하는 이에게 말하지 못한다. 그것은 관계의 파멸에 이르기 십상인 길이다.

세상의 절대 다수가 하는 '그짓'을 도저히 하지 못하는 이유를, 나만은 죽어도 하기 싫은 이유를, 억겁의 고민 끝에 말해도 세상에 그런 답은 없다고, 사랑하는 사람조차 답한다. 언제나 '이번이 마지막'이라고 새로운 연애의 시작에 그들이 다짐하는 고통이란. 병역거부자/성소수자도 가장 가까운 사람에게 '자신의 이유'를 고백하기 가장 어렵다. 한국에서는 흔히 그것은 부모/가족이 된다. 가장 내밀한 관계에서 그들은 가장 성찰적 순간을 맞이한다. 절대 다수가 관계의 형식과 관계의 허울에 묻어둔 비밀을 그들은 정면으로 응시할 수밖에 없다. 그들은 자신에 대한 관찰자, 타인을 보는 전문가, 관계를 다르게 보는 이방인이 된다.

'나는 누구고, 여기는 어딘가?' 성찰적 상황을 그렇게 부른다면, 그들은 성찰의 전문가다. 나와 너에 성찰을 달고 사는 사람들.

자신의 잘못에서 시작되지 않았는데, 당신은 매우 잘못된 존재라고 세상은 여기며 심지어 돌을 던진다. 존재의 돌팔매질을 당하고 살아온 이들을 세상은 '소수자'라 부른다. '나는 어떤 존재인가?' 남들은 묻지 않아도 되는 질문을 해야 하는 고단한 시간, 그들은 성찰적 존재로 거듭날 수밖에 없다. 그것을 양심이라 하든, 성적 지향이라 부르든, 성별 정체성이라고 하든, 한 인간의 너무나 분명한 감각은 문제적 사건이 되고 사회적 논란이 된다. 그것은 너에게도 나에게도 마찬가지다. 소수자 자신도 세상 속에서 살아가는 사람이기 때문이다. 미치고 팔짝 뛸 노릇이다. 고통은 있지만, 해소할 방법은 없다.

그는 자신의 생물학적 성과 다른 외모로 보이지 않았다. 오래 전에, 트랜스젠더 모임에 인터뷰를 갔다가 그를 만났다. 좀처럼 무언가 말하지 않을 것처럼 보이는 중년의 사람은 '할머니로 늙느냐 할아버지로 늙느냐의 문제'라고 말했다. 성정체성 분류표에 따르면, 'Male to Female Transgener^MTF 트랜스젠더'라고 스스로를 소개한 그는 그렇게 말했다. 그토록 절절하게 트랜스젠더 이슈를 말하는 방법을 아직 들어보지 못했다. 성적 지향은 그렇게 연애의 문제로 끝나지 않는다. 택배회사, 병원, 식당에서 일한 경험이 있다는 한 MTF 트랜스젠더는 성노동이 가장 "만족스러운 일"이라고 말했다. 그녀에게는 "유일하게 나를 여성으로 받아들이는 일"이기 때문이다. 그렇게 하나의 차이는 하나의 차이로 끝나지 않는다. 하나의 순간에 하나의 문제로 결코 끝나지 않는다. 어쩌면 그것은 모든 감각을 다르게 하는, 영혼을 뒤흔드는 일이다. 이런 혼란과 고통은 다르게 말하면, 사회적 영성을 훈련하는 시간이 아닐까. 한번 시작된 성찰은 끝없이 성찰을 부른다.

성찰은 관찰을 낳는다. 다르게 말하면, 자신에 대한 성찰은 타인에 대한 성찰을 부른다. '왜 때문에, 왜 때문에.' 자신의 존재를 향했던 질문은 타인의 고통을 더듬는 감각이 된다. 그것을 타인의 고통에 대한 감각 혹은 타인의 감각에 대한 감각이라 불러도 좋겠다. 그것은 직관의 다른 이름이기도 하다. 나와 타인을 감싸고 있는 순간(때로는 세상)의 공기에 대한 감각이 남다르게 예민해질 수밖에 없는 이들이 있다. 오랫동안 자신을 물끄러미 보았던 순간은 타인의 감각을 포착하는 훈련이 된다. 하나의 질서를 바깥에서 이해한 사람은 만개의 질서를 다르게 이해할 기회를 갖는다.

장애를 가졌거나 성정체성이 남다르거나 했던 이들이 가지는 직관의 능력은 근대 이전에 다른 이름으로 불리기도 했다. 아주 예민한 일부는 타인의 불안을 읽고 위로를 하는 신기神氣를 가진 존재로 여겨지기도 했다. 그들은 누구보다 고통을 오래 생각해온 사람들이기 때문이다. 지금 그의 앞에 앉은 사람의 상황에도 민감할 수밖에 없다. 고통스런 성찰은 '식스센스' 같은 일종의 감각기관이 된다.

그것은 어쩌면 일종의 약속이다. 나의 다른 감각을 병역거부자, 성소수자, 무성애자 같은 이름으로 부르기로 한 사회적 약속이다. 그들의 감각은 숱한 희생과 지난한 시간을 거쳐 권리의 이름을 가지게 되었다.

그러나 권리가 인정된다고 고통이 온전히 해소되지는 않는다. 오히려 권리의 이름으로 지난한 인정투쟁을 벌여야 하는 불가피한 시간이 도래한다. 때로는 자신의 존재를 일부 삭제한 채로 연기해야 하는 순간도 온다. 사회적 권리가 인정된다 한들, 한 개인이 이미 지불한 고통은 온전히 환불되지 않는다. 다만, 예민한 감각의 선물로 남을 뿐이다. 물론 모두가 그런 것은 아니다.

● 이 글을 쓴 **신윤동욱**은 《한겨레21》 기자다. 하 수상한 청소년기를 지나 광고회사에서 카피라이터로 활동하다 기자로 안착했다. 소수자의 인권 문제에 남다른 촉을 세우며 좀처럼 끝나지 않던 청년기를 지나고 있다. 쓴 책으로 『플라이 인 더 시티』, 『스포츠 키드의 추억』, 『별별차별』(공저) 등이 있다.